外国家庭法及妇女理论研究中心项目
家　事　法　研　究　学　术　文　库

陈　苇　主编

法定继承制度研究

李艳 著

中国人民公安大学出版社
2021 · 北京

《家事法研究学术文库》顾问

（以姓氏笔画为序）

丛书主编简介

陈苇 女，1987年于西南政法学院民法专业硕士研究生毕业，获法学硕士学位，留该校任教。主要研究方向为婚姻家庭继承法、妇女儿童老人权益保护。2003年12月至2004年12月，其受国家留学基金资助公派出国留学，作为访问学者到澳大利亚悉尼大学法学院进修外国家庭法。西南政法大学民商法学院教授、博士生导师，家庭法国际学会第十六届执行委员会副主席和学术委员会委员，中国法学会婚姻家庭法学研究会副会长，重庆市妇联法律顾问，重庆市儿童工作资源中心专家，重庆市高级人民法院家事审判方式和工作机制改革试点工作指导小组成员。

代表性成果包括：独著、主编、主持翻译的《中国婚姻家庭法立法研究（初版、第二版）》《外国婚姻家庭法比较研究》《当代中国内地与港、澳、台婚姻家庭法比较研究》《中国大陆与港、澳、台继承法比较研究》《当代中国民众继承习惯调查实证研究》《外国继承法比较与中国民法典继承编制定研究》《改革开放三十年（1978-2008）中国婚姻家庭继承法研究之回顾与展望》《中国继承法修改热点难点问题研究》《我国防治家庭暴力情况实证调查研究》《21世纪家庭法与家事司法：实践与变革》《中国妇女儿童权益法律保障情况实证调查研究》《中国遗产处理制度系统化构建研究》《当代中国民众财产继承观念与遗产处理习惯实证调查研究》《中国婚姻家庭法理论与实践研究》《中国继承法理论与实践研究》《加拿大家庭法汇编》《澳大利亚家庭法（2008年修正）》《美国家庭法精要（第五版）》《澳大利亚法律的传统与发展（第三版）》等著作、译作20余部；在《中国法学》《法律科学》《法学》《法商研究》以及International Journal of Law, Policy and the Family; The International Survey of Family Law; US-China Law Review; 21st Century Law Review等中外学术刊物发表中英文学术论文90余篇。此外，还主编出版《家事法研究》学术论文集刊六卷（2005年卷至2010年卷）和"家事法研究学术文库"其他著作20余部；应邀与美国、意大利学者合作撰写美国法学院比较家庭法英文教材1部：Practical Global Family Law ——United States, China and Italy（2009年4月在美国出版）。

目　录

前　言 …………………………………… 陈　苇（1）
自　序 …………………………………… 李　艳（1）
导　论 ……………………………………………（1）
一、选题背景与意义 ……………………………（1）
二、国内外研究现状 ……………………………（4）
三、研究方法 ……………………………………（10）
四、研究路径 ……………………………………（11）
五、主要创新点 …………………………………（11）
第一章　法定继承制度的基本理论考察 ………（13）
第一节　继承权的根据 …………………………（14）
一、关于继承权根据的学说 ……………………（15）
二、我国法定继承制度中继承权的根据之认定 ………（27）
第二节　法定继承制度的内容与功能 …………（39）
一、法定继承制度的内容 ………………………（39）
二、法定继承制度的功能 ………………………（44）
第三节　影响法定继承制度的因素 ……………（47）
一、家庭的结构和功能是影响法定继承制度的重要因素 ……………………………………（48）
二、影响法定继承制度的其他因素 ……………（49）

第二章　法定继承制度的历史演进考察与评析 …………… (52)
第一节　外国法定继承制度的历史演进考察 …………… (53)
一、外国古代法中的法定继承制度 ………………… (54)
二、外国近现代法中的法定继承制度 ……………… (71)
三、外国法定继承制度的历史演进之特点 ………… (81)
第二节　我国法定继承制度的历史演进考察 …………… (89)
一、我国古代法中的法定继承制度 ………………… (89)
二、我国近现代法中的法定继承制度 ……………… (100)
三、我国法定继承制度的历史演进之特点 ………… (103)
第三节　中外法定继承制度的历史演进之异同 ………… (112)
一、中外法定继承制度的历史演进之不同 ………… (112)
二、中外法定继承制度的历史演进之共性 ………… (114)
第三章　我国法定继承制度完善的现实与理论基础 ……… (117)
第一节　我国法定继承制度完善的现实基础 …………… (117)
一、经济条件的变化 ……………………………………… (118)
二、家庭结构和功能的变迁 ……………………………… (119)
三、民众家庭观念的转变 ………………………………… (132)
第二节　我国法定继承制度完善的理论基础 …………… (136)
一、我国法定继承制度的价值取向及价值位阶 ……… (137)
二、我国法定继承制度中的利益平衡 ………………… (145)
第四章　法定继承人的范围与顺序研究 ………………… (155)
第一节　我国法定继承人的范围与顺序之立法现状
与民众习惯考察与评析 ……………………… (155)
一、我国法定继承人的范围与顺序之立法现状考察 … (155)
二、我国法定继承人的范围与顺序之民众习惯考察 … (156)
三、我国法定继承人的范围与顺序之立法现状
与民众习惯评析 ………………………………… (161)
第二节　法定继承人的范围与顺序之国外立法考察
与评析 …………………………………………… (163)

一、法定继承人的范围之国外立法考察 ……………（163）
二、法定继承人的范围与顺序之国外立法比较评析 …（167）
第三节 我国法定继承人的范围与顺序之立法不足与完善建议 ……………………………………（176）
一、我国法定继承人的范围与顺序之立法不足 ………（176）
二、我国法定继承人的范围与顺序之立法建议的学者观点与评析 ………………………………（180）
三、我国法定继承人的范围与顺序之立法完善建议 …（185）
第五章 法定继承人的应继份研究 ……………………（187）
第一节 我国法定继承人的应继份之立法现状与民众习惯考察与评析 ……………………………（187）
一、我国法定继承人的应继份之立法现状考察 ………（187）
二、我国法定继承人的应继份之民众习惯考察 ………（188）
三、我国法定继承人的应继份之立法现状与民众习惯评析 ……………………………………………（189）
第二节 法定继承人的应继份之国外立法考察与评析 …（191）
一、法定继承人的应继份之国外立法考察 ……………（191）
二、法定继承人的应继份之国外立法比较评析 ………（200）
第三节 我国法定继承人的应继份之立法不足与完善建议 ……………………………………………（204）
一、我国法定继承人的应继份之立法不足 ……………（204）
二、我国法定继承人的应继份之立法建议的学者观点与评析 …………………………………………（209）
三、我国法定继承人的应继份之立法完善建议 ………（211）
第六章 代位继承研究 ………………………………（212）
第一节 我国代位继承之立法现状与民众习惯考察与评析 …………………………………………………（212）
一、我国代位继承之立法现状考察 ……………………（212）
二、我国代位继承之民众习惯考察 ……………………（213）

三、我国代位继承之立法现状与民众习惯评析 ……… (214)
第二节 代位继承之国外立法考察与评析 ……………… (216)
一、代位继承之国外立法考察 ……………………… (216)
二、代位继承之国外立法比较评析 ………………… (219)
第三节 我国代位继承之立法不足与完善建议 ………… (222)
一、我国代位继承之立法不足 ……………………… (222)
二、我国代位继承之立法建议的学者观点与评析 …… (225)
三、我国代位继承之立法完善建议 ………………… (228)
第七章 特定人员的遗产请求权研究 ……………………… (230)
第一节 我国特定人员的遗产请求权之立法现状与民众习惯考察与评析 ……………………… (230)
一、我国特定人员的遗产请求权之立法现状考察 …… (230)
二、我国特定人员的遗产请求权之民众习惯考察 …… (232)
三、我国特定人员的遗产请求权之立法现状与民众习惯评析 ……………………………… (234)
第二节 特定人员的遗产请求权之国外立法考察与评析 ……………………………… (236)
一、特定人员的遗产请求权之国外立法考察 ……… (236)
二、特定人员的遗产请求权之国外立法比较评析 …… (239)
第三节 我国特定人员的遗产请求权之立法不足与完善建议 ………………………… (243)
一、我国特定人员的遗产请求权之立法不足 ……… (243)
二、我国特定人员的遗产请求权之立法建议的学者观点与评析 ……………………………… (245)
三、我国特定人员的遗产请求权之立法完善建议 …… (249)
参考文献 ……………………………………… (251)
后 记 ……………………………………… (263)

附 录

西南政法大学外国家庭法及妇女理论研究中心简介
(中英文对照) …………………………………………………… (264)
西南政法大学外国家庭法及妇女理论研究中心
2006~2012 年已出版书目 ………………………………… (269)
西南政法大学家事法研究学术文库
2012~2014 年已出版书目 ………………………………… (270)

CONTENTS

Foreword ·· CHEN Wei(1)
Preface ·· LI Yan(1)
Introduction ·· (1)
I Background and Significance ·· (1)
II Research Status at Home and Abroad ·· (4)
III Research Technique ·· (10)
IV Research Approach ·· (11)
V Innovations ·· (11)
Chapter One Theoretical Foundation on Inheritance by Operation of Law ·· (13)
1.1 Rationale ·· (14)
1.1.1 Thoery ·· (15)
1.1.2 China's Judicial Evidence ·· (27)
1.2 Content and Function ·· (39)
1.2.1 Content ·· (39)
1.2.2 Function ·· (44)
1.3 Affecting Factors ·· (47)
1.3.1 Family Structure and Influence ·· (48)
1.3.2 Others ·· (49)
Chapter Two Review and Analysis on Historical Evolution of the Inheritance ·· (52)
2.1 Review on Historical Evolution of the Overseas Inheritance ·· (53)

2.1.1 Ancient Law Description …… (54)
2.1.2 Modern Law Description …… (71)
2.1.3 Features Overview …… (81)
2.2 Review on Historical Evolution of China's Inheritance …… (89)
2.2.1 Ancient Law Description …… (89)
2.2.2 Modern Law Description …… (100)
2.2.3 Features Overview …… (103)
2.3 Related Dissimilarities and Similarities at Home and Abroad …… (112)
2.3.1 Dissimilarities …… (112)
2.3.2 Similarities …… (114)
Chapter Three Realistic and Theoretical Basis of China's Inheritance …… (117)
3.1 Realistic Basis …… (117)
3.1.1 Changed Economic Conditions …… (118)
3.1.2 Transitional Family Structure and Influence …… (119)
3.1.3 Transformed Family Concept …… (132)
3.2 Theoretical Basis …… (136)
3.2.1 Value Orientation and Position …… (137)
3.2.2 Balanced Interests …… (145)
Chapter Four Probe into Limits and Orders of Heir at Law …… (155)
4.1 Current Legislation and Tradition at Home …… (155)
4.1.1 Current Legislation …… (155)
4.1.2 Current Tradition …… (156)
4.1.3 Analysis …… (161)
4.2 Current Legislation at Abroad …… (163)
4.2.1 Current Legislation …… (163)
4.2.2 Analysis …… (167)

4.3 Deficiencies and Suggestions on the China's Cases …… (176)
4.3.1 Deficiencies …… (176)
4.3.2 Review on Academic Viewpoints …… (180)
4.3.3 Suggestions …… (185)
Chapter Five Heritable Share on Legal Heir …… (187)
5.1 Current Legislation and Tradition at Home …… (187)
5.1.1 Current Legislation …… (187)
5.1.2 Current Tradition …… (188)
5.1.3 Analysis …… (189)
5.2 Current Legislation at Abroad …… (191)
5.2.1 Current Legislation …… (191)
5.2.2 Analysis …… (200)
5.3 Deficiencies and Suggestions on China's Cases …… (204)
5.3.1 Deficiencies …… (204)
5.3.2 Review on Academic Viewpoints …… (209)
5.3.3 Suggestions …… (211)
Chapter Six Succession by Subrogation …… (212)
6.1 Current Legislation and Tradition at Home …… (212)
6.1.1 Current Legislation …… (212)
6.1.2 Current Tradition …… (213)
6.1.3 Analysis …… (214)
6.2 Current Legislation and Tradition at Abroad …… (216)
6.2.1 Current Legislation …… (216)
6.2.2 Analysis …… (219)
6.3 Deficiencies ans Suggestions on China's Cases …… (222)
6.3.1 Deficiencies …… (222)
6.3.2 Review on Academic Viewpoints …… (225)
6.3.3 Suggestions …… (228)

Chapter Seven Estate of Inheritance for Specific Person …(230)
7.1 Current Legislation and Tradition at Home …(230)
7.1.1 Current Legislation …(230)
7.1.2 Current Tradition …(232)
7.1.3 Analysis …(234)
7.2 Current Legislation and Tradition at Abroad …(236)
7.2.1 Current Legislation …(236)
7.2.2 Analysis …(239)
7.3 Deficiencies and Suggestions on China's Cases …(243)
7.3.1 Deficiencies …(243)
7.3.2 Review on Academic Viewpoints …(245)
7.3.3 Suggestions …(249)
References …(251)
Postscript …(263)

Appendix
Introduction of the Research Center on Foreign Family Law and Women's Theory of Southwest University of Political Science and Law(SWUPL), China (Chinese and English) …(264)
Contents of the Books Published (2006 to 2012) by the Research Center on Foreign Family Law and Women's Theory of SWUPL, China …(269)
Contents of the Books Published (2012 to 2014) of Works of Researches on Family Law …(270)

前　言

自1978年西南政法学院复办以来，我国著名的婚姻法专家、中国法学会婚姻法学研究会副总干事杨怀英教授担任我校婚姻法研究方向的学科带头人。1985年3月至7月，我校承担了司法部委托的全国法律专业婚姻法师资进修班的教学任务。当时全国著名的婚姻法专家巫昌祯、杨大文、王德意、李忠芳、任国钧等教授应邀前来我校，与杨怀英教授及胡平等教师共同为来自全国的婚姻法师资进修班学员上课，传授婚姻法学的理论知识和教学经验。如今，该进修班学员大部分都成为各高校婚姻法领域的知名专家学者和骨干教师，他们为国家培养了大批优秀的人才。因此，可以说我校是我国婚姻法学人才培养的摇篮。在科研方面，杨怀英教授先后主编出版《滇西南边疆少数民族婚姻家庭与法的研究》(法律出版社1988年出版)、《中国婚姻法论》（重庆出版社1989年出版，1991年荣获重庆市社科优秀科研成果三等奖）、《凉山彝族奴隶社会法律制度研究》（四川民族出版社1994年出版，1996年荣获四川省社科优秀科研成果二等奖）等专著和教材。1995年杨怀英教授去世后，由中国法学会婚姻法学研究会常务理事邓宏碧教授担任我校婚姻法研究方向的学科带头人。邓宏碧教授、胡平副教授等老教师带领讲授婚姻法课程的教师们，继续努力进行教学和科研工作。尤其值得指出的是，邓宏碧教授主编的《中国少数民族人口政策研究》（国家社会科学“八五”规划重点科研项目，重庆出版社 1998 年出版）于 2001 年荣获重庆市社会科学优秀科研成果一等奖。

薪火相传。本人于 1979 年 9 月考入西南政法学院法律系本科进行学习，1983 年 6 月毕业任教 1 年后，于 1984 年 9 月考入西南政法学院攻读民法专业硕士研究生，师从杨怀英教授，主要研究方向为婚姻家庭继承法。1987 年 7 月本人硕士研究生毕业后留校任教。自 1979 年 9 月我在母校学习法律知识，毕业后主要从事婚姻家庭继承法及妇女儿童老年人权益保护的教学和科研工作，至今已近 40 年。近 40 年里，在母校各级领导和老师们的辛勤培养下，在本人的勤奋工作和刻苦钻研下，在该校我由一名学生逐步成长为助教、讲师、副教授、教授、博士生导师、博士后合作导师；于 1996 年 5 月起担任民法教研室副主任，于 1999 年 5 月起担任民法教研室主任，于 2003 年 5 月至 2019 年 6 月担任婚姻家庭继承法教研室主任。在婚姻法学界老一辈专家的辛勤培养下，本人于 1996 年 7 月起担任中国法学会婚姻法学研究会理事；于 1999 年 7 月起担任中国法学会婚姻法学研究会常务理事；于 2004 年 7 月起担任中国法学会婚姻家庭法学研究会副会长；于 2011 年 11 月起担任家庭法国际学会第十四届执行委员会委员；于 2014 年 8 月起至 2017 年 6 月，担任家庭法国际学会第十五届执行委员会委员兼学术委员会委员；于 2017 年 7 月至 2020 年 9 月担任家庭法国际学会第十六届执行委员会副主席兼学术委员会委员。必须说明的是，自 2011 年 11 月由第十四届家庭法国际学会主席、澳大利亚悉尼大学法学院 Patrick Parkinson 教授[①]提名，经家庭法国际学会执行委

① Patrick Parkinson 教授是我受中国国家留学基金资助以访问学者身份于 2003 年 12 月至 2004 年 12 月在澳大利亚悉尼大学法学院进修外国家庭法的导师。

员会研究同意后受聘担任家庭法国际学会第十四届执行委员会委员以来，我每年积极撰写论文，“以文参会”，先后到意大利、韩国、法国、英国、巴西、荷兰等国出席家庭法国际学会召开的执委会、地区性会议和世界大会，在会上积极发言，发出中国声音，阐述中国见解，增进了其他国家学者对中国婚姻家庭领域新问题和最新修改立法的了解，扩大了中国婚姻家庭法学者在家庭法学术研究领域的国际影响力。2014 年 8 月，家庭法国际学会在巴西召开“第十五届家庭法世界大会”，会上我当选为家庭法国际学会第十五届执行委员会委员兼学术委员会委员。2017 年 7 月，家庭法国际学会在荷兰召开“第十六届家庭法世界大会”，会上我当选为家庭法国际学会第十六届执行委员会副主席并继续兼任学术委员会委员。作为中国婚姻家庭法专家，在家庭法国际学会中我是第一位来自中国的副主席，为祖国争了光。从此，我在家庭法国际学会领导层这一最高平台上，可以发出中国声音、讲述中国故事、贡献中国智慧，这有利于进一步促进中外婚姻家庭继承法研究领域的国际学术交流，为各国婚姻家庭继承法律制度的改革提供参考，以造福于全人类的婚姻家庭。

在校内学术研究和人才培养方面，2003 年 12 月至 2004 年 12 月，本人受国家留学基金资助由教育部公派出国留学，作为访问学者到澳大利亚悉尼大学法学院进修外国家庭法 1 年。留学回国后，我于 2005 年 1 月向学校提出建立“西南政法大学外国家庭法及妇女理论研究中心”的书面申请。2005 年 4 月 1 日，西南政法大学校长办公会议批准同意该研究中心成立，任命我担任主任。自 2005 年 4 月该研究中心成立以来，本人夙夜忧虑、恐负厚望，带领研究中心的教师和研究生组成科研创新团队，勤奋科研，不敢懈怠。至 2020 年 12 月止的十余年来，我担任项目负责人主持、带领团队成员师生共同完成并公开出版的中文著作和译著 20 余部，主要有：《外国婚姻家庭法比较研究》（重庆市哲学社会科学“十五”规划项目成果著作，2006年1月出版）、《加拿大家庭法汇编》（2006年1月出版）、《中国大陆与港、澳、台继承法比较研究》（重庆市教委人文社科项目成果著作，2007年1月出版）、《当代中国民众继承习惯调查实证研究》（国家社科基金项目子课题成果著作，2008年1月出版）、《澳大利亚家庭法（2008年修正）》（重庆市教委人文社科重点项目成果译作，2009年1月出版）、《美国家庭法精要（第五版）》（2010年3月出版）、《改革开放三十年（1978~2008）中国婚姻家庭继承法研究之回顾与展望》（西南政法大学重点项目成果著作，2010年1月出版）、《中国婚姻家庭法立法研究（第二版）》（2010年1月出版）、《外国继承法比较与中国民法典继承编制定研究》（国家社科基金项目结项成果著作，经专家匿名评审后被鉴定为“优秀”等级，入选2010年度《国家哲学社会科学成果文库》。全国哲学社会科学办公室在“出版说明”中指出：入选成果代表当前相关领域学术研究的前沿水平，体现我国哲学社会科学界的学术创造力，按照“统一标识、统一封面、统一版式、统一标准”的总体要求组织出版。该著作于2011年3月出版）、《澳大利亚法律的传统与发展（第三版）》（2011年5月出版）、《当代中国内地与港、澳、台婚姻家庭法比较研究》（中国司法部“法治建设与法学理论研究”课题成果著作，2012年5月出版）、《中国继承法修改热点难点问题研究》（2013年10月出版）、《我国防治家庭暴力情况实证调查研究——以我国六省市被抽样调查地区防治家庭暴力情况为对象》（中国法学会部级法学研究课题成果著作，2014年5月出版）、《21世纪家庭法与家事司法：实践与变革》（2016年10月出版）、《中国妇女儿童权益法律保障情况实证调查研究——以中国五省市被抽样调查地区妇女儿童权益法律保障情况为对象（上卷、下卷）》（中国法学会部级法学研究课题成果著作，2017 年 3 月出版）、《中国家事审判改革暨家事法修改理论与实务研究》（2018 年 4 月出版）、《中国民法典编纂视野下家事审判改革暨家事法修改研究》（2019 年 5 月出版）、《中国遗产处理制度系统化构建研究》（中国司法部“法治建设与法学理论研究”课题成果著作，2019 年 5 月出版）、《中国继承法理论与实践研究》（2019 年 5 月出版）、《中国婚姻家庭法理论与实践研究》（2019 年 9 月出版）、《当代中国民众财产继承观念与遗产处理习惯实证调查研究（上卷、下卷）》（中国司法部“法治建设与法学理论研究”子课题成果著作，2019 年 10 月出版）等。此外，本人应邀与美国、意大利学者合作撰写美国法学院比较家庭法英文教材 1 部：Practical Global Family Law——United States，China and Italy（2009 年 4 月在美国出版）。

在国内学术研究和人才培养方面，为促进婚姻家庭继承法领域的学术研究和学术交流，本人于 2005 年创办《家事法研究》学术论文集刊。自《家事法研究》2006 年首卷面世至 2011 年的 6 年期间，先后出版了 2005 年卷至 2010 年卷共计 6 卷，推出了一批具有前沿性的学术论文，培养了一批学术新人，受到国内学术界同仁和实务界人士的肯定和好评，产生了良好的社会影响。为进一步扩大《家事法研究》的学术影响，经本人提出申请，中国法学会婚姻家庭法学研究会常务理事会研究同意，《家事法研究》从 2011 年卷起始转为“中国法学会婚姻家庭法学研究会”的会刊。可以相信，在该研究会的精心主办下，《家事法研究》将在法学理论研究与司法实务探索相结合的沃土中更加茁壮成长，枝繁叶茂！

长江后浪推前浪。为推出婚姻家庭继承法学研究领域具有前沿性、创新性的学术著作，培养更多的学术新人，自 2012 年起本人主编出版《家事法研究学术文库》丛书。此文库丛书作为学术研究和学术交流的平台，遴选出版婚姻家庭继承法研究领域具有前沿水平的博士学位论文和学术专著，每年拟出版 1~3 本。本文库丛书旨在通过婚姻家庭继承法学研究领域最新学术著作的出版，推出一批前沿理论和实务问题研究的新作，促进我国婚姻家庭继承法学研究朝着更深、更广的方向发展，以更多的优秀研究成果为我国民众处理婚姻家庭继承问题提供参考，为国家完善立法、改进司法服务。至 2020 年年底，本文库丛书已出版学术著作 27 部，2021 年拟将出版《法定继承制度研究》《我国收养制度立法完善研究》《中国诉讼离婚中儿童权利保护研究》《当代外国婚姻家庭法研究》等学术著作，以飨读者。

最后，我衷心感谢编辑老师们多年来对本文库丛书出版所付出的辛勤劳动！

陈　苇

《家事法研究学术文库》主编

2021 年 3 月 28 日

自　序

继承法作为调整被继承人死亡后遗产流转关系的法律规范，来源于民众的家庭生活，关涉每一个自然人，具有独特的存在价值。由于我国民众较少有订立遗嘱的习惯，法定继承制度在我国有着非常广泛的适用空间，其重要性不言而喻。2020 年 5 月 28 日，十三届全国人大三次会议表决通过了《中华人民共和国民法典》（以下简称《民法典》），自 2021 年 1 月 1 日起施行。《民法典》在沿用我国 1985 年《继承法》关于法定继承规定的基础上完善了代位继承制度，规定兄弟姐妹的子女可以代位继承。这在一定程度上扩大了法定继承人的范围，但对于法定继承人的顺序、应继份、特定人员的遗产请求权等未予修改。本书的研究始于 2018 年 7 月，结束研究之时恰逢我国《民法典》颁布。鉴于《民法典》继承编法定继承制度多沿用我国 1985 年《继承法》之规定，本书在出版时仍以我国 1985 年《继承法》为研究基础，但增补了对《民法典》继承编法定继承制度的研究。因此，笔者亦希望本书的研究能够为《民法典》继承编在未来的进一步完善提供有益参考。

本书主要内容如下：第一章为法定继承制度的基本理论考察。主要考察继承权的根据、法定继承制度的内容和功能、影响法定继承制度的因素。第二章为法定继承制度的历史演进考察与评析。主要对法定继承制度的历史发展演进过程及其特点进行梳理，总结分析中外法定继承制度历史演进的异同。第三章为我国法定继承制度完善的现实与理论基础。从我国社会经济条件的变化、家庭结构和功能的变迁、民众家庭观念的转变三个方面进行考察分析，总结出我国法定继承面临的现实基础；从我国法定继承制度的价值取向与利益平衡两个方面分析我国法定继承制度完善的理论基础。第四章为法定继承人的范围与顺序研究，第五章为法定继承人的应继份研究，第六章为代位继承研究，第七章为特定人员的遗产请求权研究。在分别对我国上述四项立法现状和民众习惯进行考察评析的基础上，总结分析其立法不足，比较并评析我国“继承法学者建议稿”中相关观点，汲取国外有益的立法经验和前人有益的研究成果，从我国实际出发，提出立法完善建议。

法定继承制度关系到人们财富的传承、家庭的和睦，其来源于家庭生活，与民众的生活息息相关，具有明显的伦理性和固有法特征。如何构建一套既符合中国国情又符合世界立法潮流的法定继承制度，是本书试图要回答的问题。希望本书的观点能够给立法者提供些许参考。但囿于笔者学术之水平，本书在内容表述以及论证上仍存在不足。笔者定会在日后继续深入研究并加以完善，望各位老师及学界前辈见谅并批评指正。

李　艳

2021 年 1 月 30 日

导　论

一、选题背景与意义

（一）选题背景

我国《继承法》于1985年颁布实施，至今已三十余年的时间。该部《继承法》于制定之初，在很大程度上废除了旧的封建思想的制约，确立了平等、自由等现代民法的基本理念，这是历史的进步，曾起到过非常积极的作用。三十余年来，我国社会经济现状发生了巨大变化，国民经济稳定发展，人民生活水平显著提高，人们的财富数量增加、财富种类增多，家庭的结构与功能、家庭观念等也在不断地变化。与此同时，我国《继承法》关于法定继承制度的不足也日渐显现。

首先，我国法定继承制度规则存在与民众继承习惯不符的问题。正如我国学者所言，“百年来中国法律始终没有契合中国人民的生活”，“在当今中国社会的法律实践中，习惯法是一种不依赖国家强制力，却在一定程度上具有强制性和习惯性的行为规范，实际上已经成为解决当代现实问题的一种手段，在法律移植的背景下，它显示出与国家制定法的不同命运”。① 与其他法律制度相比，继承制度的民族性、伦理性更加浓厚，具有固有法的特点。

① 高其才：《当代中国分家析产习惯法》，中国政法大学出版社2014年版，第2页。

目前学者们对我国民间继承习惯与民众继承观念的调查表明，我国传统的继承习惯与观念时至今日还在很大程度上规范着人们的财产继承行为。民众习惯于用各自生活的群体中流行的规则处理遗产继承问题，而我国 1985 年《继承法》在一定程度上存在与民众的继承习惯和继承观念不符之问题，在现实生活中民众赖以解决财产继承问题的规则更多依靠的是传统继承习惯而非国家制定法，当有继承人提出要按照制定法的规则继承遗产而不遵守习惯时，往往容易产生纠纷。当法院对法定继承纠纷进行判决时，却只能依据制定法而非传统习惯。一部好的法律，应当实实在在调整人们的生产生活，起到定分止争的作用。只有那些得到民众内心认可的法律，才能更好地被适用。正如我国学者所言，“法律的主要功能可能并非在于变革，而在于建立和维持一种可以大致确定的预期以便利人们的互动和行为”，“以这种方式运作法律和其他规则（习惯、惯例）在许多领域保证世界不会突然改变。从这个角度看，虽然我们喜欢新事物，但实际上我们需要甚至可以说更需要稳定与确定”。① 无论法定继承制度如何改变，都必须认真对待民众的继承习惯。因此，有必要对我国法定继承制度进行反思，从我国实际国情出发，分析我国民众的继承习惯与继承观念，抛弃其中与当代民法所追求的公平、自由等价值不符的做法，选择那些既符合当代继承立法精神，又能够为民众所认可的习惯，有机地融入法定继承制度当中。

其次，我国法定继承制度规则存在与我国变化了的社会现实不相适应的问题。“人们都希望法律能够保障社会秩序，但人们也希望法律能促进公平。”② 立法应当是一项审慎的事业，当我们试图通过立法来建构那种所期待的理想秩序的时候，应当综合地考

① 苏力：《法治及其本土资源》，中国政法大学出版社 1996 年版，第 7~8 页。

② ［英］彼得·斯坦、约翰·香德：《西方社会的法律价值》，王献平译，中国法制出版社 2004 年版，第 2 页。

量影响这一秩序建构的各方面因素。法定继承制度是产生于人们家庭生活的法律，它与家庭结构、家庭功能、家庭观念、现实的经济社会现状以及民众的继承习惯都息息相关。1985 年《继承法》颁布实施的三十余年来，我国社会现状发生了很大改变：人们的财富积累增加，财富种类增多；家庭结构日趋小型化、核心化，家庭关系的中心从过去的父子转向夫妻，家庭中子女的人数减少，但随着人口老龄化和高龄化，老年人比例增大，养老的任务加重；我国传统文化中的家庭伦理观念随着时代的变化被赋予了新意义，民众的家庭观念既不同于传统的“家庭至上”，也不同于西方社会的“个人至上”，而是逐渐向“个人与家庭兼顾转变”，婚姻关系日益受到重视，自由、平等的观念得以确立，传统伦理中的“父母慈爱”“子女孝敬”“尊长爱幼”“互助友爱”等优秀道德精神始终被推崇。这些变化了的经济条件、家庭结构与功能、家庭观念等，都是影响法定继承的重要因素。然而，面对人们日益增长的对私有财产所有权保护的需求、日益增加的人口老龄化压力等，1985 年《继承法》却并未对此作出积极回应，在一定程度上存在与社会现实不相适应的问题。

因此，本书拟以法定继承制度为研究对象，立足于我国的国情与实际，对法定继承人的范围与顺序、法定应继份、代位继承、特定人员的遗产请求权等法定继承制度的相关内容进行深入的研究探讨。本书的研究始于 2018 年 7 月，结束研究之时恰逢我国《民法典》颁布，但《民法典》关于法定继承制度的规定多沿用我国 1985 年《继承法》之规定，因此，笔者亦希望本书的研究能够为《民法典》继承编在未来的进一步完善提供有益参考。

（二）选题意义

1. 理论意义

深化对我国法定继承制度的理论研究，丰富学术研究成果。我国理论界对法定继承的制度设计，包括法定继承人的范围与顺序、应继份、代位继承、酌分遗产请求权、后顺序法定继承人的特定遗产请求权等方面，始终存在很多争议。本书拟对法国、德国、瑞士、日本、俄罗斯、英国、美国等不同法系、不同社会文化背景的国家，关于法定继承制度之规定进行考察、比较、评析，借鉴其中有益经验；深入分析探讨我国现阶段的经济条件、家庭结构与功能、民众的家庭观念以及民众的继承习惯等实际情况，探讨影响我国法定继承制度的现实因素；分析我国法定继承制度应追求的立法价值与利益平衡，在此基础上总结评析我国学者的观点分歧，分析我国法定继承制度存在的不足，提出尽可能合理的立法完善建议。

2. 现实意义

法定继承制度作为调整被继承人死亡后遗产流转关系的法律规范，来源于民众的家庭生活，关涉每一个自然人，关系到每一个家庭，也关系到整个社会。我国1985年《继承法》虽然规定了遗嘱继承制度，但由于我国数千年的封建社会法律中并无遗嘱继承的相关规定，时至今日，民众仍习惯于法定继承，很少用遗嘱处分身后财产，故而法定继承在我国处于非常重要的地位，实际上在很大范围内规范着死者遗产的分配。法定继承制度的合理设计有利于发挥继承的保护私有财产权、维系婚姻家庭的和谐、养老育幼等功能，进而促进社会稳定和发展。构建民众认可的且与社会发展相适应的法定继承制度不仅是继承制度自身科学化的要求，也是保障自然人私有财产权和维护社会稳定与发展的要求。

二、国内外研究现状

（一）国内研究现状

1. 国内研究成果

从国内研究现状来看，我国学者对法定继承制度展开了诸多研究，积累了丰富的学术成果。

在著作方面，涉及法定继承相关内容的著作颇丰。具有代表性的有：费安玲的《罗马继承法研究》（2000），引用了大量的古罗马原始文献，对古罗马时期继承制度的产生与发展进行了细致的论述。周枏的《罗马法原论》（2016），第四编详细地介绍了古罗马不同时期的继承制度。程维荣的《中国继承制度史》（2006），详细阐述了中国继承制度的发展历史，从继承制度的萌芽直到中华人民共和国继承制度的演进，对我国历史上各时期继承制度的产生、发展、变化、衰亡的历史及其内在规律进行了研究探讨。刘春茂的《中国民法学·财产继承》（1990），第七章对法定继承作了全面、系统的论述。张玉敏的《继承法律制度研究》（1999），第二编对法定继承人的顺序、应继份和代位继承等作了深入的论述。史尚宽的《继承法论》（2000），第二章以我国台湾地区继承立法为基础，参酌国外立法及理论学说，对法定继承制度进行了体系性的研究探讨。陈苇、宋豫的《中国大陆与港、澳、台继承法比较研究》（2007），第七章对中国四大法域的法定继承制度进行了比较研究，总结其异同并从中得出可供借鉴的经验。陈苇的《当代中国民众继承习惯实证调查研究》（2008），对我国北京、重庆、武汉和山东四个省市的民众继承习惯进行了调查实证研究，其中法定继承人的范围与顺序、遗产酌分请求权、法定继承的遗产分配原则等都是该书研究内容的重要组成部分。陈苇的《改革开放三十年（1978~2008）中国婚姻家庭继承法研究之回顾与展望》（2010），第二部分“改革开放三十年（1978~2008）中国继承法研究之回顾与展望”中，对改革开放三十年我国法定继承制度研究的回顾与展望进行了专门的论述。陈苇的《外国继承法比较与中国民法典继承编制定研究》（2011），第八章分别对大陆法系与英美法系部分代表国家的法定继承制度进行了比较研究，分析国外立法中的异同，审视我国法定继承制度的不足并提出完善建议。刘耀东的《继承法修改中的疑难问题研究》（2014），以专题的形式对继承法修改中的一些疑难问题进行了研究探讨，其中专题一、专题二分别对法定继承若干问题和代位继承制度进行了深入研究。杨立新的《继承法修订入典之重点问题》（2015），对修订继承法过程中的一些重点问题进行了研究探讨，其中涉及法定继承制度的相关内容，在第二章和第六章分别对配偶继承顺序的改革和遗产酌给请求权的调整适用进行了论述。刘文的《继承法律制度研究》（2016），对继承法律制度进行了系统的研究，其中第二编对法定继承进行了系统的论述。陈苇的《当代中国民众财产继承观念与遗产处理习惯实证调查研究》（上、下卷）(2019)，对我国重庆、吉林、上海、河北、湖北、江西、四川、广东、海南、福建等十个省市的民众财产继承观念与遗产处理习惯进行了调查实证研究，其中关于法定继承人的范围、顺序、应继份、特定遗产请求权等是此次实证调查的重要组成部分。这些书籍对本文写作的启发具有不可估量的作用。

我国学者在学术论文中对法定继承制度进行了大量的探讨，且观点众说纷纭，未能达成统一。主要有三种模式：一是针对法定继承制度的全方面进行研究论述，如陈苇、杜江涌的《我国法定继承制度的立法构想》（2002），王肃元的《法定继承制度的重塑》(2003)，樊志军、刘耀东的《法定继承若干问题研究》(2016)，陈苇、董思远的《民法典编纂视野下我国法定继承制度的反思与重构》（2017），陈苇、李艳的《论我国民法典“继承编”法定继承制度之立法完善——基于四川省民众法定继承观念与遗产处理习惯的问卷调查》(2018) 等。二是聚焦于法定继承制度的某一个问题进行深入研究，如陈苇、冉启玉的《外国无遗嘱继承人范围与顺序制度比较研究》（2008），李欣的《中外配偶法定继承权之考察评析》（2011），杨立新的《我国配偶法定继承的零顺序改革》(2013)，陈苇、冉启玉的《完善我国法定继承人范围和顺序立法的思考》（2013），和丽军的《对遗产酌给请求权的反思与重构》(2013)，胡明玉、叶英萍的《法定继承人范围和顺序的立法修正》(2014)，陈英的《继承权本质的分析与展开》(2017)，杨震的《我国法定继承人范围与顺序的历史检视与当代修正》(2018)，罗冠男的《我国继承制度中的价值取向和利益平衡》(2019)，陈苇、白玉的《民法典继承编之遗产家庭住房的先取权和终生使用权立法研究》(2019) 等。三是在整体研究我国继承法修改问题的同时，关注其中一部分涉及法定继承的内容，如杨立新的《民法典继承编草案修改要点》(2017)，王歌雅的《〈民法典·继承编〉的编纂理念与制度构想》(2018)，李洪祥的《民众继承习惯与继承法的立法完善》(2018) 等。

2. 主要学术观点梳理

(1) 法定继承人的范围。

少数学者主张继续沿用现行规定，多数学者主张扩大法定继承人的范围。但对于法定继承人的范围应扩大至哪些亲属，尚存争议。较有代表性的观点有四种。观点一：继续沿用现行规定，将法定继承人的范围限于三代以内的直系血亲和两代以内的旁系血亲。持此观点的学者有徐国栋等。观点二：主张将法定继承人的范围扩大至四亲等内的血亲。持此观点的学者有梁慧星、杨震等。观点三：扩大法定继承人的范围，在现行法律的基础上增加叔伯姑舅姨、曾祖父母、外曾祖父母、堂兄弟姐妹和表兄弟姐妹。持此观点的学者有胡明玉等。

(2) 法定继承人的顺序。

多数学者主张增加继承顺序，但对于父母是否仍应与子女共同为第一顺序继承人，抑或应将其置于第二顺序尚存争议；对于配偶是否应被置于固定继承顺序尚存争议。其一，关于父母的法定继承顺序。一种观点认为，应延续现行继承法的规定，保留父母为第一顺序继承人。持此观点的有梁慧星、郭明瑞、房绍坤等。郭明瑞、房绍坤在《继承法研究》一书中提出："目前，我国人口老龄化形势严峻，而社会保障制度不完善，在这样的背景下，将父母列为第一顺序法定继承人，对缓解人口老龄化带来的赡养压力是有利的。" 另一种观点认为，应将父母置于子女之后，列为第二顺序法定继承人。持此观点的有陈苇、张玉敏等。张玉敏在

《继承法律制度研究》一书中指出："一般来说，一个有产者总是希望将财产留给自己的子女并通过他们在自己的直系卑亲属中保持下去，我国继承法应当尊重传统习惯，将父母列于子女之后，为第二顺序继承人。"陈苇在《民法典编纂视野下我国法定继承制度的反思与重构》一文中提出："父母与子女同为第一顺序继承人，可能导致被继承人的遗产同时向父母长辈亲属和子女晚辈亲属上、下流动。而将父母列为第二顺序法定继承人更符合被继承人的意愿，因为这能使遗产尽可能地向被继承人的晚辈直系血亲传承。"其二，关于配偶的继承顺序。一种观点认为，应沿用现行法律之规定，将配偶与父母、子女同列为第一顺序继承人。持此种观点的有徐国栋、王利明、梁慧星等。另一种观点认为，配偶不固定继承顺序，可以参与任何顺序继承，其继承份额依其所参与的继承顺序不同而有所不同。持此观点的学者有陈苇、张玉敏、胡明玉等。陈苇在前述论文中还提出："配偶作为不固定顺序继承人，可与不同顺序的血亲继承人共同继承，能够兼顾配偶与血亲继承人的利益，寻求二者之间的平衡。"胡明玉在《法定继承人范围和顺序的立法修正》一文中提出："将配偶列为非固定顺序法定继承人，可以保障配偶继承权，同时防止配偶继承权阻碍血亲继承人的继承权，平衡其利益，延缓遗产归公。"

（3）法定继承人的应继份。

一种观点认为，应维持我国法律之规定。例如，王利明在《中国民法典学者建议稿及立法理由》一书中提出："应继份平等是同一顺位的题中应有之义，同一顺序继承人继承遗产的份额，一般应当均等。"另一种观点认为，我国关于配偶继承份额的规定不合理。例如，张华贵在《论配偶继承权的法律保护》一文中提出："在死者一方的子女和父母人数较多的情况下，配偶的继承是非常不利的，应采纳配偶继承顺序不固定，生存配偶参与不同顺序继承时享有固定的继承份额。"

(4) 代位继承。

学者对代位继承的研究多集中在对代位继承权性质的探讨以及代位继承制度的完善上。例如，王艳慧在《代位继承的性质论争及检讨——以历史流变为视角》一文中提出：“代位继承的制度设计应当根据现实的社会历史条件去考量，继承人丧失继承权的，其子女不应代位继承；继承人放弃继承权的，其子女可以代位继承，代位说和固有权说的理论论争各应当立足于现实社会历史条件的变化。”王薇在《代位继承人之应继份研究》一文中提出：“我国《继承法》应规定子女及其晚辈直系血亲为第一顺序继承人，实行近亲等者优先的原则，在各亲等中按人数分配的代位继承制度，这与现代家庭的发展方向更相适应。”

(5) 丧偶儿媳与丧偶女婿应当属于法定继承人或酌情分配遗产人。

一种观点认为，丧偶儿媳与丧偶女婿应当作为酌情分配遗产人而不是法定继承人。例如，房绍坤在《继承制度的立法完善》一文中指出：“丧偶儿媳与公婆、丧偶女婿与岳父母，因属于姻亲关系而不具备成为法定继承人的条件，且在当今社会已无赋予丧偶儿媳与丧偶女婿法定继承人地位的必要。在丧偶儿媳对公婆、丧偶女婿对岳父母尽赡养义务的情况下，哪怕是为维护公平之需要，遗产酌给请求权已足够。”另一种观点则认为，丧偶儿媳与丧偶女婿可作为法定继承人。例如，杨震在《我国法定继承人范围与顺序的历史检视与当代修正》一文中提出：“丧偶儿媳与丧偶女婿尽了主要赡养义务的可作为第一顺序法定继承人，是对其赡养老人与维持家庭的回报与奖励，符合我国独特的家庭养老情形，彰显我国家庭生活特有的伦理价值。”

(二) 国外研究现状

国外对法定继承制度的研究成果丰富，从笔者掌握的资料来看有以下两种模式：

一是各国法律对法定继承制度作出的规定。大陆法系国家法定继承制度的规定主要体现在各国的民法典中，本书选取了法国、德国、瑞士、日本、俄罗斯五个代表国家进行考察。英美法系的英国、美国也以法典的形式规定了法定继承制度，如美国的《统一遗嘱检验法》、英国的《遗产管理法》《家庭供养法》。以上各国法定继承的相关规定，为我们的研究提供了可借鉴的资料。

二是相关著作中对法定继承制度的研究。例如，德国学者雷纳·弗兰克、托比亚斯·海尔姆斯的《德国继承法》（第六版）（2015），该书以专章的形式对德国法定继承制度作了介绍，并提出了作者对法定继承制度立法的独到见解。英国学者安德鲁·伊沃比（Andrew Iwobi）的《继承法基础》（第二版）[*Essential Succession*（*second edition*）]（2005），为我们了解英国法定继承制度提供了宝贵素材。美国学者杰西·杜克米尼尔、斯坦利·M. 约翰松的《遗嘱　信托　遗产》（2003），对美国法定继承制度的相关内容进行了介绍，对我们的研究亦有参考价值。

三、研究方法

（一）历史分析法

本书运用历史分析法对法定继承制度的历史演进进行了梳理和分析，通过整理外国法中法定继承制度和中国法中法定继承制度的发展历史脉络，归纳总结法定继承制度在演变过程中呈现出的特征，探讨法定继承制度在世界范围内的总体发展趋势。

（二）比较分析法

本书通过比较分析法，对德国、法国、瑞士、日本、俄罗斯、英国、美国的法定继承制度进行考察与比较评析，总结国外立法的有益经验，力图找出各国间就法定继承制度的立法异同及其背后的原因，为我国的立法完善提供参考。同时，通过对我国法定继承制度之主要观点进行考察和比较分析，归纳目前我国学界对法定继承问题的观点分歧，在吸收前人研究成果的基础上为提出法定继承制度的完善建议提供依据。

（三）实证分析法

本书通过对我国民众继承习惯与观念的实证调查数据进行分析，比较我国法定继承制度立法设计与民众继承习惯、观念的异同，总结二者不同的原因，并试图寻求使二者得以协调的较优方案。

四、研究路径

本书以法定继承制度为研究对象。首先，通过对法定继承制度的基本理论进行考察，提出我国法定继承中继承权的根据，阐明制度内容及功能，分析影响法定继承制度的因素；通过对法定继承制度的历史演进进行考察，总结评析法定继承制度在演进过程中体现出的特点与趋势；通过对法定继承制度完善的现实与理论基础进行考察分析，为进一步分析研究我国法定继承制度的完善可能构建基础。其次，分别对法定继承人的范围与顺序、法定继承人的应继份、代位继承、特定人员的遗产请求权等法定继承制度的内容进行研究探讨。在对我国立法与民众习惯的现状进行考察评析的基础上，对大陆法系的德国、法国、瑞士、日本、俄罗斯以及英美法系的美国、英国等七个代表国家的法定继承制度之规定进行考察与比较评析，分析各国立法的异同及其原因，寻找可供借鉴的有益经验；总结分析我国法定继承各项制度的立法不足，针对我国学者的立法建议及观点分歧进行比较分析，从我国实际出发，提出尽可能合理的完善建议。

五、主要创新点

本书可能的创新点主要体现在以下几个方面：

第一，在资料上，以部分最新国外立法资料作为研究对象，对外国法定继承制度的立法现状进行考察比较。例如，使用了日本2017年新修订的《日本民法典》、瑞士2013年修订的《瑞士民法典》等部分国家的最新立法资料，对其中法定继承制度的规定进行介绍、比较、评析，寻找其中的有益经验，为我国法定继承制度的立法完善提供参考。

第二，在理论上，深化了法定继承制度的基础理论研究。本书在前人研究的基础上，对法定继承制度进行了较为全面、系统的研究。对法定继承制度的历史演变进行了系统梳理，总结归纳出法定继承制度在演变过程中体现出的特点；在结合我国现实国情与传统习惯的基础上，借鉴国外立法中的有益经验，对我国学者争论的观点进行比较评析，进而提出尽可能合理的立法完善建议。

第三，在联系实际方面，结合我国实际，阐述法定继承制度的设计应考量的因素。本书从我国现实经济条件、家庭结构与功能的变迁、民众家庭观念的转变等方面，详细阐述了法定继承制度完善的现实基础，较为系统地提出了我国法定继承制度立法完善应考量的因素。

第四，在立法建议方面，提出完善我国法定继承制度的系统化建议。本书在对我国现实国情进行考量，明确法定继承制度应考量因素的基础上，对学者关于法定继承的争议观点进行比较评析，系统分析了我国法定继承制度的立法不足之处，汲取国外有益的立法经验和前人有益的研究成果，从我国实际出发，有针对性地提出立法完善建议。

第一章　法定继承制度的基本理论考察

继承是现代社会私法中一项重要的法律制度。根据继承发生的原因可将其分为法定继承与遗嘱继承。在现代社会，法定继承是直接依据法律规定的继承人范围、继承顺序、继承份额等规范转移被继承人遗产的一种方式。[①] 法定继承作为一个法律上的概念，源于古罗马法，原意为无遗嘱地移转遗产。在英美法系国家，一般使用“无遗嘱继承”（intestate succession），而不用法定继承一词。从历史上看，在古罗马时期，法律要求公民在死前须立下遗嘱，无遗嘱时适用法律规定进行继承。法定继承为遗嘱继承的补充，其目的在于防止家庭财产的分散，以维持家族的延续。在我国漫长的封建社会中，法律未形成遗嘱继承制度，民间也未形成遗嘱继承的习惯，直至民国时期法律才出现遗嘱继承制度。时至今日，我国民众仍较少有订立遗嘱的习惯，法定继承制度在我国仍有非常广泛的适用空间，作为我国继承制度的重要组成部分，其重要性不言而喻。法定继承制度的修正应遵循什么样的理论依据？法定继承中继承权产生的根据是什么？法定继承制度有何功能？影响法定继承制度的因素有哪些？在我们进一步展开针对法

① 陈苇主编：《外国继承法比较与中国民法典继承编制定研究》，北京大学出版社2011年版，第362页。

定继承制度的深入研究之前，对这些问题的研究和回答显得尤为重要。

第一节 继承权的根据

所谓继承，系指人死亡时，由其亲属或配偶概括的承继其遗产之谓也。[①] 一般认为，继承制度是私有制的产物，在没有私有财产的社会因无继承之标的物故无所谓继承。正如马克思所言："继承权是一种建立在以生产资料私有制为基础的经济制度之上的法律后果。"[②] 恩格斯也曾指出："在远古社会，随着财富的增加，这些新的财富逐渐由氏族所有变为归家庭私有，同时许多财富逐渐由男性控制，这就要求财富必须传给这一男子的子女而不是其他人的子女。"[③] 近代法确立个人意思自治与所有权绝对原则的同时，亦确立了以财产继承为中心的继承制度。从这个角度而言，继承权的产生以死者的财产所有权为基础。"继承权是继承人依法享有的，能够无偿取得被继承人遗产的权利。"[④] 继承权是一种财产权，具体表现为继承人可在继承开始后无偿地取得被继承人的财产，当然也包括债务；但继承权又不同于一般的财产权，因为它具有鲜明的身份特点，具体表现为继承权的取得通常以一定的身份关系为基础，继承人与被继承人之间往往具有婚姻、血缘、扶养等关系，如果没有这些关系继承权就不会发生。继承权这种区别于一般财产权的身份特性，使我们在制定继承法律制度时不得不去思考继承权因何而产生。法律究竟基于何种考量，决定将继承权

---

① 林秀雄：《继承法讲义》，台北元照出版有限公司 2009 年版，第 1 页。

② 《马克思恩格斯全集》（第 16 卷），中共中央马克思恩格斯列宁斯大林著作编译局译，人民出版社 1956 年版，第 414~415 页。

③ 参见［德］恩格斯：《家庭、私有制和国家的起源》，中共中央马克思恩格斯列宁斯大林著作编译局译，人民出版社 1999 年版，第 53~55 页。

④ 王利明：《民法》，中国人民大学出版社 2018 年版，第 569 页。

赋予某些特定身份关系的主体而不是其他主体？这种决定法律赋予某些主体以继承权的缘由，我们称为“继承权的根据”。

继承法的制度建构是以继承权为核心展开的，而法定继承制度作为继承法律制度的重要组成部分，其具体内容亦是以继承权为基础而展开的。明确继承权的根据，是建构较为完善的法定继承制度，合理地确定法定继承人范围、顺序、应继份等的前提与基础。下文所要进行的讨论，将从继承之产生根源出发，明确为什么在被继承人死后，其遗产由遗嘱或法律规定的特定主体取得，着力探讨继承权产生的缘由。故本书将其称为“继承权的根据”，以为后文关于法定继承制度的探讨打下理论基础。

一、关于继承权根据的学说

关于继承权的根据，西方学者的研究中对其有不同的论述，影响较大的有以下几种学说：

（一）家族协同说

家族协同说，即继承由于家族协同生活而来，未有一体的协同生活或协同感者，应被排除在继承之外。[①] 其意味着：家庭（家族）是因婚姻和血缘而共同生产和消费的生活共同体，家庭成员通过共同劳动积累起家庭财产并共享，这决定了法定继承方式的主导地位。家族协同说由以黑格尔、史塔尔等为代表的一些历史浪漫学派学者提出。他们认为，继承的根据是家族的共同生活，若继承人从未与被继承人共同生活，或者从无共同生活的感情，则不能继承被继承人的遗产。此种观点不同于自然法学派的观点，对遗嘱自由持怀疑甚至否定的态度。在黑格尔看来，家庭制度具有极高的价值。“家庭是直接的伦理实体，是以爱为规定的集团，

① 史尚宽：《继承法论》，中国政法大学出版社2000年版，第4页。

家庭的自然解体，在财产方面就发生继承的后果。"[1] 黑格尔在《法哲学原理》一书中对"意思说"进行了批驳，认为依被继承人的意志作为遗产继承的依据，在组成时有很多偶然性、任性、追求自私目的的企图等因素在起作用，这很容易破坏伦理关系，并引起卑鄙的钻营和同样卑鄙的顺从。并认为遗嘱自由应受到严格的限制，以免破坏家庭的基本关系。同时对先占说也进行了批驳，认为"一些人声称由于财产因所有人的死亡而成为了无主物，可归占有者所有，而又因为亲属通常是离死者最近的人，因此取得占有的多半是亲属，此为继承发生根据的想法忽视了家庭关系的本质"。[2] 在黑格尔看来，"个人首先从家庭中获得的，是他在家庭中生活的权利，唯有在家庭开始解体、家庭成员在情感上和实际上开始成为独立的个体，继承才以权利的形式出现，现在他们只能分别地从外部方面来接受，那些从前在家庭中他们以之构成一个特定环节的东西"。但"家庭成员独立的法律人格使在家庭范围内部出现的任性以及在自然继承人中间的差别应受到严格的限制，以免家庭的基本关系被破坏"。[3] "由于父母特别是父亲的去世导致家庭的自然解体，从而导致财产继承的后果，这种继承本质上是对自在的共同财产进行独特的占有。"[4] 后世一些学者赞成此学说并对其稍加修正，代表者有日本的穗积重远。他认为人的生活不仅有生存现世中之共同生活，即横的共同生活，还有纵的共同生活，即承继前代人之生活传至下一代，继续自己之生活，此纵的

---

① [德] 黑格尔：《法哲学原理》，范扬、张企泰译，商务印书馆 1979 年版，第 191 页。

② [德] 黑格尔：《法哲学原理》，范扬、张企泰译，商务印书馆 1979 年版，第 191~192 页。

③ [德] 黑格尔：《法哲学原理》，范扬、张企泰译，商务印书馆 1979 年版，第 176 页。

④ [德] 黑格尔：《法哲学原理》，范扬、张企泰译，商务印书馆 1979 年版，第 191 页。

共同生活实为继承产生之本源，继承是为人类自祖先以至乃子乃孙，维持过去现在未来之纵的共同生活之必然现行。[①]

家族协同说从家族共同生活的角度阐述继承权的根据和本质，从历史的角度讲甚为正确。“在古代社会，家庭的权利占优势，个人的权利则不被重视。那时唯一盛行的权利是表示家庭权利卓越的法定继承。”[②] 在古代社会，整个家族的成员共同生活，个人离开家族难以独立生存，其必须依靠家族财产并与其他家族成员共同生产经营。家长是家族财产的管理者，同时也负担扶养全体家族成员的义务。一位家族成员的死亡，并不会导致家族的解体，亦不会发生继承。家长死亡后，其遗产要留在家族中，以保障全体家族成员的生活，并且要有人来继承家长的身份和权利，以保证家庭的延续。早期的罗马社会以自然经济为基础，奴隶制大家庭是最基本的社会经济单位，社会成员和各家庭之间交往主要按照家族关系进行。因此，《十二铜表法》所规定的法定继承是以家族为基础的。只要是属于同一个家庭的人，都是合法的继承人。[③] 随着家长奴隶制经济逐渐为奴隶制大庄园经济所取代，以及商品经济的进一步发展，罗马法中的法定继承人之范围从宗亲转向了血亲。即便如此，仍不能否认当时的法定继承制度依然是以维护家庭的延续为目的。继承人的范围之所以发生变更，盖由于当时社会经济基础的变化导致了家庭制度的变革，古老的宗族制度逐渐解体，新型的以男性家长为核心的自然血亲家庭成为社会的主要组成单位。故继承权的根据虽仍是以家庭共同生活为基础，但其已对家庭制度的变化作出回应。在日耳曼人的法律中，家族被

① 史尚宽：《继承法论》，中国政法大学出版社 2000 年版，第 5 页。

② ［意］密拉格利亚：《比较法律哲学》，朱敏章等译，中国政法大学出版社 2005 年版，第 542 页。

③ 古罗马时期，根据《十二铜表法》的规定，首先是子女作为直系继承人继承财产，没有子女的由父方宗亲即男系亲属继承，若连父方宗亲也没有的，则由同氏族人继承。而无论是前述哪种情况，财产均被留在氏族之内。

视作一个整体，共同承担风险和分享利益。这一时期的法定继承制度较古罗马发达许多。家长死后，继承人的范围非常之广，其目的是将财产保留在本族之内。这种以家庭共同生活为依据，使财产尽量留在家庭内部的做法在封建时期仍然一直盛行。直至资产阶级革命胜利后，西方国家纷纷制定近现代意义上的继承法，以维护家庭共同生活，保持家庭财产留在家族内部的思想仍在西方国家法定继承制度中发挥着重要的作用。古罗马法中虽要求家长在去世前必须立下遗嘱，明确继承人，但这主要出于选定继承人以维护家庭延续的目的，并非出于对被继承人个人意愿的维护。是故在古代社会，无论是古代西方的法定继承制度，又或是古代中国的分家析产制，均注重家庭伦理，强调将财产留在家庭内部。正如梅因所说："在开始的时候，遗嘱只是将家族代表权转移给一个新族长的众多方法之一，而并不是分配死者财产的一种方法。"①但及至私有财产制更加发达的近现代社会，家族的生产方式变为社会的生产方式，家族不再是社会的生产单位，个人独立参加社会工作获取个人财产。随着个人财产神圣不可侵犯、个人意志自由等近现代法律理念的确立，家族协同说逐渐丧失了其存在的社会土壤，各国继承法中法定继承人的范围也从古罗马早期的宗亲继承转向血亲继承，再由无限制的血亲继承转向关系较近的血亲之间方得继承。但也有学者提出，家庭共同生活在今天仍很普遍，原则上人人都有自己的家庭生活，所以如果按照现代意义上的家庭共同生活来说明继承根据的正当，在理论上，似非不可。② 笔者认为，今日之社会，虽然古代社会之同居大族已不复存在，以祖孙三代或更少的两代人组成的核心家庭为主，但中国人的宗族观念根深蒂固，家庭与家族（以及宗族）是一种长期存在的客观现

---

① ［英］亨利·萨姆纳·梅因：《古代法：与社会远史及现代观念的联系》，郭亮译，法律出版社 2016 年版，第 243 页。

② 陈棋炎、黄宗乐、郭振恭：《民法继承新论》，台北三民书局股份有限公司 2016 年版，第 3 页。

象，有一个怎样看待祖先与后代间关系的问题。在西方世界，随着市场经济和现代社会的繁荣，人与人之间包括亲属之间的感情往往趋向淡漠。中国毕竟不同于西方，中国的文化具有很强的连续性。就多数人而言，中国人尊祖敬宗，家庭和家族观念浓厚。[①]尽管当今社会的生产活动在多数情况下不再以家庭或家族为组织展开，但家庭仍然是构成社会的最基本单位，亲属仍然是最重要的社会关系，故家族协同说即使在当代，仍具有不可忽视的价值。

（二）意思说

意思说，即继承权的产生应基于被继承人的意思，该说是由自然法学派的学者提出的。自然法学派把一切的权利和权利变动的基础，归结于人的意思。继承权也是如此。[②] 17 世纪的自然法学派学者普遍认为立遗嘱的权利来自“自然法”，是“自然法”赋予人的一种权利。[③] 格劳秀斯认为，私法之范围于是由契约而进入国家的范围，保障契约乃自然法之责，一切民法之基本，在于承诺即生义务。私人财产发生于原始公产之后，是基于一种明言的或默认的合同。[④] 他在《战争与和平法》中提出：“如果承诺的相对方在作出接受之前死亡了，承诺也可以撤销，因为很明显，接受承诺的权利是给予他自己而不是他的继承人。”[⑤] 对于法定继承，格劳秀斯认为它是遗嘱继承的特别方式，以死者的意愿作当然的推测为基础。康德是典型的“意思说”持有者。在康德看来，作为理性主体的人是按照意志行事的，意志永远是自由的。他主张“每个人的意志都应是立法的意志”，认为“私有财产是公民社会

---

① 程维荣：《中国继承制度史》，东方出版中心 2006 年版，第 9 页。

② 史尚宽：《继承法论》，中国政法大学出版社 2000 年版，第 4 页。

③ 刘文：《继承法比较研究》，中国人民公安大学出版社 2004 年版，第 5 页。

④ ［意］密拉格利亚：《比较法律哲学》，朱敏章等译，中国政法大学出版社 2005 年版，第 15 页。

⑤ ［荷］格劳秀斯：《战争与和平法》，何勤华等译，上海人民出版社 2005 年版，第 190~191 页。

的基础。一个国家内的任何财产都应当是私有财产，以充分实现公民在财产取得和转移中的自由”。[①] 康德在《法的形而上学原理——权利的科学》一书中指出：“继承，是某个将要死亡的人，在双方同意的情况下，将其财产或货物转让给生存者。继承人获得遗产和财产人的让出财产，这两种行为构成了‘我和你’的交换。”[②] 亚当·斯密认为，一个人的财产可以通过占有、添附、时效、继承、让与五种方法取得。继承是指继承自己的先祖或任何别人的物，包括遗嘱继承和无遗嘱（法定）继承。遗嘱继承是基于死者生前意愿的继承，法定继承是法律将死者的财产分配给那些可以推测是死者想要给予的人的继承。因此，它还包含遗嘱继承的含义。[③] 休谟认为，继承权是一项非常自然的权利。这是因为人们普遍认为父君或近亲的同意，以及人类公益的原因，都要求人们把财产分给他们最亲的人，以使他们更加勤俭。[④]

意思说的思想在继承制度中真正体现应是在资产阶级革命胜利以后。在古代社会向近现代社会的过渡过程中，“个人”逐渐取代“家族”成为社会的基本构成，个人成为民事法律所考虑的单位。[⑤] 近代以来，随着资产阶级革命的胜利，私有财产神圣不可侵犯、个人意思自治成为近现代民法的基本理念。在强调个人意志的近现代社会，意思说作为遗嘱继承制度中继承权之根据具有较强说服力。大陆法系国家之民法大多沿袭罗马法，承认遗嘱自由，并规定特留份制度。英美法系也大体承认遗嘱自由，并以此作为继承的基础。但对于法定继承制度，将被继承人之意思作为继承

① 参见吕世伦：《法理的积淀与变迁》，法律出版社 2001 年版，第 268~269 页。

② ［德］康德：《法的形而上学原理——权利的科学》，林叔平译，商务印书馆 1991 年版，第 118 页。

③ 吕世伦：《法理的积淀与变迁》，法律出版社 2001 年版，第 419 页。

④ ［英］休谟：《人性论》（下册），商务印书馆 1980 年版，第 551~553 页。

⑤ 何勤华、魏琼：《西方民法史》，北京大学出版社 2006 年版，第 266 页。

权的根据，我国有学者认为过于牵强。[①] 笔者认为，既然遗产是被继承人生前积累的个人财产，则即使是由法律直接规定的继承也应当考虑被继承人的意愿，意思说的观点在法定继承制度中亦应有所体现。这不同于遗嘱继承中被继承人可在生前通过订立遗嘱清楚表达其意志，法定继承中被继承人的意志只能由立法机关加以推测。若要在法定继承中坚持意思说，则必须对被继承人之真实意愿加以推测，以被继承人最想使其获得遗产之人作为法定继承人。正如英国学者所指出的那样，各国在制定法定继承制度时，"立法机关应了解有财产的普通人如果立遗嘱，会将财产留给谁以及如何分配，在此基础上制定的法定继承规则应该产生与其立遗嘱相同的效果。而要确定有财产的人想做什么，最好的办法就是找出大量有财产的人实际做了什么"。[②]

（三）死后扶养说

死后扶养说主张，一定范围内的亲属有相互扶养义务，被继承人生前有扶养义务的人，在他死后应继续得到扶养。为贯彻死后扶养的理念，在立法上，应将受扶养人与继承人的继承资格与顺序保持一致；而对于无须扶养的亲属，无论其与被继承人的关系如何密切，都不能享有继承权，且继承份额应以扶养所必要的份额为限。[③] 阿奎那曾提出，自然法有三个基本方面与自然倾向相一致：一是保护人类的生命，因为人和其他一切生物一样都有自我保护和发展自己的倾向；二是保持人的各种本能，如性关系、抚养后代等；三是保持社会生活和社会秩序，不得侵犯他人。[④] 其中，关于保全人类生命和维护人类本能的观念都体现了死后扶养的观念。马克思曾提道："人们为他们的孩子储蓄，主要目的是确

---

① 陈英：《继承权本质的分析与展开》，载《法学杂志》2017 年第 6 期。

② 参见［英］F. H. 劳森、B. 拉登：《财产法》，施天涛等译，中国大百科全书出版社 1998 年版，第 209 页。

③ 史尚宽：《继承法论》，中国政法大学出版社 2000 年版，第 5 页。

④ 参见吕世伦：《法理的积淀与变迁》，法律出版社 2001 年版，第 257 页。

保他们的孩子有生活资料。如果父母去世后孩子的生活能得到保障，那么父母就不会再去操心给孩子留下必要的生活资料。”① 出于人类天然的血缘亲情，也是人类繁衍之需要，人们普遍认为，被继承人有子女特别是有未成年子女的，被继承人有义务为子女预留足够的生活费用。正如有美国学者所说，“人们生育后代的决定本身就使得人们对孩子的存在负责，孩子应该有平等的正常生活机会，这就要求他们为未成年的孩子提供充分的物质保障”。②

死后扶养说从被扶养人的生存需要出发，体现了法律对弱者的关怀。此种死后扶养的观念，不仅充分体现在对未成年人的生活照顾上，也充分体现在对老年人的生活照顾上。在古代社会，“家”是人们的共同生活体。在古罗马，家中的家属死亡并不发生继承问题，但如果家长死亡，则必须有一人继承家长地位，承担起祭祀祖先的义务并负担起对全体家属的扶养责任，继承问题由此产生。在古代中国，家庭财产由全体家庭成员共有，具体表现为由家长进行管理，家庭成员均可使用。继承表现为大家庭拆分成小家庭，子辈在承继父辈财产的同时也承担起对父辈的赡养责任。我国古代即已存在的代位继承制度，也在一定程度上体现了死后扶养的思想。因为如果被继承人的儿子先于被继承人死亡，且该先死亡的儿子之子女尚年幼，则该先死亡儿子的妻儿均需在分家时分得一份财产以维持生活。在一些国家的继承制度中，死后扶养说的表现主要是：将受被继承人生前扶养作为在被继承人死后获得扶养费的依据。例如，德国、法国、瑞士等国规定，被继承人死亡后，受其扶养的家庭成员可以请求取得一定期间的生活费。在1922年《苏俄民法典》中，这种死后扶养的观念得到极大的体现。该法典第418条规定，在被继承人生前依靠被继承人生

① 《马克思恩格斯全集》（第16卷），中共中央马克思恩格斯列宁斯大林著作编译局译，人民出版社1956年版，第652页。

② ［美］迈克尔·D. 贝勒斯：《法律的原则——一个规范的分析》，张文显等译，中国大百科全书出版社1996年版，第163页。

活一年以上的丧失劳动能力的人，可以成为法定继承人。[①] 在俄罗斯，根据《俄罗斯联邦民法典》的规定，受被继承人供养和与被继承人共同生活的人，如果属于法定继承人范围，则无论其在第几顺序均可参与继承；如果原本不属于法定继承人，则可以成为法定继承人。[②] 我国规定的继承人以外的依靠被继承人共同生活的人可以分得适当遗产，也是以死后扶养说为依据。死后扶养说将遗产视为一种家庭抚养金，将继承权的存在依据归结为扶养关系，体现了养老育幼的社会观念。

关于死后扶养说，我国有学者认为，"不论在古代还是现代社会，继承权均以保障继承人个人生活为目的"。具体而言，在家族制度下，个人生活，完全依赖于家长之保障，故当家长死亡或死生不明时，继承即发生；在现今之社会，个人生活由个人自行维持，而个人死亡时须由与该个人有共同生活关系之人继承其遗产以便于自己的生活之保障。[③] 但也有学者反对将死后扶养作为继承权的根据，如有学者提出，"死后扶养说在社会保障制度发达的福利社会已无意义，甚至会因为使得继承制度承担过多的社会保障功能而导致继承制度与其发展逻辑相悖"。[④] 笔者则认为，即使在当今社会，死后扶养说仍有其存在的价值。在被继承人死亡后，那些在被继承人生前依靠其扶养的人，包括被继承人的父母、子女等近亲属，也包括被继承人的兄弟姐妹甚至关系更远的亲属或非亲属，这些人由于被继承人的死亡而得不到继续的供养，这时候法律有必要为其生活的维持作出考量，而赋予他们一定程度上的继承权则不失为较好的办法。

---

① 刘春茂主编：《中国民法学·财产继承》，中国人民公安大学出版社 1990 年版，第 134 页。

② 《俄罗斯联邦民法典》第 1148 条。

③ 陈棋炎、黄宗乐、郭振恭：《民法继承新论》，台北三民书局股份有限公司 2016 年版，第 5 页。

④ 参见陈英：《继承权本质的分析与展开》，载《法学杂志》2017 年第 6 期。

（四）无主财产说

无主财产说认为，自然人的财产在其死亡后将成为无主财产，这些无主财产归属于谁取决于立法政策。[①] 古罗马法中的继承时效制度就以此为基础。被继承人死亡后无继承人的，其遗产在任意继承人接受继承之前就成为无主财产，任何市民都可以对该财产实施“先占”管理。经过一定期限后，该市民对遗产的占有即受法律保护，其可取得该遗产。事实上，实施对遗产“先占”的大多是被继承人的亲属，因为他们通常是与死者关系最密切的人，所以为了维持秩序，此类频发的意外事件已经上升为法律原则。[②] 根据盖尤斯的解释，基于先占的继承规则，旨在敦促任意继承人及时接受继承，避免被继承人家中祭祀中断和债务拖延不清。但是，随着宗法观念的逐渐弱化，代家祀已无必要，债务清偿也可以直接通过拍卖死者的财产实现，继承时效制度也逐渐失去其存在的意义。[③]

无主财产说可以避免财产所有人死亡后财产的混乱，具有一定的积极意义。但这种方法与当时的社会基础是相联系的。古罗马时期，如果死者的财产无人继承，任何人都能按“先占”原则占有该财产，取得继承人的地位。这一规定的目的是保证供奉死者的家祀，以免中断祖先祭祀。[④] 因为在当时，继承人对死者地位的继承主要是出于社会和宗教的考虑，而非经济的考虑。随着社会的发展，无主财产说逐渐被摒弃。黑格尔曾指出，“认为继承是基于死亡而财产成为无主物的想法忽视了家庭关系的本性”。[⑤] 今天的立法一般规定了无人承受遗产的处理制度，但已不再采取将

---

① 史尚宽：《继承法论》，中国政法大学出版社 2000 年版，第 6 页。

② 刘文：《继承法比较研究》，中国人民公安大学出版社 2004 年版，第 8 页。

③ 周枏：《罗马法原论》，商务印书馆 2016 年版，第 433~435 页。

④ 周枏：《罗马法原论》，商务印书馆 2016 年版，第 433~435 页。

⑤ ［德］黑格尔：《法哲学原理》，范扬、张企泰译，商务印书馆 1979 年版，第 191 页。

遗产作为无主财产按照先占规则处理的做法，任何想要取得无人承受遗产的人，都须通过法定程序，且取得主体一般为国家。我国有学者认为，“继承制度的产生根据之一为避免无主财产的产生，理由在于，一是依所有权绝对原则，可得出所有权绝对不可侵，亦即对他人之所有物不可任意加以掠夺，反过来解释，则对于不属于任何人所有的物便可以加以占有甚至据为己有；二是根据权利能力制度，人死亡即失去权利能力，原本属于该人的东西，特别是动产，就成为无主物，此时无主物将成为众人争夺的对象而使得社会秩序无法维持，因此，必须在某人死亡的瞬间，将其遗产自动归属于生存之人，以避免无主物的产生并维持社会秩序”。① 笔者认为，从继承制度产生目的的角度来解释，无主财产说确有一定道理。但对于继承权的根据，则决定了立法者选择如何确定遗产的归属，这也是“近代继承制度之主要任务及根本课题”。② 此时若仍采无主财产说则有所牵强。

（五）贡献说

贡献说认为，继承人之所以能获得遗产，在于其对遗产之贡献的评价。例如，有日本学者认为，“于农业、渔业、商业等家庭中，家庭成员共同工作积累的财产往往归属于一人，但该财产不是从一个人的劳动中衍生出来的，也包含了其配偶、子女的直接或间接的合作，所以它表面上为单独所有，实质上为潜在的共有关系，而财产名义人死亡时，由其配偶和子女共同继承，即评估他们对遗产的贡献”。③ 我国台湾地区学者认为，配偶继承权的主要根据即在于此。④ 20 世纪 70 年代以来，乔治·霍曼斯、皮特·布劳等社会学者提出的代际交换理论，也与继承权取得的贡献说有异曲同工之处。这一理论认为，人们在付出工作、礼物、卡片、

① 林秀雄：《继承法讲义》，台北元照出版有限公司 2009 年版，第 2~3 页。

② 林秀雄：《继承法讲义》，台北元照出版有限公司 2009 年版，第 3 页。

③ 转引自林秀雄：《继承法讲义》，台北元照出版有限公司 2009 年版，第 5 页。

④ 林秀雄：《继承法讲义》，台北元照出版有限公司 2009 年版，第 3 页。

情感或思想时总是期望获得某种回报，人们期望通过其行为获得回报，得到的回报越多，人们重复某种行为的可能性越大，积极性越高。当我们从别人那里得到了贡献与酬谢，我们就应该予以回报。家庭成员间的互惠关系、代际间的抚养与赡养等往往也离不开贡献与回报的交换理论，代际间的转移通常是双向的，但总体而言，成年子女更倾向于向年迈的父母提供照料和情感支持，并从父母那里获得足够的经济支持。①

在古代中国，家庭不仅仅是社会的生活单位，也是生产单位。家庭承担了大部分的社会生产功能，家庭成员共同劳作、共同生活，每一个成员在家庭中都有其贡献。父母通过劳动换取生活资料养育子女，待子女成年后，父母所积累的财产也会转移给子女来管理并继续创造新的财富，父母则可在家庭中继续生活并获得子女的赡养，家庭所有成员对家庭财产都有使用权。从某种角度而言，家庭成员的获得与其贡献是相对应的。到了近现代，受工业化进程的影响，家庭的生产功能逐渐弱化，家庭的结构趋于小型化，财产所有制也从家庭共有转变为个人所有。但继承法律也考虑了个体对遗产的贡献，在继承时给予在被继承人生前对其有过生活上的照料、经济上的帮助或者与其共同生活对其财产积累间接起到帮助的人一定的继承份额。例如，我国《民法典》规定，在遗产分割时，视法定继承人对被继承人的扶养情况，履行扶养义务较多的，可以多分遗产，有扶养能力却不尽扶养义务的，应当少分或不分遗产。② 从表面上看，贡献说有一定道理，对于有扶养义务之人，其继承权应与其履行扶养义务的情况相适应，而对于那些原本没有扶养义务之人，如果尽了扶养义务，则可以给他分得一定遗产，这也符合权利义务相一致的原则。但归根结底，

---

① 潘静波、郑伟杰：《民间财富的代际传承——内涵、决策机制和路径研究》，中国金融出版社2015年版，第26~27页。

② 《民法典》第1130条。

为什么法定继承人的范围往往规定的是被继承人的亲属，而非对被继承人尽了扶养义务的人或共同生活之人？为什么履行扶养义务多的人要以多分遗产为回报？这可能不仅仅是贡献与回报的问题，它与特定社会历史时期人们的家庭结构、伦理观念等都密不可分。如果继承权是依据对遗产的贡献而产生的，那么在今天核心家庭成为家庭的主要形式，子女与父母财产权分离，往往也不居住在一起的情况下，子女对父母遗产的贡献度其实是较少的，甚至相反，如父母往往为子女提供房屋居所、创业基金，帮助子女照看小孩等。相较而言，父母对子女财产积累付出的贡献比子女对父母的贡献可能要高出许多。在这样的情况下，贡献说并不能很好地解决继承权的根据问题。

二、我国法定继承制度中继承权的根据之认定

随着我国社会经济的发展，人民财富与日俱增，财富种类日益增多，因继承产生的纠纷也逐渐增多。根据我国法律之规定，在被继承人有遗嘱时按照遗嘱继承。可以说，在遗嘱继承中，继承权的根据理应为被继承人的意思。而在法定继承中，被继承人基于什么原因取得继承权，法律应基于何种根据赋予继承人继承遗产的权利，是我们在制定法定继承制度时首先应当明确的问题。关于继承权的根据，我国学者对其研究不算太多。有学者从被继承人和继承人之间身份关系的角度揭示继承权取得的根据，如认为婚姻、血缘、扶养是继承权取得的根据。[①] 这一观点着力于继承人基于与被继承人的何种关系可取得继承权，是为“继承权取得的根据”，这与我们从法律基于何种原因赋予具备特定关系的主体以继承权角度出发所探讨的“继承权的根据”为两个不同的概念，

① 参见刘春茂主编：《中国民法学·财产继承》，中国人民公安大学出版社 1990 年版，第 131~136 页；刘文：《继承法比较研究》，中国人民公安大学出版社 2004 年版，第 37~42 页。

与被继承人具有的特定身份关系应为对继承权根据所考量带来的结果而非继承权的根据本身。学者们从法律赋予被继承人继承权缘由的角度出发所作的研究，对继承权的根据进行了探讨，但学者的观点无论是从概念还是具体内容上都不太统一。从概念上看，有称其为“继承的根据”的，[①] 有称其为“继承权的本质的”[②]，有称其为“继承的根据与本质”的，[③] 也有称其为“继承权的根据”的。[④] 笔者认为，对在被继承人死后，基于何种缘由确定其遗产由遗嘱或法律规定的一定范围内的人取得进行的探讨，宜被称为“继承权的根据”。从具体内容上看，学者们的观点也尚存争议。例如，有学者认为，继承之根据实结合前述家族协同、意思自由、死后扶养及无主财产归属之思想，各有其一。[⑤] 有学者认为，应区分继承制度之根据与继承权之根据，继承制度之根据为避免无主财产之产生、贯彻遗嘱自由及保护交易安全；继承权之根据为对遗产贡献之评价、继承人生活之保障及被继承人意思之推测。[⑥] 有学者认为，对继承权本质的理解，应确立以意思说为主、死后扶养说为辅的理念。[⑦] 还有学者认为，在法定继承中，维持家庭功能是继承权的基本依据；而在遗嘱继承中，被继承人的意思是继承权的主要依据。[⑧] 笔者认为，法定继承中继承权的根据的确定，是法定继承制度设计的基本出发点。因此，在对法定继承制度进行研究探讨时，有必要首先对我国法定继承中继承权的根据加以探讨。

---

① 史尚宽：《继承法论》，中国政法大学出版社 2000 年版，第 3~6 页。
② 陈英：《继承权本质的分析与展开》，载《法学杂志》2017 年第 6 期。
③ 刘文：《继承法比较研究》，中国人民公安大学出版社 2004 年版，第 4~8 页。
④ 林秀雄：《继承法讲义》，台北元照出版有限公司 2009 年版，第 5~6 页。
⑤ 史尚宽：《继承法论》，中国政法大学出版社 2000 年版，第 6 页。
⑥ 林秀雄：《继承法讲义》，台北元照出版有限公司 2009 年版，第 5~6 页。
⑦ 冯乐坤：《继承权本质的法律透视》，载《法律科学》2004 年第 4 期。
⑧ 陈英：《继承权本质的分析与展开》，载《法学杂志》2017 年第 6 期。

(一) 我国法定继承制度中继承权的根据之体现

在我国封建社会时期，将法定继承中继承权的根据理解为“家庭协同说”较为合适。但随着旧的封建专制统治被推翻，新民主主义国家的建立，我国的继承制度也完成了其近代化。在法定继承制度中，较为注重扶养关系，扶养关系不仅仅是继承权取得的重要根据，也是影响遗产分配多寡的重要因素。具体而言：首先，《民法典》继承篇中规定的法定继承人范围包括第一顺序的配偶、父母、子女，第二顺序的兄弟姐妹、祖父母、外祖父母，[①] 这与《民法典》婚姻家庭篇中规定的扶养义务人范围几乎完全一致。其次，《民法典》继承篇规定的受被继承人扶养的法定继承人以外的人有申请酌分遗产的权利，对被继承人尽了主要赡养义务的儿媳或女婿可以作为第一顺序继承人参与继承。最后，在遗产分配时，法定继承人是否履行扶养义务是影响遗产分配的重要因素。法律规定，对被继承人尽了主要扶养义务或者与被继承人共同生活的继承人可多分遗产，有扶养能力和扶养条件却不尽扶养义务的法定继承人应少分或不分遗产。这些规定都体现了保障扶养义务人履行扶养义务的思想，符合死后扶养说之观念。我国法定继承制度对扶养关系偏重，其产生原因主要包括以下几点：第一，新中国成立之初，我国继承立法受到马克思主义继承观和苏联立法的影响，法定继承中继承权的根据是保障子女和亲属的基本生存，即采死后扶养说的观点。马克思认为，“继承法是在现有社会经济组织的基础上，以生产资料即土地、原料、机器等的私有制为基础得出的法律结论。继承是私有财产制的产物，私有财产制赋予继承人继承死者生前财产的权利，即提取他人劳动成果的权利。假定生产资料从私有财产转变为公有财产，继承权就会随之

① 《民法典》第1127条。

自行消亡”。[①] 因此，他主张“有关继承权的一切措施，只能适用于私有制继续存在的社会的过渡状态”，“如果一切生产资料都能公有化，则继承权就不需要了”。而在过渡阶段，“继承权还不能废除，因为人们要为子女储蓄以保证在双亲死后子女的生活能够得到保障”。[②] 新中国成立初期，我国关于法定继承制度的学术观点与司法实践倾向于向苏联民法借鉴，我国有学者提出：“继承法在保护个人私有财产时所依据的原则精神，应当有利于社会主义建设、社会主义改造、生产发展和公民家庭团结。”[③] “就继承的主体范围而言，剥削阶级的继承制度是以私有财产绝对和竞争的需要为出发点的，除个别国家外，一般总是采取多设继承顺序而减少同一顺序继承人的方法，通过对同一顺序继承人数的限制以防止财产扩散，保持财富和资本的相对集中。而我国继承法根据婚姻关系和血缘关系远近及经济上相互依赖的程度，仅规定了两个继承顺序，同一顺序法定继承人的主体范围比剥削阶级继承制度更宽，这是出于有利于实现养老育幼、团结互助的家庭职能和社会主义精神文明建设的客观要求考虑的。”[④] 第二，1985 年《继承法》制定时，我国社会生产力不发达，社会经济不够富裕，人们可实际支配的财产不多，国家的社会保障和社会福利制度不健全，养老育幼的责任主要由家庭承担，“遗产继承实质上是家庭成员间的一种经济互助”。[⑤] 在这样的背景下，《继承法》规定的法定继承人范围较窄、顺序较少，因为这更多的是从保障被继承人关系

① 《马克思恩格斯全集》（第 16 卷），中共中央马克思恩格斯列宁斯大林著作编译局译，人民出版社 1956 年版，第 414~416 页。

② 《马克思恩格斯全集》（第 16 卷），中共中央马克思恩格斯列宁斯大林著作编译局译，人民出版社 1956 年版，第 652 页。

③ 悠生：《民法继承法在我国过渡时期的意义》，载《法学研究》1955 年第 5 期。

④ 刘野：《略论我国同一顺序法定继承人均等继承的有限原则》，载《法学研究》1986 年第 2 期。

⑤ 李由义：《关于我国继承法的几个问题》，载《法学评论》1984 年第 4 期。

密切之亲属的生活之角度出发。

然而，法定继承毕竟不同于社会保障和社会救济制度，如果过度强调扶养关系甚至以扶养关系来解释继承权，会使继承权沦为简单的扶养请求权，将家庭与亲属间的伦理感情简化为供给基本生活条件的义务。这不仅与数千年来世代传承的中华文化相脱节，也与民众的具体继承习惯与实践相脱节。笔者认为，法定继承制度涉及的社会关系较为复杂，在对法定继承人进行选择时若仅仅考虑某一方面的因素，恐不能满足当今法定继承制度所面临的现实需要。因此，可兼采法定继承权根据的不同学说，不同的观点应有其各自不同的适用范围。

（二）我国法定继承制度中继承权的根据之认定

1. 家庭维持仍应是法定继承中继承权的基本根据

“家庭是一个能动的要素，它从来不是静止不动的，而是随着社会从较低阶段向较高阶段的发展，从较低的形式进到较高的形式。”① 家庭以及人类为维持家庭生活所作的努力，与人类的历史同样漫长。如前文所述，家族协同说在古代社会具有当然的支配地位。“古代社会的人一致视其自身的群体具有共同的血缘，归属于同一政治团体，否则他们想不出还有别的理由让他们可以共耕共猎。”② 在古罗马，遗嘱继承是继承的主要方式，只有在被继承人因生前疏忽大意或不幸罹难而未留遗嘱时，才适用法定继承，即法定继承制度是立法者为这些未留下遗嘱之人准备的非常制度。而彼时的继承制度被视为一个工具，其所要传递的客体是家庭，财产则仅是家庭传承附带的产物。③ 经由继承制度，家庭得以传承

---

① ［美］路易斯·亨利·摩尔根：《古代社会》，杨东莼、马雍、马巨译，商务印书馆 2009 年版，第 326 页。

② ［英］亨利·萨姆纳·梅因：《古代法：与社会远史及现代观念的联系》，郭亮译，法律出版社 2016 年版，第 124 页。

③ ［英］亨利·萨姆纳·梅因：《古代法：与社会远史及现代观念的联系》，郭亮译，法律出版社 2016 年版，第 103 页。

而生生不息。我国古代社会中并无“继承”一词，财产以“分家析产”的方式完成在代际之间的传递。在以自给自足的农业经济作为主体的我国古代社会，家庭是社会构成的基本单位，其担负着组织生产、生活的功能，并承担着家族绵延的使命，而家庭财产则是这种使命的物质基础，须保证每一个家庭成员都能从中受益。[①] 在中国古代，分家析产只能在儿子中进行。当一户家庭有数个儿子时，通过分家，原本的大家庭分解为数个新的小家庭，开始了新一轮的“同居共财”。这既符合家庭所能承担的供养能力，同时又保证家庭财产没有流出家族的范围。随着西方资产阶级革命的胜利，传统的家庭本位之法律传统丧失了存在的基础。正如梅因所指出的：“古代社会的单元是家庭，现代社会的单元是人。”[②] 个人主义取代了家庭主义成为近现代继承立法的基本理念。近代以来，我国家庭法领域的变革也深刻地影响到继承制度尤其是法定继承制度的建构。无论是婚姻家庭立法，还是继承立法都一直在力求“破旧立新”，坚持与传统观念和制度的决裂。在婚姻家庭法律制度中，男女平等原则得以确立，夫妻之间、父母子女之间、兄弟姐妹之间、祖父母和外祖父母之间在法律上的平等共同构建了家庭关系的平等；夫妻财产制取代了传统的家庭同居共财制，夫妻关系成为家庭建构的核心，法律仅调整夫妻、父母子女关系，对核心家庭之外的其他亲属关系所涉甚少。反映在法定继承制度中，继承人的范围被缩小至三代以内的直系血亲和兄弟姐妹之间，个人财产的继承取代了传统的分家析产，夫妻之间平等地享有相互继承遗产的权利，儿子与女儿的继承权平等，且原本以父子结构为核心的男系继承转变为父母子女双系传承。平等、公平等价值理念在法定继承制度中得以确立，这无疑是立法上的

---

① 焦垣生、张维：《中国传统家文化下的财产继承》，载《西安交通大学学报（社会科学版）》2008 年第 6 期。

② ［英］亨利·萨姆纳·梅因：《古代法：与社会远史及现代观念的联系》，郭亮译，法律出版社 2016 年版，第 121 页。

进步。

但在破旧立新的过程中，对传统家庭制度的全面否定难免使我国现行法在一定程度上出现与传统家庭伦理和民众观念之间的矛盾。正如有学者指出："中国是属于原创性的文化体系，传统价值的积淀深厚而又凝重，虽历经近代百余年的西学东渐，至今犹未能取得对西方文化和价值观念的普遍心理认同。"① 例如，在现实生活中，夫妻一方死亡后，除了某些特殊情况，大多数国人往往不会要求进行遗产分割，即使主张继承，原本由夫妻共同所有的财产尤其是不动产也往往被认为应由生存配偶继续占有、使用。只有夫妻双方都死亡后，子女等才会对双方共同的遗产进行分割。正如我国学者所言："在中国传统的继承观念中，家庭的财产在配偶一方死亡后往往直接归于另一方，只有在父母双亡后子女才可以继承父母留下的遗产，现实中尤其是广大的农村都是这样做的。但这一习惯却被立法者所忽视，参照西方模式设计的继承制度出现了立法与我国传统继承模式脱节的现象，这使得我们按照传统的方式完成继承后不被法律认可的现象。"② 总体而言，虽然法律规定了一套法定继承的规则，但在现实中民众所适用的却往往是与法律不一致的另一套规则。这种立法与现实脱节的现象，不得不引起立法者与法学研究者的重视，因为这不仅有损法律的威严，也可能导致纠纷产生时出现同案不同判、官司止而纠纷不止等现象。究其原因，离不开数千年来无论是在法律还是道德体系中我国民众对家庭的重视，以及民众心中对"家"的坚守。如果要在法定继承中更好地避免或减轻立法与实践脱节的问题，笔者认为，在法定继承制度的修正完善过程中，坚持以家庭维持作为法定继承中继承权的根据，不失为一个较好的选择。

---

① 苏亦工：《得形忘意——从唐律情结到民法典情结》，载何勤华主编：《民法典编纂论》，商务印书馆 2016 年版，第 25 页。

② 钱堃：《〈继承法〉与传统继承观念的一个问题》，载《公民与法》2012 年第 11 期。

家庭自古以来就为中国人所珍视，“传统社会中的家不仅仅是社会的基本组成单位，它还是包括伦理在内的社会规则的起点，是传统文化的根基，深深影响着国人的道德观念和价值判断”。[①]直至今天家庭在中国人心中也仍然具有普遍尊重的价值。习近平主席指出：“家庭是社会的细胞，家庭和睦则社会安定，家庭幸福则社会祥和，家庭文明则社会文明。”[②] 我国《宪法》也有规定：“婚姻、家庭、母亲和儿童受国家的保护。”[③] 家庭也是我们与世界相通的共同价值。现代西方社会也正在通过各种家庭政策来克服其公共政策和法律由于对家庭的忽视所造成的弊端。他们认为，“家庭功能的有效发挥不仅有助于劳动力素质的提高，还可以减少未来的社会成本”。[④] 1950 年《保护人权和基本自由的欧洲公约》第 8 条规定：“人人都有权要求尊重其个人和家庭的生活。”[⑤] 尽管现代社会家庭规模日趋缩小，传统的大家庭向以小型和核心化为主的家庭模式转变。但不可否认的是，家庭仍然是社会的细胞。“家庭是一个成员相互合作、相互尊重的生活单元，它是每个人的存在的根源，对中国人有着非凡的意义和价值。”[⑥] 许多国家继承法中对法定继承人的选择也仍然建立在婚姻和血缘关系之上。虽然不同时期的法定继承形式各异，但本质上是一脉相承的，都围绕家庭共同生活关系，并符合理想的家庭共存，其目的是维护家庭的稳定与家庭成员的利益。家庭为妇女、儿童、老人、弱者及残疾人提供了天然的社会保障，继承法与婚姻家庭法等一起，致

---

① 李平：《论法定继承顺位的立法策略与实践中的家文化坚守》，载《法制与社会发展》2020 年第 1 期。

② 《习近平谈治国理政》（第二卷），外文出版社 2017 年版，第 353~354 页。

③ 《宪法》第 49 条。

④ 孟宪范：《家庭：百年来的三次冲击及我们的选择》，载《清华大学学报（哲学社会科学版）》2008 年第 3 期。

⑤ ［德］迪特尔·施瓦布：《德国家庭法》，王葆莳译，法律出版社 2010 年版，第 19 页。

⑥ 王轶：《民法典立法哲学》，载《光明日报》2016 年 3 月 2 日第 14 版。

力于维护家庭的完整，实现家庭的功能，维护家庭的稳定与和谐，从而实现社会的和谐与发展。我国传统的财产继承不一定以父母的死亡为前提，而是需要使父母确信财产留在家庭中，得到合理的安排，家庭得以延续下去。时至今日，法定继承制度仍然承担着合理安排死者遗产的任务，以使遗产能够在家庭内部稳定有序地传承，使家庭中的老人得到赡养，子女得到抚养，父辈积累的财富可以传承至子女的小家，投入新的生产生活，家庭中的每一个人都能够各得其所。在许多国人的心中，“家庭重于个人”“个人应为家庭成员的幸福生活承担责任”“父母与子女和合共生、甘愿奉献”等观念仍占主流。① 无论立法理念如何变迁，家庭在法定继承制度中的地位均应被重视，家庭维持仍应是继承权的基本根据。正如有学者所言：“当家庭衰败达到一个较高阶段之后，人的个人化和社会化的实现，并不是更容易，反而更困难。”②

我们所谓的家庭维持，包括两个方面的内涵：一是从纵向上维持家庭的延续，二是从横向上维持家庭的和睦与稳定。一般来说，家庭是由有血缘和姻缘关系的成员组成的共同体。血缘关系是一种“自然关系”，婚姻关系则是一种“人为”的社会关系。稳定、明确的夫妻关系并非自始存在，而是随着社会经济的发展，人类社会选择的结果。“对于传统中国以一夫一妻肇始的家为社会基本单元，表面上看是社会结构、经济模式使然，但考虑到能够在变动的经济、政治环境中始终得以保持，文化层面的自觉选择更为重要。”③ 我国古代社会实行诸子均分的分家析产制，在相同的历史阶段，西欧和日本实行家产的长子继承制。二者的不同是：长子继承制的着眼点是财产，目的在于保证财产不被分散；而分

---

① 刘汶蓉：《家庭价值的变迁和延续——来自四个维度的经验证据》，载《社会科学》2011 年第 10 期。

② 笑思：《家哲学——西方人的盲点》，商务印书馆 2010 年版，第 364 页。

③ 李平：《论法定继承顺位的立法策略与实践中的家文化坚守》，载《法制与社会发展》2020 年第 1 期。

家析产制的着眼点是家庭中的人际关系，目的是维系血缘亲情不疏远。“我国传统家产继承方式的形成、演变和实施过程，都突出地体现着以维系家庭人际关系为目的这一基本特征。”① 即使在今天，民众观念和传统习惯对“家”及由其衍生的一系列伦理规则和价值标准仍然一以贯之，我国许多传统的家庭伦理道德被赋予了新时代的理念后仍值得我们弘扬。家庭中的夫妻相敬如宾、互相扶持，长辈对晚辈的悉心抚养，晚辈对长辈的赡养扶助，兄弟姐妹间的和睦友爱等仍然受到人们的推崇；反之，过度着眼于经济利益而忽视家庭和睦的行为也往往受到道德的谴责。从纵向上看，法定继承应当考虑到财产在家庭中的代际传承。自古以来，人们都倾向于将积累的财富留给自己的后代，以保障后代的生活以及家产的积累。从横向上看，法定继承应当考虑到家庭中每个成员相互间的持续互动，家庭成员在生活实践中的互助扶持，体现出继承法对不同家庭成员在家庭中的角色认同。在家庭中，配偶、子女、父母、兄弟姐妹等不同的亲属，与被继承人的关系有亲疏远近之分，各自在家庭中扮演着不同的角色，且每个人往往同时拥有若干个不同的家庭角色。在被继承人去世后，不同的亲属可能会因对遗产继承的不同意见而产生纠纷，闹得鸡犬不宁，对簿公堂。法定继承应考虑到不同家庭成员与被继承人的关系，根据其在家庭中的角色赋予其不同程度的遗产，尽可能地寻求更为公平合理的规则，以利于防止纠纷，维护家庭的和睦与稳定。这不仅仅是家庭自身发展的需求，更是社会和谐稳定发展的要求。

当然，应该看到的是，随着社会经济的发展，家庭结构较过去有了很大变化。根据我国 2010 年人口普查数据显示：“我国大陆地区平均每个家庭户的人口仅为 3.10 人，比 2000 年第五次全国人口普查的 3.44 人减少 0.34 人。”可见由夫妻二人和未成年子女组成的核心家庭已成为我国家庭的主要形态，旁系血亲间的同居

① 邢铁：《家产继承史论》，云南大学出版社 2000 年版，第 1 页。

共财已不再，家庭小型化、核心化成为当今家庭变迁的主要趋势，继承法的家庭维持功能显然应被赋予新的含义。此处的家庭已不再是古代社会所提倡的世代同居共财的大家庭，而应以现实生活中共同生活、相互扶持、具有亲密关系的核心家庭为主。

2. 兼采被继承人的意愿和死后扶养为法定继承中继承权的根据

“继承一方面与家庭有关，因为它是在家庭元素分解或形成另一个家庭时发生的，另一方面也与财产有关，因为它具有转移遗产的效力。”① 法定继承的基础，建立在个人及家庭生活之上。但如果法定继承中的继承权全部以家庭为根据，则个人的人格将被家庭吸收，丧失了独立的人格以及对财产的自由处分权。因此，即使在法定继承制度中，仍应在一定程度上以被继承人的意愿为依据。这当然不同于遗嘱继承中被继承人在生前通过订立遗嘱体现其个人意志，而只能是由立法者去探寻尽可能符合被继承人意愿的制度选择。被继承人的意愿也应作为法定继承制度中继承权的根据。基于民法上私有财产神圣不可侵犯、私法自治的基本理念，理应承认被继承人对其财产有自由处分的权利，无论是在遗嘱继承还是法定继承中均应体现此种自由的意思。不同之处在于，遗嘱继承之被继承人的意思已经在其生前通过遗嘱示明，法定继承之被继承人的意思则需要法律加以推定。在以家庭维持作为法定继承根据的前提下，法定继承制度首先应考虑是否能够体现维护家庭的稳定和家庭成员的利益，在此基础上亦应考虑被继承人之意愿。当被继承人去世时，其是希望财产被转移至配偶还是血亲，是被转移至晚辈直系血亲抑或长辈直系血亲？若无现行法规定的法定继承人，其是希望将财产留给其他旁系血亲还是收归国家？只有科学地推定被继承人之意思，才能更好地体现法律对私

① ［意］密拉格利亚：《比较法律哲学》，朱敏章等译，中国政法大学出版社 2005 年版，第 541 页。

人财产所有权的尊重。正如有学者指出："从本质上讲法定继承是对被继承人处分其私有财产的意愿的一般的、普遍的推定。换言之，法定继承是'推定的遗嘱'。"[①] 与直接反映被继承人意愿的遗嘱继承不同，法定继承是间接地反映被继承人的意愿。至于如何才能科学地推断被继承人的意愿，这也是立法者面临的一大难题。笔者认为，这需要从我国民众的继承观念与传统习惯中寻找答案。

如前所述，我国法定继承制度较多地体现了死后扶养的观念。虽然有学者认为："建立完善的社会保障制度才是解决保障弱者生存、对生活有困难的人救助的解决途径，不应将单纯的扶养关系作为取得继承权的依据。"[②] 但笔者认为：一方面，我国现阶段社会保障制度仍不够完善，家庭仍需承担大部分的养老育幼之责任。另一方面，一直以来，我国家庭承担着赡养老人、抚育子女的职责，加上传统孝文化的影响，赡养老人以保证老年人的物质与精神生活无后顾之忧已成为大多数国人心中一种天然的义务，它保证了家庭的稳定与社会的和谐。在被继承人死亡后，其遗产仍应被用于本应由被继承人所承担的养老育幼的职责。此外，随着社会本位理念的兴起，立法者越来越关注社会的整体利益，尤其是对弱者利益的保护。关于被继承人生前扶养之人的酌分遗产请求权的规定、对生活有特殊困难的缺乏劳动能力的继承人在分配遗产时的特殊照顾的规定等，都体现了死后扶养的观念，故应继续坚持将"死后扶养说"作为我国法定继承中继承权的根据。这既可以保障弱者的利益，体现社会对弱者的照顾，又有利于鼓励优秀的传统文化和社会主义道德风尚，有利于维护家庭与社会的稳定、和谐。

---

① 陈益民：《谈法定继承与遗嘱继承的统一》，载《政法论坛》1986 年第 5 期。

② 陈英：《继承权本质的分析与展开》，载《法学杂志》2017 年第 6 期。

第二节 法定继承制度的内容与功能

一、法定继承制度的内容

在人类继承制度史上，法定继承与遗嘱继承始终是两种相互配合、在各自范围内发挥作用且并行不悖的继承方式。法定继承在被继承人无遗嘱时得以适用，是法律直接对财产继承关系进行的调整，其要解决的是在被继承人未立遗嘱时其遗产如何分配的问题，故法定继承制度的内容主要包括：法定继承人的范围、顺序、应继份及代位继承、特定人员的遗产请求权等。

（一）法定继承人的范围与顺序

法定继承开始后，首先应当明确的是哪些人具有继承权，可以参与分割遗产。通说认为，法定继承人的范围应当包括配偶、父母、子女和其他近亲属。[①] 从历史的角度来看，不同历史时期，由于家庭结构、民众观念以及社会经济、政治形态等的不同，法定继承人的范围会有所不同。典型的如古代社会的法定继承人主要为男性亲属，且范围非常广，目的是保证财产能够保留在男系家庭内部；而现代社会主张男女平等、个体人格独立，故继承权平等原则得以被确立。从横向来看，即使在同一时期，不同国家间由于历史、文化、经济、政治等的不同，对法定继承人范围的选择也有所不同，不同的法定继承人范围的选择，体现了背后不同的法律文化与家庭伦理，也体现了立法者想要实现的立法目的。正如梅因指出："在古代社会，每一个罗马人的主流感情都与家庭关系相缠绕，法对家的定义是相亲相爱、共享天伦，若法定继承

---

① 陈苇主编：《外国继承法比较与中国民法典继承编制定研究》，北京大学出版社2011年版，第269页。

规则与家的观念起了冲突，则人们对法定继承的仇恨情绪就会滋长。”① 法定继承人的选择应尽量符合民众的继承观念与继承习惯，体现本国的特定国情与家庭伦理，否则较难取得民众的认同。当民众观念与法律规定相冲突时，纠纷就容易发生。

法定继承人的顺序，是法律直接规定的法定继承人参加继承、实际享有和行使继承权的先后顺序。法定继承人的顺序在法定继承中居于重要地位，是法定继承制度中最重要的基本问题之一，它决定着法定继承人中谁可参与继承而谁不能参与，对继承人的利益影响非常大，理应为继承法所重视。在各国继承立法中，受本国经济社会现状以及立法理念等的影响，对血亲继承人和配偶继承人的继承顺序之规定也会有所不同。配偶的继承顺序常有配偶不固定顺序和固定顺序两种类型：配偶继承顺序不固定的，其可参与各顺序法定继承人继承；配偶继承顺序固定的，其与同一顺序的其他继承人共同继承遗产。随着男女平等原则在法定继承制度中的确立，各国立法一般均承认配偶具有相互继承遗产的权利，但对继承顺序和应继份的规定则各有特色。血亲继承人一般有继承顺序之分，继承顺序在先的继承人优先于顺序在后的继承人参与继承。一般来讲，有顺序在先的继承人时，顺序在后的继承人不得继承遗产。因此，继承顺序的规定能够直接决定继承人继承遗产的先后次序。在许多国家，晚辈直系血亲的继承顺序优先于长辈直系血亲，如大陆法系的法国、德国，英美法系的英国、美国等；而我国法律则规定父母与配偶、子女处于同一继承顺序，俄罗斯继承法中的规定也是如此。这概由于不同的文化背景与立法理念。这样不同的继承顺序之规定，会导致长辈直系血亲是否可以继承遗产的结果的不同，进而也会影响遗产的未来流向。

---

① ［英］亨利·萨姆纳·梅因：《古代法：与社会远史及现代观念的联系》，郭亮译，法律出版社 2016 年版，第 120 页。

（二）法定继承人的应继份

法定继承人的应继份，是在无遗嘱时，法律规定的各共同继承人依法分配遗产时各自应取得的遗产份额。应继份的前提是继承人为两个或两个以上，若只有一个继承人，则他可继承被继承人的全部遗产，也不发生遗产的分配问题。但当继承人为数人时，须有相对固定的规则以决定各继承人能继承的遗产份额。从世界范围来看，继承人的应继份因其与被继承人之关系不同也可分为配偶的应继份和血亲的应继份两种类型。关于配偶的应继份，在古代社会，女性死亡后其遗产由夫家取得；而男性死亡后，寡妻一般没有继承权，即使有也被赋予了德行的要求，这主要是出于对财产因女性改嫁而流入其他家族的担心。在现代社会，配偶之间被赋予了相互平等地继承遗产的权利。但对配偶应继份的立法，各国的规定不尽相同。例如，我国和俄罗斯采取的是配偶与同一顺序的法定继承人均等继承遗产；大陆法系的法国、德国等采取的是配偶根据参与的继承顺序不同，而取得不同比例的遗产；英美法系的美国、英国等则规定配偶先取得一定的遗产份额，再继承一定比例的遗产。关于血亲继承人的应继份额，主要有两种立法例：一是同一顺序同亲等的法定继承人均等地继承遗产，如俄罗斯和我国的规定；二是同一顺序继承人按亲系分配遗产，每一亲系继承人的应继份均等或不均等，然后在同亲系同亲等的继承人之间再均分该亲系的应继份，如法国继承法的规定。[①] 法定继承人的应继份决定了所有参与继承的继承人各自能够分得的遗产份额，其重要性不言而喻。而不同的立法例所导致的结果不同，甚至大相径庭。因此，在我国继承相关制度修订的过程中，对法定继承人的应继份亦应进行科学的考量。

---

① 陈苇主编：《外国继承法比较与中国民法典继承编制定研究》，北京大学出版社2011年版，第372页。

(三) 代位继承

代位继承又被称为间接继承，是由继承人的直系血亲卑亲属在继承人先于被继承人死亡时代为取得其应继份额的一种制度。[①] 罗马法中已有代位继承制度，规定先于被继承人死亡或被解放的家子之子，取得原本应由其父继承的应继份。这种直系血亲卑亲属代位继承的制度，逐渐延伸、扩展到旁系血亲。近代各国的立法几乎都沿用了代位继承之规定，其中德国、瑞士等国规定的代位继承范围极广，几乎包括一切有亲属关系的人，且无代数限制。在我国，《唐律疏议》中即有“兄弟亡者，子承父分”的规定；《民法典》继承篇中也明确规定了由先于被继承人死亡的继承人之晚辈直系血亲代位继承的制度。[②] 关于代位继承的性质，存在两种截然不同的观点，即“代表权说”和“固有权说”。[③] “代表权说”认为，代位继承人代表被代位人的权利而继承，代位继承是使代位继承人取代被代位继承人的地位、亲等和权利，如同被代位继承人未死而继承。以此观点为基础，则只有在代位继承人的父或母死亡时，代位继承人方可取代其地位而获得继承权，如法国民法之规定。“固有权说”认为，代位继承人代位继承遗产乃基于其固有的权利。以此观点为基础，则当代位继承人的父或母虽未死亡但不想继承或不能继承时，仍可发生代位继承，如德国、瑞士、日本等国民法之规定。我国台湾地区学者多采固有权说的观点，如有学者提出：“代位继承人之继承权，显非承受被代位继承人之继承权，而是以自己固有之权利为继承。”[④] 从《民法典》继承篇

---

① 参见刘春茂主编：《中国民法学·财产继承》，中国人民公安大学出版社 1990 年版，第 301 页。

② 《民法典》第 1128 条。

③ 陈苇主编：《改革开放三十年（1978~2008）中国婚姻家庭继承法研究之回顾与展望》，中国政法大学出版社 2010 年版，第 442 页。

④ 陈棋炎、黄宗乐、郭振恭：《民法继承新论》，台北三民书局股份有限公司 2016 年版，第 59 页。

的规定来看，立法者采纳的应为“代表权说”之观点，故而代位继承只有在被代位人先于被继承人死亡时方能发生，若是继承人丧失或放弃继承权则不会导致代位继承。

（四）特定人员的遗产请求权

特定人员的遗产请求权，是法律规定的特定人员在一定情况下可以请求取得一定遗产的权利。我国法律对特定人员的遗产请求权的规定主要体现在《民法典》第1131条，[①] 这一规定也被我国学者称为酌分遗产制度。在我国，继承人以外的主体具有酌分遗产请求权的原因有二：一是在被继承人生前受被继承人扶养，且在被继承人去世后缺乏劳动能力又没有生活来源。这意味着在被继承人去世后，该受扶养人的生活很可能因此而陷入困境。因此，出于对生存者基本生活的保障之目的，赋予其酌分遗产请求权。二是在被继承人生前对被继承人扶养较多的人，出于对其扶助行为给予的报偿，亦赋予其酌分遗产请求权。可以看出，《民法典》对特定人员遗产请求权之规定，目的在于发挥遗产的养老育幼之功能，缓解国家的社会保障压力，并鼓励个体之间的关爱和互助。从世界范围来看，许多国家的继承立法中都规定了特定人员的遗产请求权，在一些英美法系国家，法律规定特定人员在特定情况下享有申请从被继承人遗产中支付一定家庭供养费的请求权；在法国、德国等大陆法系国家，被继承人死亡后，在一定时期内特定亲属享有赡养费或生活费的请求权。这些制度旨在使依靠被继承人扶养或共同生活的家庭成员在被继承人死亡后的生活能够有所保障。[②]

---

① 《民法典》第1131条规定：“对继承人以外的依靠被继承人扶养的人，或者继承人以外的对被继承人扶养较多的人，可以分给他们适当的遗产。”

② 陈苇主编：《外国继承法比较与中国民法典继承编制定研究》，北京大学出版社2011年版，第374页。

二、法定继承制度的功能

“法律的功能是法律所固有的可能影响社会生活的功用和性能，它是法律的内在能量和潜能，也是法律区别于其他事物的一个标志和属性。”① 任何事物都有其功能，法律也一样。作为一种特殊的社会规范，法律的功能是其本身所具有的功用和性能。“这些功能是基于法律的性质、内在因素和由其结构决定的一些潜在的能力。”② 法定继承制度是直接依据法律规定的法定继承人的范围、顺序和继承份额，将被继承人的遗产转移给继承人所有的继承方式。其主要有以下三个方面的功能：

（一）调整财产继承的法律关系，保护自然人的私有财产权

现代法上的继承，仅指财产继承，与过去的“祭祀继承”“身份继承”等因身份关系而兼具财产法色彩的制度相比，其本质已大为不同。继承制度是随着私有财产的确立而出现的，但在继承制度产生之初，继承制度的存在是为了家族的延续。正如我国学者所言：“唯在财产尚被视为民族或家族共同生活团体之统率人，且为团体财产之管理人时，该首长地位之承继，则渐被重视。于是，在大家族制度下，家长更替将带有地位与财产承继之双重意义。唯此种继承的标的，为共同生活体之代表权及集团财产之管理权，而非个人财产权本身，换言之，并非个人所有权之继承态样。”③ 尽管在古代社会，继承之目的为家庭之延续，财产继承仅为附带产生，但继承制度实际上也起到了保证财产能够留在家庭内部的功能。在我国古代，财产所有制实行的是“同居共财”的家庭财产共同制，“分家析产”的财产传承方式能够保证财产在男系家庭内部完成代际传递，这是与当时的财产所有制观念相符的。

---

① 周旺生：《法的功能与法的作用辨异》，载《政法论坛》2006年第5期。

② 张曼莉主编：《法律社会学》，中央广播电视大学出版社2012年版，第40页。

③ 陈棋炎、黄宗乐、郭振恭：《民法继承新论》，台北三民书局股份有限公司2016年版，第1页。

在西方，“及至传统家庭集团的解体，私有财产之观念兴起，个人才是财产的主体，于是发生继承法”。[①] 随着近现代民法中个人财产神圣不可侵犯的观念得以确立，法定继承制度也实现了从维护家庭的传承到维护个人财产所有权保护的转变。我国《民法典》继承编开宗明义，确定了“为保护自然人的继承权”之立法目的，法定继承制度亦秉持此精神。现今各国法定继承制度所规定的法定继承人范围虽有所不同，但均包括被继承人的配偶和一定范围的血亲。这被认为是符合被继承人的意愿的，因为被继承人的配偶和血亲往往是被继承人生前与其共同生活或关系密切之人，被继承人往往也希望其死后能将财产留给他们。这避免了被继承人的财产在其死后成为无主财产而被别人任意取得，也是对私人财产所有权保护的体现。

（二）规范遗产在继承人间的分配，维护家庭的稳定和谐

正如德国学者所言：“法定继承的核心问题，即一个人去世时其财产应该如何处理，并不是在古罗马时代或者中世纪人们才去为之寻求答案的。早在人类区分‘你的’与‘我的’这两个概念时，在讲某些物品确切地分配给单个或者多个人时，人们就开始关心这个问题。”[②] 法定继承制度的历史非常久，甚至比遗嘱继承制度更为古老。当私有财产产生之时，法定继承制度也就随之产生了。现代各国的继承立法，均同时确立了遗嘱继承和法定继承制度，法定继承制度在被继承人生前未立遗嘱的情况下方得以适用。在被继承人留有遗嘱时，该遗嘱体现了被继承人的生前意愿，一般来讲，各继承人在了解遗嘱关于遗产分配的情况时便会自觉地接受遗嘱。但在被继承人未立遗嘱时，遗产该如何进行分配？若无一个统一的分配规则，则被继承人的配偶、子女以及一众亲

---

① 陈棋炎、黄宗乐、郭振恭：《民法继承新论》，台北三民书局股份有限公司2016年版，第2页。

② ［德］雷纳·弗兰克、托比亚斯·海尔姆斯：《德国继承法》，王葆莳、林佳业译，中国政法大学出版社2015年版，第3页。

属很可能会因遗产继承之问题而产生纠纷。法定继承制度即是在此种情况下出现的，以便在继承人中建立一种通用的规则以分配被继承人之遗产。这一规则一经产生便受到各家庭成员的共同遵守，既解决了遗产传承与分配的问题，又起到了维护家庭稳定与和谐的功能。

（三）发挥遗产的家庭扶养职能，保障家庭中弱者的利益

在古代西方社会，家庭是一个完整的共同生活体，家长乃家庭中至高无上的统治者，家庭成员必须服从于家长的命令，从事为了“家”的共同生产，从而才能使其生活得到充分保障。家庭中任一家子的死亡不会发生继承问题，只有在家长死亡的情况下，继承才发生。这时必须有一人继承家长地位，同时担负起对整个家庭的扶养责任。而在我国古代法中，家庭亦是社会最基本的生产单位，承担着生产、生育、教育等功能。家庭成员共同劳作、共享财产，财产由家长统一管理。在分家析产时，诸子均分得到的财产又将转为各自小家庭的财产，负担着全体家庭成员的共同生活。故在古代法中，无论是西方的新家长继承旧家长，还是我国的分家析产，均与家庭成员之生活保障紧密相关。在当今个人主义社会之下，家的构成人数较以往骤减，为了获取生活资料，家庭成员往往各自独立在家庭之外从事自己的工作，这与旧时家族制度大不相同。“家中财产，乃属于家庭成员个人之私产，但家族均可共同利用消费。”① 于是，在现代社会，当家庭中财产之权利人死亡时，对此财产之取得有所协助者，或在被继承人生前及死后须靠此财产维持其生活者，理应有权利取得该死亡人的遗产。由此看来，无论是在过去还是现在，虽扶养范围、扶养方式均有所不同，但法定继承制度一直以来均发挥着遗产的家庭扶养职能，保障家庭中弱者的利益。

---

① 陈棋炎、黄宗乐、郭振恭：《民法继承新论》，台北三民书局股份有限公司2016年版，第4页。

综上所述，法定继承制度从古至今，其立法之基础与理念已大有不同，但其所具有的功能却是从产生之初一直延续至今的，虽然具体表现形式有所变化，但内在的功用和性能却是保持稳定的。当今的立法者在对我国现行法定继承之规定进行修正时，应积极发现、发掘和利用法定继承之功能，设法使其所具有的这种天然属性能够得以充分和有效地实现，不至于使它被空置或浪费。

第三节 影响法定继承制度的因素

继承制度作为调整被继承人死亡后遗产流转关系的法律规范，关涉每一个人。继承制度的重要性不言而喻。法定继承与遗嘱继承一起构成我国继承制度的两种形式。但由于我国封建社会的法律中并没有等同于西方社会的“继承”制度，一直以来，我国民众通过“分家析产”的形式在父母生前或死后完成财产在代际间的传递。我国古代的法律中没有遗嘱继承制度，民间也无立遗嘱的习惯，及至今天，我国民众也较少在生前立下遗嘱，法定继承制度得以在较大范围内影响着民众的财产继承关系，其适用范围与调整作用大大超出了在继承制度中的既有地位。因此，有必要对我国法定继承制度进行重新审视，对其制度设计进行更为科学、合理的考量。我国法定继承制度自实施以来，历经30余年的社会变迁，无论关于法定继承人的范围、顺序、应继份，还是关于代位继承、特定人员的遗产请求权，学者们都进行了许多探讨，但始终存在不同的认识与争议。正如我国学者所言：“法定继承制度是由一个社会的生产方式决定的，而生产方式对法定继承制度的决定作用是以家庭制度为中介发挥作用的。”① 笔者认为，家庭结构和功能对法定继承制度有重要影响。此外，各国的继承习惯、法律文化以及立法者的立法目的等，也都在不同程度地对法定继

① 张玉敏：《继承法律制度研究》，法律出版社1999年版，第198页。

承制度发挥着作用。要想科学地确定法定继承人的范围、顺序和应继份，明确代位继承和特定遗产请求权的规则，首先应当对影响法定继承制度的因素进行分析检视。

一、家庭的结构和功能是影响法定继承制度的重要因素

从人类发展的历史来看，家庭的结构和功能对法定继承制度产生了重要影响，随着家庭结构的变迁，法定继承制度也随之发展。在远古时期，法定继承的目的是财产必须留在氏族之内。摩尔根在《古代社会》一书中提到关于拉丁、希腊和希伯来部落的远古之继承习惯时，推论当时的继承权之顺序应是“氏族成员的继承权先于同一宗族成员的继承权，同一宗族成员的继承权又先于子女的继承权”,[①] 这与古罗马《十二铜表法》的规定正好相反。根据《十二铜表法》的规定，财产首先由当然继承人即子女、配偶继承，若无当然继承人则由最近的同宗者继承，若无同宗者则由氏族成员继承。[②] 之所以产生这种转变，是与私有财产的产生、专偶制家族从群婚制形态下被演变出来分不开的。“土地在最古老的时候是部落共有的。在开始耕种后，一部分部落土地被分配给各氏族，随着时间推移，土地又被分配给个人。”土地从氏族共有发展到个人所有，以及专偶制家族的出现，使被继承人更希望将自己的生前财产留给自己的子女而不是氏族，进而影响到法定继承人的顺序之规定。在古罗马，随着商品经济的进一步发展，旧的家族制度逐渐瓦解，自然家庭得到了真正的发展。[③] 法定继承制度也随之改变，法定继承人的范围从全体氏族成员缩小至自然血亲。在我国古代，经济基础根植于小农经济，一个家庭是一个

---

① ［美］路易斯·亨利·摩尔根：《古代社会》，杨东莼、马雍、马巨译，商务印书馆2009年版，第466页。

② 费安玲：《罗马继承法研究》，中国政法大学出版社2000年版，第158~159页。

③ ［意］彼得罗·彭梵得：《罗马法教科书》，黄风译，中国政法大学出版社1992年版，第140页。

经济单位，国家以家庭为统治对象，实行的是家庭共有财产制，不存在夫妻财产和个人财产的问题。①法律着眼于维护家庭共有财产制，不提倡分散财产，历代法律都没有“继承”一词，只有分割财产的提法。在我国古代，家庭的形态是宗法家庭，继承的首要任务是继承宗祧。因此，只有男性后裔才有继承权。家长死后，其家长身份由宗祧继承人继承。在财产继承上，只有男性后裔才有权继承，女性后裔不能继承父祖的财产，妻子不能继承丈夫的财产，自奴隶社会至封建社会一脉相承，虽在具体规定上有所变化，但核心内容一直未变。究其原因，概由于我国自古以自然经济为主，家庭是人们从事生产生活的基本单位。妇女因结婚而成为丈夫家庭的一员，故只有男性后裔才是本家族的成员，按照财产必须留在本家族的原则，女儿及其后代自然不能继承自己父祖的财产。女子没有独立的法律人格，且若女子丧偶后再婚，将会成为再婚后丈夫家族的成员，故妻子亦不能继承丈夫的财产。②随着社会的发展，到近现代社会，家庭的结构从传统的扩展型家庭和血缘型家庭演变为以夫妻二人加未成年孩子为主的核心家庭，传统社会中许多家庭功能被现代社会中的市场和其他组织所取代，家庭的组织生产、教育、供给等功能弱化，家庭成员之间各自人格独立，这些变化都进而影响到近现代以来法定继承制度的发展。例如，继承权平等原则的确立、配偶继承权的提高、血亲继承人的范围缩小、晚辈直系血亲的利益更加受到重视等。

二、影响法定继承制度的其他因素

除了家庭的结构和功能，继承传统习惯、法律文化以及立法者的目的等都会对法定继承制度造成影响。因此，“相比于其他法

---

① 史凤仪：《中国古代婚姻与家庭》，湖北人民出版社1987年版，第262页。

② 张玉敏：《继承法律制度研究》，法律出版社1999年版，第197页。

律领域，法定继承制度更具有民族性、地域性的差异”。[①] 加拿大学者曾指出：“在美国家庭中的优先权通常会给予夫妇式家庭，因为美国人有一种强烈的文化偏好，他们将婚姻视为对一种重要的社会价值观的表达。而其他国家的人，由于他们具有不同的偏好，他们也许会采取其他的优先权。在日本，虽然由于工业化的影响，对于老年人的传统家庭照料正在下降，但在家庭中父母仍然具有很高的优先权，因此他们很有可能会受到孩子们的照顾。”[②] 体现在法定继承制度中，“……美国继承法的重心在于保护生存配偶，而非所有亲属的权益”。[③] 在美国，配偶与不同的血亲继承人在继承时对遗产享有法定的先取权，并对家宅和动产享有优先权。在法定条件下，即使有血亲继承人，配偶也能继承全部遗产。而在日本，配偶的继承份额最多为遗产的四分之三。这无疑体现了不同文化对法定继承制度的影响。此外，立法者的立法目的对法定继承制度的影响也很明显。例如，《民法典》继承编规定，丧偶儿媳和女婿对公婆或岳父母尽了主要赡养义务的，可以作为第一顺序法定继承人。[④] 这很显然是为了鼓励丧偶儿媳和女婿主动孝敬和赡养老人。再如，西方国家规定的继承人范围较宽，而日本、韩国和我国台湾地区，继承人范围较窄，这主要是由于各国各地区传统继承习惯的不同。值得一提的是，如果法定继承制度之规定与民族传统继承习惯不相符，究竟应对法定继承制度加以修正使之与习惯相符，还是应当坚持原有立法理念及制度设计，采取其他措施以引导人们逐步适应？笔者认为，民众的传统继承习惯离

---

① 陈苇主编：《外国继承法比较与中国民法典继承编制定研究》，北京大学出版社2011年版，第374页。

② ［加］大卫·切尔：《家庭生活的社会学》，彭铟旎译，中华书局2005年版，第49页。

③ Ken Mackie and Mark Burton, *Outline of Succession* (*Second Edition*), Sydney: Butterworths, 2000, p. 11.

④ 《民法典》第1129条。

不开特定的历史、文化背景，在法定继承制度与民众的继承习惯不相符时，应当反思的是现行制度是否正确地反映了社会发展的要求：如果是，则必会引导人们逐渐适应并最终确立起一种更为进步的法定继承制度；如果不是，则不仅难以为民众所接受，使得法律成为一纸空文，甚至会阻碍社会的发展。因此，在对我国法定继承制度进行修正时，应尽可能地考量我国民众的继承习惯，求同存异，寻找最优的方案。

综上所述，家庭的结构和功能对法定继承制度产生了重要影响，民众的继承习惯、法律文化以及立法者的立法目的等，也都在不同程度地对法定继承制度发挥着作用。在我国对法定继承制度进行修正时，应当尽可能地对现阶段的家庭结构与功能、民众的继承习惯、我国的法律文化等进行综合考量，结合立法者期望达成的目的，对法定继承制度作出尽可能科学的设计。

第二章　法定继承制度的历史演进考察与评析

当我们试图研究某一制度的现代规则之前，往往应对该制度的历史发展进行研究，这样可以使我们更清楚地从纵向上认识到该制度产生的基础、设立的目的、发展的过程，并通过横向的对比，了解在不同历史时期的不同法律体系中，该制度的规则、方法有何异同，从而在此基础上寻求更好的制度设计。“在研究现代规则之历史发展的基础上，我们往往能描绘出更好的图画。”① 从历史的范畴看，受当时政治、经济、文化等因素的影响，法定继承制度在不同历史时期也呈现出不同的特点与风格，其制度设计及其所彰显的立法价值也在历史的发展中不断演进。从法制史的角度来看，中西方古代都有法定继承制度，只是各自的发展轨迹与发展水平有所不同。本章将对从古代社会到近现代社会之法定继承制度的历史演进予以考察，追溯其源头及历史沿革，以期能为我国法定继承制度之完善提供有益参考。

---

① ［德］赖因哈德·齐默尔曼：《罗马法、当代法与欧洲法，现今的民法传统》，常鹏翱译，北京大学出版社2009年版，第112页。

第一节　外国法定继承制度的历史演进考察

继承制度是随着私有财产制的产生而产生的，在不承认私有制度的社会则无可继承之标的物。[①]从现有研究成果来看，法定继承是一项非常古老的法律制度，其起源可追溯至公元前4000年左右的古代西亚地区法律。[②]古代西亚的法律由多种社会文化交融整合而成，其中不同语言和文化从繁荣到衰败，再到被另一文明所替代，不断衍生延续数千年之久。[③]古代西亚各民族多是游牧民族，以部落迁徙和军事征战为其生存特征，在此基础上建立起来的国家政权的专治程度大大低于古代中国、古代埃及等国家，加之古代西亚地区活跃和繁荣的商品经济活动，使得居民个人的私有财产形态也比较充分、完善，社会上的财富可以为各个等级、各个阶层的私人占有或所有。[④]随着私有财产的产生，继承制度也逐渐发展起来。在古代西亚地区的成文法典如《李必特·伊丝达法典》《汉谟拉比法典》《赫梯民法典》《摩西律法》中，都有关于法定继承的规定。古希腊时期的继承法对法定继承制度的规则设计更为详细，此时的继承不仅仅包括财产继承，还包括身份继承。此时的继承以儿子继承为主，只有在男子死亡且没有合法的男性晚辈直系血亲（儿子、孙子、曾孙子）时，才可以由女性卑亲属来继承，并且这笔财产将随该女子带给她的丈夫，并传给她的孩子。当死者没有合法的晚辈直系血亲时，他最亲近的亲属可以获得遗产。这里的最亲近的亲属包括死者的兄弟及其后代、姐

① 史尚宽：《继承法论》，中国政法大学出版社2000年版，第3页。

② 古代西亚地区，即美索不达米亚的冲积平原，地处欧洲、亚洲和非洲三大洲之间。

③ 何勤华、魏琼主编：《西方民法史》，北京大学出版社2006年版，第3页。

④ 魏琼：《民法的起源——对古代西亚地区民事规范的解读》，商务印书馆2008年版，第5~10页。

妹及其后代、父系亲属等，但不包括死者的妻子和长辈（如死者的父母、祖父母）。[①] 总体来说，远古时期的法律中虽然有关于法定继承的规定，但规定相对比较简单。

至罗马时期，法定继承的相关规定逐渐发展完善，制度较为系统且完备，对罗马社会的影响深刻，对后世各国的继承法亦产生了深远影响。罗马帝国灭亡后，罗马法中的继承制度逐渐被日耳曼人的部落习惯取代，但罗马法中的法定继承制度并未就此消亡，而是与日耳曼民族的习惯法相融合，然后通过中世纪欧洲罗马法的复兴，影响到整个欧洲大陆乃至世界范围内的法定继承制度。罗马继承法中确立的遗嘱继承先于法定继承适用、法定继承人及其权利能力以法定继承开始生效为准等规则，在今天许多国家的民法典中仍然能窥其踪迹。

一、外国古代法中的法定继承制度

（一）罗马法中的法定继承制度

罗马法是指罗马奴隶制国家的所有法律，贯穿于罗马奴隶制国家的整个历史时期。[②] 罗马法建立在私有制之基础上，重视私有财产权利化，通过高超的立法技术和简明而准确的语言对罗马奴隶制社会私有制和商品交换的各种法律关系进行了规范。[③] 罗马法是古代奴隶制法中最重要和最发达的法，在世界上享有极高声誉，被公认为是现代民法的历史渊源。现代民法中的一些基本原则，如平等、自由、诚实信用等都继受于罗马法；罗马法中的一些法律术语，如先占、监护、保佐等，至今仍被现代民法所沿用。

---

① 何勤华、魏琼主编：《西方民法史》，北京大学出版社 2006 年版，第 74～77 页。

② 它既包括公元前 8 世纪罗马国家产生至公元 476 年西罗马帝国灭亡这一时期的法律，也包括查士丁尼时期东罗马帝国的法律。参见何勤华：《外国法制史》（第四版），法律出版社 2006 年版，第 60 页。

③ 何勤华、魏琼主编：《西方民法史》，北京大学出版社 2006 年版，第 80 页。

继承法是罗马法的一项重要制度。在公元前5世纪诞生的罗马《十二铜表法》中，有关遗产继承的内容被专门规定于第五表中。[①]在盖尤斯的代表作《法学阶梯》中，有关遗产继承的内容占了全书三分之一的内容；在查士丁尼的《法学阶梯》中，有关遗产继承的内容也占到全书的三分之一。[②] 罗马法的继承制度不同于现代民法的继承制度，它有自己的基本原则和特点，且随着社会的发展，这些原则和特点也有一个逐渐发展的过程。罗马继承法体现了古人对家庭的观念、家族的祭祀与家族的产业，在古代信仰及法律上都存在密切的关联。因此，继承家产的人也继承家祭；反之，继承家祭的人也必须继承家庭财产。[③] 罗马时期，家庭是社会的基本单元，个人不能脱离家庭直接相对于国家，故罗马法中的法定继承制度与当时的家庭制度及家庭宗教密切相关。

1. 家庭制度

提到罗马法的家庭制度时，有必要对两种不同的家庭关系和家庭法加以区分：一种关系到家庭的权力和政治机制，另一种则关系到现代意义上的自然家庭。两者的结构和社会功能是不同的。罗马法上的家庭是指一切只要共同家父不死就均服从其权力的人的集合，此意义上的家庭不同于现代法意义上的自然家庭，其是与家庭权力及政治机制相关联的政治组织，在家庭中，一人对其他人行使权力，以实现比家秩序更高的目的。[④] 在罗马社会，这样的政治组织包括："家庭""家族""部落""城邦"。部落与家族随着社会的发展日渐消亡，只有家庭一直作为坚固而独立的组织

---

① 《世界著名法典汉译丛书》编委会编：《十二铜表法》，法律出版社2000年版，第17~20页。

② 费安玲：《罗马继承法研究》，中国政法大学出版社2000年版，第3页。

③ ［法］库朗热：《古代城邦：古希腊罗马祭祀、权利和政治研究》，谭立铸等译，华东师范大学出版社2005年版，第62页。

④ ［意］彼德罗·彭梵得：《罗马法教科书》，黄风译，中国政法大学出版社1992年版，第114页。

与国家相对应，家庭特有的自主权及家父的权力始终受到罗马国家的尊重。在家庭中，家父对家庭成员的权力，虽因历史演进而减弱，但足以表明这样的家庭结构和功能，其不仅仅为维护家庭秩序，更是为社会秩序和防卫的目的应运而生。①

罗马的家庭制度经历了一个发展演变的过程。

早期的罗马家庭是由权力结合的人的团体，家父权是罗马家庭的基础，它具有绝对性、排他性、终身性的特点。家父权的基础是权力关系，而不是权利义务关系，它不受法律限制，不承担任何责任；一个家庭中除家父外其他任何人均不享有；家父权一旦取得，非死亡不消灭。家父权的内容广泛，表现在对家子的人身、财产、行为等方面。在人身方面，罗马时期，家父是家庭的祭司，他负责率领家属在节日里祭祀神灵和祖先，其职责在于绵延宗祀于不绝，也因此对家庭成员有选择取舍之权。② 家父对家子的权力具有与政治机体中君权相同的性质。家父即家庭的“君主”，也是家子的“法官”，他可以用任何可能的方式对犯错的家子进行惩罚，对家子具有生杀予夺的权力。当时的家父权虽是绝对的，但由于宗教、习惯等的约束，罗马家庭中自有其一套内部法律对家父的权力予以限制。“这样的法律产生于国家出现前的组织并受到神法的庇护，构成家庭的习惯，它们肯定规定过各种过错、处罚及其形式。”③ 在财产方面，罗马早期的自然经济社会中，家庭成员共同劳动、共同生活，家庭财产集中于家父，家子没有私产，其所得的一切财物均归家父所有。在行为方面，家子只能使家父增加利益而不能使他蒙受损失。因此，即使家子与第三人

---

① ［意］彼德罗·彭梵得：《罗马法教科书》，黄风译，中国政法大学出版社 1992 年版，第 113~117 页。

② 周枏：《罗马法原论》，商务印书馆 2016 年版，第 161 页。

③ ［意］彼德罗·彭梵得：《罗马法教科书》，黄风译，中国政法大学出版社 1992 年版，第 126 页。

所订的合同是经过家父同意的，家父也只享受其利益而无须承受义务。①

随着罗马社会经济的不断发展，罗马法中的家庭制度也随之发生变化，家庭的地位逐渐被消融。与此相反，自然家庭则得到了真正的发展，这种家庭关系因此而上升为法律关系。② 罗马共和国末叶，随着社会进步、商业发达，滥用家父权的现象不断增多，因此，国家试图限制家父权力。在人身方面，对家庭成员，家父已不得随意取舍。在审判权方面，家父的权力亦受到限制。公元2世纪时，家父对家属仅有一般惩戒权而不能重罚，重罚须经法院判决。在财产方面，由于手工业和商业逐渐发达，家父需要家属帮助经营管理、从事贸易等，家子的法律地位随之不断提高，家子亦可拥有一定的特有产。同时，由于交易日渐频繁，家子需要代家父与人从事交易、订立契约，故此时的家父对家子所订立的契约应受约束并承担责任。③

“历史中的决定性因素，归根结底是直接生活的生产和再生产。”④ 罗马时期，人们的信仰影响着社会组织，罗马的家庭及社会制度都以宗教信仰为根源。罗马人的房子里建有一座祭坛，祭坛上常燃有少量的煤和木炭，使这炭火日夜燃烧乃是这家主人不得推卸的神圣职责。罗马人因此种信仰而产生对死者永不停止的祭祀。祖先需要子孙后代的祭祀，这是他们在地下唯一能享到的幸福；子孙后代需要祖先的保佑，才能获得所需的力量。这样，生者与死者便无法分开，使同一家庭中各代人的血肉相连，彼此

---

① 周枏：《罗马法原论》，商务印书馆2016年版，第163~168页。

② ［意］彼德罗·彭梵得：《罗马法教科书》，黄风译，中国政法大学出版社1992年版，第140页。

③ 周枏：《罗马法原论》，商务印书馆2016年版，第163~169页。

④ ［德］恩格斯：《家庭、私有制和国家的起源》，中共中央马克思恩格斯列宁斯大林著作编译局译，人民出版社1999年版，第3页。

结成一个不可分割的整体。① 在罗马人的观念里，祖先亡灵的安宁和幸福，取决于后代对他们的祭祀。这种观点带来的一个后果是，每个家庭都必须永远传递香火。② 正如梅因在《古代法：与社会远史及现代观念的联系》一书中所指出的："古代法所要顾虑的是，关于家庭之法人实体，意即这诸般由父权式的或曰家庭式的群集是永垂不朽、绵绵无绝的。"③ 家庭的延续在罗马社会是一件非常重要的事，罗马的法律体系也围绕着家庭而建立，这样才能延续下去。罗马的继承法亦如此。

2. 法定继承制度

罗马法中的继承法分为法定继承和遗嘱继承，以遗嘱继承为主，法定继承即无遗嘱继承只在没有遗嘱继承时方得适用，且只在确定无遗嘱继承时才开始生效；谁是法定继承人及其继承权能的有无均以法定继承生效时的情形为准。④ 在罗马，家庭所忧虑的最大不幸就是自家香火的断绝，立遗嘱的首要目的不是分割财产，而是指定继承人。而当没有遗嘱继承时，为避免家庭财产无人承继，须由法律规定的继承人继承遗产。当然，此处的没有遗嘱继承不仅包括死者在死亡时没有立遗嘱，还包括所立遗嘱因不符合法定要件而没有效力、所立遗嘱被撤销或无效，或者被指定继承人拒绝接受遗产而导致遗嘱没有实际发生效力的情况。⑤

(1)《十二铜表法》关于法定继承的规定。

《十二铜表法》中已有关于法定继承的规定。由于自然经济占

---

① ［法］库朗热：《古代城邦：古希腊罗马祭祀、权利和政治研究》，谭立铸等译，华东师范大学出版社 2005 年版，第 25 页。

② ［法］库朗热：《古代城邦：古希腊罗马祭祀、权利和政治研究》，谭立铸等译，华东师范大学出版社 2005 年版，第 39 页。

③ ［英］亨利·萨姆纳·梅因：《古代法：与社会远史及现代观念的联系》，郭亮译，法律出版社 2016 年版，第 67 页。

④ 江平、米健：《罗马法基础》，中国政法大学出版社 2004 年版，第 385 页。

⑤ 参见徐国栋：《优士丁尼〈法学阶梯〉评注》，北京大学出版社 2011 年版，第 333 页。

主导地位，当时社会成员与各家庭的互动主要以宗族关系为主，因此，《十二铜表法》所规定的法定继承，是以宗亲为基础的。同一宗族的人都可以继承被继承人的遗产，都是法定继承人。[①] 当然，《十二铜表法》中的法定继承人是有顺序的，无前一顺序继承人时，方由后一顺序继承人继承被继承人的遗产。

《十二铜表法》规定的继承顺序如下：

第一顺序：被继承人的当然继承人，即直接处在被继承人的家父权之下，在家父死亡时即成为自权人的家属。具体而言，包括以下三类：一是被继承人的子女，包括婚生子女和养子女，但已经缔结有夫权婚姻的女儿不属于当然继承人。二是与被继承人缔结有夫权婚姻的妻子，因为她处于夫权之下，故被认为与处于父权之下的子女具有同等地位；但若该妻子不是处于夫权之下，则不能作为当然继承人。三是由于其父已脱离父权或已先于被继承人死亡而直接处于被继承人家父权之下的孙子女、曾孙子女等直系晚辈血亲。此处的晚辈直系血亲既没有辈分限制，可以是被继承人的孙子女，也没有是否亲生的限制，亲生或收养的均可。当然，前述三类继承人必须均处于被继承人父权之下。如果被继承人的子女、孙子女已脱离家父权、妻子已脱离夫权，则不再是被继承人的当然继承人。同一亲等的当然继承人不分男女，按人数平均分配遗产；被继承人的孙子女代替其父参与继承时，则是按支分配。[②] 此处的当然被继承人对被继承人之遗产存在当然继承的权利，既无须承认继承，也不得拒绝继承，这是由于古罗马的家产被视为全体家庭成员共有，继承被视为是家庭延续的结果。

第二顺序：被继承人最近的族亲。无当然继承人时，被继承人之遗产由最近的族亲继承。《十二铜表法》中规定的族亲范围较广，无性别差异，无论男女均可继承。但根据亲等的远近，与被

---

① 周枏：《罗马法原论》，商务印书馆 2016 年版，第 559 页。

② 费安玲：《罗马继承法研究》，中国政法大学出版社 2000 年版，第 158~159 页。

继承人亲等最近之人为法定继承人。如有法定继承人先于被继承人死亡，其应继份由其他同亲等的继承人继承，亦即不适用代位继承。如同一亲等的族亲均抛弃或拒绝继承，并不产生亲等较远族亲的依次递补。[1] 族亲继承人与当然继承人之区别在于，族亲继承人不是必然继承人，他们如果要继承被继承人的财产，须表示其承认继承的意思，如果不愿继承，也可以抛弃或拒绝继承，且他们的子女不能代位继承。关于族亲继承，在《十二铜表法》中未规定性别区分，男女均有平等的继承权。到了罗马共和国末期，根据《沃科尼法》的限制精神，法学家把享有继承权的女子限制在与被继承人同父所生的姐妹范围内，其他女子不得成为族亲继承人。[2] 这主要是为了防止妇女结婚时把自己家族的财产带到丈夫的宗族中去。

第三顺序：被继承人的宗亲。无族亲时，遗产由被继承人的宗亲继承。罗马法上的宗亲，是指与被继承人同一姓氏、祭祀同一祖先的人。根据《十二铜表法》之规定，在无前两个顺序继承人或前两个顺序继承人均拒绝继承时，方由宗亲作为法定继承人。由于宗亲涉及范围甚广且不易识别，导致遗产不易分配，故至公元 2 世纪后，宗亲作为继承人的做法便被废止了。[3]

综上所述，《十二铜表法》关于法定继承人范围和顺序的规定，并非完全以血缘关系为基础而更多地以家庭和宗族关系为基础。《十二铜表法》作为罗马早期的成文法典，其法定继承制度的规定为罗马市民法无遗嘱继承制度奠定了基础。其对法定继承制度的规定，体现了奴隶制社会早期商品经济不发达、人们交往范围不广的特点，也体现了当时政治家庭和宗族至上的社会观念。但随着家父奴隶制经济逐渐为奴隶制大庄园经济所取代，随着商

---

① 周枏：《罗马法原论》，商务印书馆 2016 年版，第 560 页。

② ［意］彼德罗·彭梵得：《罗马法教科书》，黄风译，中国政法大学出版社 1992 年版，第 480 页。

③ 费安玲：《罗马继承法研究》，中国政法大学出版社 2000 年版，第 162 页。

品经济关系的发展，宗法关系逐步解体，宗亲间的关系日渐淡薄，原先关于法定继承人范围和顺序的规定日渐显露弊端。例如，当被继承人的儿子已脱离其父权、女儿已缔结有夫权婚姻时，被继承人之子女因为已脱离原本的宗亲关系而不得继承遗产，遗产只能由关系更远的族亲或宗亲继承，这些继承人与被继承人可能互不相识甚至相互敌对。“对政治性关系的绝对考虑导致从继承中排除受最密切的血缘和感情关系约束的人，在原始政治共同体的重要性消失之后，这种情况就表现为严重的不公正。”① 对法定继承制度的改革也就成为当时的一项重要任务。

(2) 裁判官法对法定继承的改革。

如前所述，随着罗马社会经济的发展，《十二铜表法》规定的以家庭、宗亲为基础的法定继承制度已逐渐不能适应社会的发展，故裁判官法试图在罗马家庭和自然家庭之间、宗亲权利与血亲权利之间寻求一种平衡，以改变遗产继承中的不公现象。《十二铜表法》规定的继承是有顺序的，每个顺序中又有不同等级。如果在某一顺序或某一登记中指定的继承人拒绝继承，则后一顺序或等级的人不能继承，遗产将处于落空的状态。但在裁判官法中，人们承认顺序间的接替，也承认在血亲的新顺序范围内等级间的接替。

裁判官法的继承，从其最后的发展情况看，包括四个继承顺序：

第一顺序：被继承人的直系血亲卑亲属，包括被继承人的子女及其后裔。这里的子女指被继承人的所有子女，无论该子女是否已被解放。对于被出养和缔结有夫权婚姻的子女，因成为养父或丈夫家的宗亲，可继承养父家或丈夫家的遗产，故不能再继承生父家的遗产。但如果养子女又被养父解放，或者缔结有夫权婚

① ［意］彼德罗·彭梵得：《罗马法教科书》，黄风译，中国政法大学出版社 1992 年版，第 481 页。

姻的女儿又与其夫离婚，就会丧失对养父家或丈夫家的遗产的继承权，而又重新取得对生父遗产的继承权。只不过在裁判官法看来，他们对遗产只能占有。依照罗马法，女性没有家父权，因而此时的法定继承制度只适用于父系家庭，母系亲属的遗产仍不能由其直系卑血亲继承。①

第二顺序：被继承人的法定继承人，即《十二铜表法》规定的法定继承人，包括当然继承人、族亲和宗亲。被继承人之子女及其后裔既可以被继承人的直系血亲卑亲属的身份参与第一顺序继承，又可以法定继承人的身份参与第二顺序继承。②

第三顺序：被继承人的血亲，包括直系血亲和原则上在六亲等以内的旁系血亲。在该顺序内，各继承人的继承等级又有先后之分：直系血亲的继承权优于旁系血亲，有直系血亲则旁系血亲不能继承。在直系血亲中，既包括直系血亲卑亲属也包括直系血亲尊亲属，既包括父系尊亲属也包括母系尊亲属。其中，卑亲属的继承权优于尊亲属，亲等近的亲属优于亲等远的亲属。在旁系血亲中，原则上以六亲等的旁系血亲为限，只有一个例外，即第七亲等的由堂兄弟姐妹所出的子女，旁系血亲按亲等远近排序，亲等近者优先。③

第四顺序：被继承人的配偶，这里的配偶指的是缔结无夫权婚姻的配偶。妻子因缔结了有夫权婚姻而成为丈夫家庭的宗亲，若丈夫是家父，则妻子可以当然继承人的身份参与第二顺序继承。而依据《十二铜表法》之规定，缔结无夫权婚姻的配偶间没有相互的继承权，因此也不能以法定继承人的身份参加第二顺序继承，故裁判官法规定其可作为第四顺序的继承人，以弥补《十二铜表法》规定之不足。④

---

① 周枏：《罗马法原论》，商务印书馆2016年版，第565~566页。
② 周枏：《罗马法原论》，商务印书馆2016年版，第566~567页。
③ 周枏：《罗马法原论》，商务印书馆2016年版，第566~567页。
④ 周枏：《罗马法原论》，商务印书馆2016年版，第568页。

当然，裁判官法并未完全取消市民法之继承制度，而是创设了遗产占有制度与之并行，在其认为公平的情况中，允许并保障市民法指定的继承人之外的人对死者财产实行占有。此时的遗产占有人更像是“准继承人”，当其占有遗产达到一定期限后，方能取得对遗产占有的完全效力。据学者考证，这种二制并存的局面一直维持到优士丁尼时期。

（3）帝政后对法定继承的改革。

罗马发展至帝政时期后，皇权被独揽，皇帝逐渐取代了裁判官的作用，继承制度越来越以血缘为基础，纯宗亲关系的政治纽带逐渐遭到摒弃，市民法的继承制度与裁判官法的继承制度日渐融合。公元2世纪初的《特尔图利亚努姆决议》确立了母亲对子女的继承权，规定有三个以上子女的自由人女子和有四个以上子女的解放自由人女子，即享有“子女特权”的母亲可以成为子女的继承人，其继承顺序在被继承人的直系卑血亲、生父、恩主和同父兄弟之后；若只有同父的姐妹，则生母和她们平分财产。该继承权非遗产占有而是正式继承权。公元2世纪中叶的《奥尔菲体亚努斯决议》规定：子女是母亲的第一顺序继承人，他们的继承权优于其他所有宗亲和血亲。这两项决议，随着社会的发展又被进行了新的调整。君士坦丁一世对《特尔图利亚努姆决议》加以修正，规定若母亲无“子女特权”，则可以获得财产的三分之一。到公元6世纪20年代，优士丁尼帝即位后，法定继承制度进一步改革。取消了对女性宗亲继承的限制，取消了脱离父权的兄弟姐妹间关于应继份的限制，并规定不完全收养的子女得与其亲兄弟姐妹平分生父的遗产，异父同母的兄弟姐妹间，不论是否解放，也相互享有继承权；取消族亲中后一亲等不能递补前一亲等继承的限制，规定族亲继承可以按照亲等远近一次递补；规定母亲对子女的遗产享有继承权，取消了“子女特权”的限制。这些改革较早期的罗马继承制度有所进步，但仍不够彻底。[①]

优帝一世即位后，虽对继承法作出了如前所述的一些修改，但由于在前述改革过程中，新旧制度的相互妥协，形成的制度复杂、层叠，被认为是繁杂、怪诞的。因此，优帝在完成其法典编纂活动后，采用《新律》118 和《新律》127 两个新敕令对法定继承进行了重大改革。此时，优帝为继承确立的根据是自然家庭观念，该制度所关注的继承主体的依据是血缘关系、婚姻关系以及收养关系。“这应当被视为他最美好的决心。”[②]

优帝《新律》确定的法定继承顺序如下：

第一顺序：被继承人的所有直系血亲卑亲属，即被继承人的子女、养子女及他们的子孙。没有男女之分，也不论是否脱离父权，所有晚辈直系血亲都是第一顺序的继承人。第一顺序中有数人时，按照亲等远近顺序，亲等近的优先继承。[③]

第二顺序：被继承人的直系血亲尊亲属及同父同母的兄弟姐妹及其子女。当存在数个长辈直系血亲时，按照与被继承人亲等的远近确定继承顺序，亲等近的优先继承。[④]

第三顺序：被继承人的同父异母或同母异父的兄弟姐妹及其子女。无论是同父异母或同母异父，均享有同等的继承权，遗产分配按照“人头原则”。[⑤]

第四顺序：被继承人的其他旁系血亲，即除被继承人的全血缘和半血缘兄弟姐妹以外的旁系血亲，范围较广。他们的继承次序按照与被继承人亲等的远近确定，亲等近的优先继承。

第五顺序：被继承人的配偶。被继承人无前述血亲继承人时，

---

① 周枏：《罗马法原论》，商务印书馆 2016 年版，第 570~571 页。

② ［意］彼德罗·彭梵得：《罗马法教科书》，黄风译，中国政法大学出版社 1992 年版，第 485 页。

③ 周枏：《罗马法原论》，商务印书馆 2016 年版，第 570~571 页。

④ 费安玲：《罗马继承法研究》，中国政法大学出版社 2000 年版，第 180 页。

⑤ 费安玲：《罗马继承法研究》，中国政法大学出版社 2000 年版，第 180 页。

依裁判官法之规定应由配偶继承。对于这一顺序，优帝不过是再次确认了裁判官法的“配偶的遗产占有”。[①] 当被继承人既没有血亲又没有配偶时，如果他生前参加了某个团体，该团体作为其继承人；如果他生前没有参加团体，遗产就视为无人继承的财产，收归国库所有。

（4）配偶的继承权。

关于配偶的继承权，《十二铜表法》规定处于夫权之下的妻子是当然继承人，其继承权被认为与处于夫权之下的子女一样，与其他当然继承人一起均分被继承人的遗产。因为在家父权力控制下的财产被视为全体家庭成员共有的财产，由所有家庭成员劳动所得。这一理论被拓宽至夫权下的财产，所以处在父权下的子女、处在夫权下的妻子均可作为第一顺序的继承权人。根据裁判官法对法定继承的修改，第一顺序的法定继承人是被继承人的直系血亲卑亲属，此时缔结有夫权婚姻的配偶不再作为第一顺序继承人，而是作为第二顺序的继承人，与其他法定继承人一起参与继承。值得一提的是，裁判官法增加规定了缔结无夫权婚姻的配偶可以作为第四顺序继承人，当没有法律规定的前三个顺序继承人时，缔结无夫权婚姻的配偶可以作为继承人继承遗产。这相较于《十二铜表法》的规定不失为一种进步。到了帝政时期，随着罗马经济社会的发展，以宗亲为基础的法定继承逐渐向以血亲为基础的法定继承转变。优帝《新律》规定的法定继承人为被继承人的血亲和配偶。此时，与被继承人没有血缘关系的宗亲和族亲不再具有继承权，被继承人的遗产首先由其血亲继承，包括直系血亲和旁系血亲，在没有血亲继承人时，方由配偶继承遗产，无论是缔结有夫权婚姻还是无夫权婚姻的配偶均有权作为继承人。但在公元537年，优帝第53号敕令曾规定，若生存的妻子没有嫁资，丈

---

① ［意］彼德罗·彭梵得：《罗马法教科书》，黄风译，中国政法大学出版社1992年版，第485页。

夫死后生活贫困的，不论丈夫有哪一个顺序的继承人，她都可以继承。无子女的配偶继承遗产的四分之一，若丈夫对其留有遗赠，则遗赠应从其应继份中扣除。而如果妻子有嫁资，对丈夫的遗产一般没有继承权。如果妻子虽有嫁资但为数较少，丈夫死后仍很贫困，则妻子仍可参与继承。[①]

（二）日耳曼法中的法定继承制度

所谓日耳曼法，指公元5~9世纪西欧封建早期适用于日耳曼人的法律。[②] 这种法律是在日耳曼部落联盟入侵西罗马帝国和建立“蛮族”国家的过程中，从最初的部落习惯逐渐发展而成。日耳曼法是西欧早期封建制的法律，因此它一方面表现出了封建法律的特征，另一方面又保留了较多原始公社时期习惯的残余痕迹。[③] 日耳曼并非单一的民族，不同的日耳曼民族的法律有很多不同之处，具有一定的多元性。然而，由于他们在血统、语言、宗教、文化、习惯等方面有着密切关系，因此他们的法律也反映了一些相同的价值观和精神特征。[④] 日耳曼法在西方法制史上占有非常重要的地位，正如我国学者提出的：“在古代法制之中，对于近代法律影响最大的，可以说有两个主潮。一个是罗马法，一个是日耳曼法。”[⑤] 日耳曼法的继承制度与其家庭制度以及初步形成的私有财产观念息息相关。

1. 家庭制度

在日耳曼法中，家庭是在同一家长权力支配下共同生活的家庭成员组成的团体，是当时社会生产和消费的基本经济单位，家长即为家族中的家父，是整个家族团体的代表。日耳曼人的家庭

---

① 周枏：《罗马法原论》，商务印书馆2016年版，第577页。

② 何勤华主编：《外国法制史》（第四版），法律出版社2006年版，第79页。另一种说法认为，日耳曼法起于5世纪止于15世纪，参见李宜琛：《日耳曼法概说》，中国政法大学出版社2003年版，第2页。

③ 由嵘：《日耳曼法简介》，法律出版社1987年版，第6~7页。

④ 李秀清：《日耳曼法研究》，商务印书馆2005年版，第446页。

⑤ 李宜琛：《日耳曼法概说》，中国政法大学出版社2003年版，第2页。

亲属观念初始以男系亲为限。女子因出嫁而脱离原家族，断绝与父家的关系成为夫家之人。自建立日耳曼王国以来，男系本位的亲属制度开始逐渐瓦解，更多地以血缘关系作为亲属的基础，男性亲与女性亲、父系亲与母系亲的概念逐渐形成。日耳曼人家庭趋于小型化，多以二世同居为主，男子一旦成家就会组建新的家庭关系，只有少数人因没有足够的个人财产而仍与父母居住。①

日耳曼法强调团体本位。在长期的征战与游牧过程中，日耳曼人逐渐形成了以家族、氏族为中心的共同生活群体。这些共同生活群体的结合受到地域和血统的限制，形成自给自足的共同生产生活的单一体。在这样的社会中，单一的个体不可能独立存在，人们必须依附于家庭、氏族或村庄等团体。个人权利和负担的行使受到团体的限制，而不是基于个人意愿。② 具体来说，家庭所有家属均在家长的控制之下，家庭成员的一切事务均由家长承担与管理。尽管家长的权力很大，但他是所有家庭成员的代表，必须考虑整个家庭的利益，采取重要的法律行动时须征得成年男子的同意。家长未得到子女的同意，不得处分或让与家属全体总有的财产，一般不允许家庭成员以外的人继承遗产。所有的家庭财产都属于这个家庭，家父死亡后，成年兄弟一般不分割家产，而由哥哥继承家庭财产管理权，并承担祭祀祖先的义务，继续维持共同生活，家产则属于整个家庭。③ 在日耳曼人的观念中，家族是一个整体，共同承担风险共同分享利益，这样的观念也渗透到他们的法律中，法定继承亦如此。

2. 法定继承制度

(1) 法定继承人的范围和顺序。

日耳曼法的继承制度以团体本位为背景。在早期日耳曼人的

① 何勤华、魏琼主编：《西方民法史》，北京大学出版社2006年版，第163~164页。

② 李秀清：《日耳曼法研究》，商务印书馆2005年版，第451~452页。

③ 李秀清：《日耳曼法研究》，商务印书馆2005年版，第452页。

习俗中，继承比较简单且没有遗嘱继承的习俗。死者的继承人首先是子女，无子女者的遗产由兄弟和叔伯诸舅依次继承。各王国法典中关于王国时期继承的部分条款吸收了一些早期的习俗，但更多地反映了民族迁徙和王国建立后的日耳曼家庭和社会的新变化与新情况，各王国的法定继承制度也逐渐有所不同。

《西哥特法典》规定的法定继承人顺序为：子女，孙，曾孙，玄孙，父母，祖父母，从死者的兄弟和姊妹开始的七等内旁系血亲，丈夫或妻子，丈夫或妻子的七等内亲属。该法典还规定，当父母死亡未立遗嘱时，姊妹可以与兄弟平等地继承遗产；对于祖父母及其他旁系亲属的遗产，姊妹也享有与其兄弟平等的继承权；对于母亲一系亲属的遗产，妇女享有与同一亲等的舅、姨或表兄妹平等的继承权。[①] 根据这些继承顺序的规定，继承人范围非常广，因此要出现人死后找不到继承人的情况并不容易，但如果确实没有找到继承人，死者的财产将归国库所有。[②]

在勃艮第王国，父亲在世时，家庭财产由他一个人控制；父亲死后，母亲也死亡的，这些财产在儿子之间平分。如果父亲死亡后母亲在世且未婚，则母亲可以取得一定份额遗产的使用权；但当寡妇死亡时，她原来所享有的这部分财产也归丈夫的亲属。[③]

在伦巴德王国，根据《罗退尔敕令》的规定，法定继承人的范围包括七亲等以内的所有亲属，亲等近者优先。第一顺位继承人是被继承人的子女。一般来说，非婚生子亦可继承，但其继承份额不如婚生子多，非法子女如自由民妇女与奴隶所生的子女、法律禁止结婚的亲属间所生子女等不享有继承权。之后的《利特勃兰德法律》提高了妇女在继承中的地位。根据该法律，被继承人死亡时没有留下婚生子的，婚生女将像婚生子一样继承其父母

① 李秀清：《日耳曼法研究》，商务印书馆2005年版，第293~294页。

② Katherine Fischer Drew, *Law and Society in Early Medieval Europe: Studies in Legal History*, Variorum Reprints, London, 1988, Ⅶ, p.11.

③ 李秀清：《日耳曼法研究》，商务印书馆2005年版，第297~298页。

的遗产；被继承人死亡时有婚生子的，未出嫁的女儿可以与儿子一样平分父亲的遗产。①

在法兰克王国，根据《撒里克法律公约》的规定，继承人的顺序依次为：子女及他们的后裔，父母，兄弟姐妹，母亲的姐妹，父亲的姐妹，父亲的亲戚。但同时规定，撒里克土地只能属于男性，妇女不能继承。②

盎格鲁-撒克逊早期的法定继承顺位大致是儿子平分遗产，没有儿子时才由女儿平分。但此后受基督教的影响，盎格鲁-撒克逊后期的法定继承，土地的继承仍然保留了传统习惯，但动产继承规则如下：如果没有遗嘱，则三分之一作为遗赠财产由遗产执行人捐赠给教会，三分之一归子女，三分之一归妻子。③

（2）女性的继承权。

和罗马法上的继承制度相比，日耳曼法提高了妇女的地位，缓和了男子在家庭中的统治。

根据《西哥特法典》的规定，对于父母、祖父母及其他旁系亲属的遗产，女儿（或孙女）与儿子（或孙子）的继承权是平等的；对于母亲一系亲属的遗产，同一亲等的女性和男性的继承权也是平等的。在勃艮第王国，虽然妇女的继承权原则上不等同于男子，但也在一定程度上得到了保障和保护。如果家庭中有儿子，女儿就不能继承家庭土地；但如果没有儿子，女儿就可以继承土地以及依遗嘱给予她的任何财产。在伦巴德王国后期，女儿可以在一定情况下享有继承权。根据《撒里克法律公约》，除了不能继承土地，妇女的其他继承权与男性相同。

（3）配偶继承权。

根据《西哥特法典》的规定，原则上配偶双方不能互相继承

① 李秀清：《日耳曼法研究》，商务印书馆2005年版，第301~302页。
② 李秀清：《日耳曼法研究》，商务印书馆2005年版，第303~304页。
③ 李秀清：《日耳曼法研究》，商务印书馆2005年版，第305~306页。

对方的遗产，这种情况在婚后没有生育子女时也没有改变，除非他们没有七亲等内的任何亲属。在勃艮第王国，当妻子先于丈夫去世而他们没有孩子时，死者的丈夫不能要求返还已支付的聘礼；丈夫先于妻子死亡的，妻子或其亲属也不能要求返还她的嫁妆。在丈夫先死亡时，妻子若不再婚则可以获得一定份额的丈夫遗产的使用权。盎格鲁-撒克逊后期，妻子可以作为法定继承人继承，参与对丈夫遗产中的动产继承。

3. 欧洲中世纪中后期的法定继承制度

中世纪是对西方特定历史时期的称谓，一般认为自公元476年西罗马帝国被灭亡时起，到16世纪和17世纪初期止，以17世纪40年代的英国资产阶级革命为其结束的突出标志。① 前文所述日耳曼法时期，通常被认为是中世纪早期，随着封建制度在欧洲的逐渐形成与发展，日耳曼法逐渐衰落，欧洲地区的法定继承制度也逐渐有了新的变化。在中世纪的欧洲封建社会，土地往往与公职或军事职务联系在一起，而一项公职或军事职务是不可能在几个人中进行分割的，将土地不加分割地传给继承人的做法在欧洲贵族中普遍流行，因为他们希望家庭财富能够被完整无缺地保留。②

在法国，公元8世纪的法兰克王国实行“采邑改革”，贵族领受“采邑”，代价是为国王尽一定义务。领主死后，国王有权收回土地，领主的继承人须经过新的授封仪式并继续履行义务才能继续占有封地。在继承方面，实行长子继承制，土地主要由长子一人继承，其他婚生子女只能继承动产，以避免领地被分散，削弱封建领主统治的基础。③

英国法律历史悠久，作为英美法系的发祥地，英美法系的许

---

① ［苏联］谢缅诺夫：《中世纪史》，叶文雄译，生活·读书·新知三联书店1956年版，第8页。

② 张中秋：《中西长子继承制比较研究》，载《南京大学法律评论》1997年第2期。

③ 何勤华主编：《法国法律发达史》，法律出版社2001年版，第27页。

多重要原则和制度都来源于英国的法律传统。英国封建时代初期的继承法，受罗马“家父制度”的影响较大。“家父”是一家之主，对家庭成员及家庭财产有支配权，一旦家父死亡，继承家父资格的人也就取得对家族全部财产的支配权。英国财产法将财产分为动产与不动产，针对动产和不动产的继承规则也有所不同。在不动产方面，土地是中世纪最主要的财产形式，对社会政治经济生活的影响非常重要，因此土地继承在当时被认为是最重要的继承。在盎格鲁-撒克逊时期，英国法允许在儿子中分割继承土地，但自诺曼底征服后，封土制在英国流行且封土世袭制逐渐被确立。自12世纪末起，英国确立了长子继承制，并成为英国继承制度的一项基本原则，受到普通法的严格保护。但在没有儿子的情况下，死者的女儿在特定条件下也可以继承不动产。① 关于生存配偶的继承权，中世纪的英国严格执行“寡妇产”制度。这一时期由于妇女地位低下，已婚妇女之人格被丈夫吸收，没有独立的法律地位和财产，也没有财产继承权。但是，新婚夫妇举行婚礼时，新郎要在教堂门口当众宣布赠与新娘一笔财产（一般是指土地），当丈夫去世时，守寡的妻子可以对该财产享有终身权益以保障生活。② 在通常情况下，寡妇有权取得其丈夫三分之一自由保有地产的终身收益。关于动产继承则奉行分割继承的原则，被继承人遗留的动产被分为三份，妻、子女、教会各得一份。③

二、外国近现代法中的法定继承制度

在了解法定继承制度的古代法渊源后，笔者拟对法定继承制度在外国近现代法中的演变过程进行审视。为此，笔者选择了大陆法系的法国、德国、日本，英美法系的英国和美国作为对象，

---

① Eileen Spring, Law, *Land & Family*: *Aristocratic Inheritance in England*, *1300 to 1800*, The University of North Caroline Press, 1994, p. 28.

② 俞金尧：《中世纪欧洲寡妇产的起源和演变》，载《世界历史》2001年第5期。

③ 何勤华主编：《英国法律发达史》，法律出版社1999年版，第321~322页。

对外国近现代法中的法定继承制度之发展演变进行考察，以期从中发现有益的经验。

（一）大陆法系国家的法定继承制度

1. 法国的法定继承制度

1804 年颁布施行的《法国民法典》，被誉为近代民法史皇冠上的明珠。美国学者艾伦·沃森指出："在整个大陆法系的历史中，民法典的诞生意义深远。法国民法典的出现开辟了一个新时代，整个大陆法系都因此发生了深刻的变化。"① 《法国民法典》确立了"民事权利平等"原则，这是 1789 年《人权宣言》规定的"法律面前人人平等"在民法领域的体现。1804 年《法国民法典》颁布时，法国仍是一个以农业为主的国家，资本主义尚未实现全面发展，工业革命刚刚开始。这一时期，《法国民法典》在巩固资产阶级革命果实的同时也保留了许多封建社会的旧习惯。② 关于继承制度，《法国民法典》的编纂者认为，继承制度已经超出单纯私人利益的范畴，涉及政治和社会利益，因此对这部分内容的规定尤为重视。这一时期的继承制度，主要参考了罗马法的规则和革命时期的法律，总体上以保障继承人平等、限制遗嘱自由为指导思想。③ 只承认财产继承，不承认身份继承和特殊的贵族财产继承，废除了长子继承特权，并且否定了封建制度下的男性继承，实行男女平等的均分继承制。

1804 年《法国民法典》规定的法定继承制度沿袭了罗马法自然血缘家庭的概念，认为被继承人死亡时留下的财产首先应留给死者的家庭成员，其规定的法定继承人范围包括十二亲等之内的血亲。第一顺序的法定继承人为被继承人的婚生子女及其直系卑

① ［美］艾伦·沃森：《民法法系的演变及形成》，李静冰、姚新华译，中国政法大学出版社 1992 年版，第 169 页。

② 何勤华主编：《法国法律发达史》，法律出版社 2001 年版，第 233~234 页。

③ 何勤华、马贺、蔡迪等：《大陆法系》（上卷），商务印书馆 2017 年版，第 333 页。

血亲，第二顺序的法定继承人是被继承人的父母、兄弟姐妹或直系卑血亲，第三顺序的法定继承人是其他直系尊血亲，第四顺序的法定继承人是旁系血亲。前顺序的法定继承排除后顺序的法定继承，只有没有顺序在前的继承人时方由顺序在后的继承人继承。关于遗产继承的份额，除在直系尊血亲和旁系血亲的继承中需按父系、母系分为均等两份外，其余情况下，遗产在相同亲等的继承人间不分男女地按人数平均分配。法律赋予非婚生子女一定的继承权，但未给予他们与婚生子女同等的法律地位，只有经法定程序被认领的非婚生子女才有权继承其父母的遗产，且非婚生子女的继承权仅及于其父母的遗产，对于其父母血亲的遗产非婚生子女没有继承权。关于配偶继承权，由于配偶不被认为是丈夫家族的成员，因此这一时期的法定继承人范围不包括配偶，只有在无法定继承人时依法定的方式经裁判许可后，生存配偶方能继承遗产。①

19世纪以来，随着社会经济的发展，法国的继承法观念也发生了很大变化，民法典继承编中的封建残余逐渐被清除。1938年2月18日，法律取消了夫权，废除了法典原第213条中关于夫应保护其妻、妻要顺从其夫的规定。1966年7月11日，法律对收养制度的改革使完全收养的子女享有与婚生子女同等的地位。1970年6月4日，法律再次修订规定夫妻地位平等。1972年1月3日，法律规定婚生子女、非婚生子女、养子女都有平等继承遗产的权利，同时还增加规定了生存配偶的继承权、国家有权取得无人继承的财产等内容。②

① 参见李浩培、吴传颐、孙鸣岗译：《拿破仑法典》，商务印书馆1997年版，第95~96页。

② 何勤华主编：《法国法律发达史》，法律出版社2001年版，第238页。

2. 德国的法定继承制度

德国民法在世界民法中占有重要的地位，它曾对许多国家的民事立法产生过影响。希腊、瑞士、奥地利、波兰、日本等国以及我国的民事立法均以德国民法为范本。德国法沿袭罗马法律的传统，1900 年 1 月 1 日开始生效的《德国民法典》在继承法国法关于法律面前人人平等、契约自由、私有财产神圣不可侵犯等诸多法律规则的基础之上，结合当时政治经济社会的变化，对民法制度作了进一步的创造与发展。《德国民法典》的基本原则是“自由”与“平等”。其中“平等”原则主要体现为民事主体法律地位的平等，而“自由”原则主要体现为“契约自由”“所有权自由”和“遗嘱自由”等。立法者的目的并不在于对社会制度进行深入广泛的变革，而是在于努力地使新编纂的法律能够适应变化了的社会情况，并努力把原本在德国不同地区适用的不同民法尽可能地在一部统一的成文法典中集中、统一起来。①

与《法国民法典》相比，《德国民法典》在继承制度的法律规定上更进一步，废除了封建社会的长子继承制，确认并发展了《法国民法典》所确立的子女平等分配遗产和遗嘱自由等资本主义民法原则。关于法定继承人的范围和顺序，1900 年《德国民法典》规定：第一顺序的法定继承人为被继承人之卑亲属（子女），如果该卑亲属中有在继承开始时已经去世的，其子女可代位继承；第二顺序的法定继承人为被继承人之父母及其卑亲属（兄弟姐妹）；第三顺序的法定继承人为被继承人之祖父母及其卑亲属（伯叔姑等）；第四顺序的法定继承人为被继承人之曾祖父母及其子女；第五顺序的法定继承人为同宗远亲。关于配偶继承权，《德国民法典》规定配偶可作为法定继承人，但未规定配偶属于哪一顺序的继承人，而是可以根据情况参与各顺序的继承：配偶与第一顺序的血亲亲属共同继承时，应继承遗产的四分之一；配偶与第二顺

① 何勤华主编：《德国法律发达史》，法律出版社 2000 年版，第 242 页。

序的血亲亲属或祖父母共同继承时，应继承遗产的一半；无第一顺序和第二顺序的血亲亲属或祖父母时，配偶继承全部遗产。关于遗产的继承份额，当继承人为一人时，遗产由其全部获得；当继承人为数人时，遗产在数位继承人间平均分割。[①] 这些规定体现了“亲属无限制继承主义”，与“私有财产无限制”的资本主义民法原则保持一致。

随着工商业的进一步发展，《德国民法典》中原本带有的封建印记被进一步剔除。原本在民法典中规定的丈夫在婚姻中决定一切、配偶双方带到婚姻关系中的财产由丈夫管理的规定被男女平权、夫妻分别财产制作为法定财产制而取代，在继承法中扩大了配偶可继承遗产的份额，非婚生子女取得与婚生子相等的遗产份额。[②] 配偶还享有在被继承人死亡后最初三十天的抚养和先取份。此外，随着德国《同性生活伴侣关系法》的施行，同性生活伴侣与配偶在很大程度上享有同等的地位，国家的法定继承权也被规定在民法典中。[③]

3. 日本的法定继承制度

日本古代法律制度一度受到中国古代法律文化和法律制度的深刻影响。早在公元 604 年制定第一部成文法圣德太子《十七条宪法》时，日本就开始从古代中国法律文化中吸取养分，大化革新之后更是大量继受中国古代律令，进入律令法时代。其后的武家政权时期，虽然武家法盛行，但中国古代法律的影响仍随处可见。由中国古代继受而来的法律文化、法律制度与日本古代固有法融合在一起，使得日本古代传统法律文化和法律制度充满了东方色彩。19 世纪中叶，随着西方列强的侵略和掠夺，为了克服民

① 何勤华主编：《德国法律发达史》，法律出版社 2000 年版，第 248 页。

② ［德］康拉德·茨威格特、海因·克茨：《略论德国民法典及其世界影响》，谢怀栻译，载《环球法律评论》1983 年第 1 期。

③ ［德］阿门特：《德国继承法》，李大雪、龚倩倩、龙柯宇译，法律出版社 2015 年版，第 38~44 页。

族危机、改变落后现状，缩小与西方发达国家的差距，日本开始了明治维新。1868 年 2 月，明治天皇向法、英、荷等国宣布立志开国进取、革除旧习，广求知识于世界。[①] 日本法的近代化即在此背景下，从抛弃过去的法律传统，全面继受西方法和西方法律文化开始。

在日本法的近代化过程中，民法典的编纂是较早受到政府重视的，其编纂过程比其他部门立法更为艰难，经历了从“旧民法”到“新民法”、从仿照法国法转而学习借鉴德国法的过程。1898 年 7 月 16 日，明治民法正式开始实施。由于这一时期日本资本主义还不很发达，封建关系仍在很大程度上存在，因此明治民法受封建残余影响较大，其财产法部分“西化”色彩较浓，确立了公民民事权利平等、资本主义私有财产无限制、契约自由等原则，在亲属和继承两编中则保留了较多的封建色彩。明治民法中的亲属法在“家国一体”“忠孝一致”的原则下，基本沿用了德川幕府时代以男性为中心的家族制度，每家设一户主，户主对家属行使户主权，除了以家属名义所得之外，家族中的财产均为户主所有。这一时期的法定继承可分为户主继承和财产继承。户主继承即当户主缺位时，由其长子继承其固有的户主权利和义务，并继承家业继续经营。其继承顺位是男子优于女子、婚生子女优于非婚生子女，且以年长者优先。[②] 关于生存配偶的继承权，只有在无晚辈直系血亲或者晚辈直系血亲死亡而又无代位继承时，才能由配偶继承遗产。20 世纪以来，随着资本主义经济的急速发展，日本社会发生了急剧变化：农村人口大量流入城市，城市劳动者急速增加，而家族经营尤其是农村的家族经营，由于垄断资本的急剧膨胀而大量破产；同时，只有夫妇和子女构成的小家庭有日渐取代

① 参见［日］真田芳宪：《日本的法律继受与法律文化变迁》，华夏、赵立新译，中国政法大学出版社 2005 年版，第 6 页。

② 何勤华、马贺、蔡迪等：《大陆法系》（下卷），商务印书馆 2017 年版，第 1094 页。

传统大家族的趋势。这种社会阶级构成的变动和传统大家族的分崩离析，使得家族法赖以生存的“户主制”和“家制度”受到严重挑战，法定继承制度亦随着家族经营的大量破产和“家制度”的崩溃而在战后的民法典修订中被彻底修改。第二次世界大战后，1947年的第222号法律对《日本民法典》进行了修订，修订后的家族法以“人的尊严”和“两性”本质上的平等为原则，删除了继承编中带有浓厚封建色彩的户主继承制度，确认继承仅限于财产继承。法定继承人的范围和顺序依次为晚辈直系血亲、长辈直系血亲、兄弟姐妹，同一顺位的继承人各自的应继份相等；但婚生子女与非婚生子女的继承份额仍有差别，非婚生子女的继承份额为婚生子女应继份的二分之一。[①] 关于养子，日本民法设立了一种叫“养子缘组”的契约式养子制度。依据这种制度，养子即使按契约取得了婚生子的身份，实际上在继承等方面仍然和亲生子有所区别，不能取得与亲生子一样的权利。[②] 生存配偶享有继承权，其继承顺位不固定，可以与前述任何顺位的法定继承人一起参与继承，并且照顾其应继承的份额。1947年修改民法时，规定配偶与子女共同继承遗产的，应继份为三分之一；至1980年修订时，配偶的该继承份额被提高至二分之一。

（二）英美法系国家的法定继承制度

1. 英国的法定继承制度

从16世纪中叶起，英国开始进入资本主义社会，在法律方面力求能够有利于新生资本主义的发展。在继承法上，仍然保留了较多封建社会继承法的形式，但根据资产阶级的利益，被逐步赋予了新的内容。遗嘱继承发展迅猛，很快取代了法定继承的支配地位成为遗产继承的主要方式。根据英国1837年颁布的《遗嘱

---

① 何勤华、马贺、蔡迪等：《大陆法系》（下卷），商务印书馆2017年版，第1094~1097页。

② 何勤华、李秀清、方乐华、管建强：《日本法律发达史》，上海人民出版社1999年版，第154页。

法》之规定，只有有效的遗嘱才有“遗嘱继承”，只有在无遗嘱或遗嘱无效时方能发生无遗嘱继承。19 世纪中后期，随着生产力的发展，人们的财富数量日渐增加、种类日益丰富，土地不再是最主要的财产，原本适用于不动产继承的长子继承制难以适应社会发展的需求，且不动产由长子继承也因为违反了父母对所有子女的爱是平等的这一原则而遭到人们的强烈批判与反对。[①]当时的人们开始认为，每个子女都应被同样地疼爱，只是法律仍规定只能选择一人为继承人。[②] 英国 1925 年颁布的《财产法》和《信托法》废除了长子继承制和男性优于女性的继承原则。随着工业的发展、妇女个人收入的增加与社会地位的提高，法律开始确认已婚妇女的财产权利和独立的人格。1925 年颁布的《遗产管理法》对无遗嘱时的继承制度作了规定，规范了法定继承的分配原则，并赋予了生存配偶对被继承人遗产特殊的继承地位。根据《遗产管理法》的规定，在有无配偶的情况下，继承人的范围和顺序有所不同。被继承人有配偶时：第一顺序的法定继承人为晚辈直系血亲。被继承人有晚辈直系血亲的，配偶可继承个人动产的所有权和五千英镑；若全部遗产不足五千英镑，则配偶可继承全部遗产。第二顺序的法定继承人为兄弟姐妹和父母。被继承人没有子女，但是有父母和兄弟姐妹的，配偶可以取得全部动产、两万英镑遗产和半数遗产的所有权。被继承人没有晚辈直系血亲、父母和兄弟姐妹的，配偶作为第三顺序的法定继承人继承全部遗产。在被继承人没有配偶的情况下，继承人的顺序依次为：晚辈直系血亲，父母，兄弟姐妹，祖父母、外祖父母，叔伯姑舅姨。[③] 至

---

① Martin Schpflin, “Economic Aspects of the Right to a Compulsory Portion in the (French and German) Law of Succession”, *German Working Papers in Law and Economics*, 2006, p. 5.

② Joan Perkin, *Women and Marriage in Nineteenth-Century England*, London: Poutledge, 1989, p. 122.

③ 参见何勤华主编：《英国法律发达史》，法律出版社 1999 年版，第 324~325 页。

此，英国法定继承制度逐渐实现了从“长子继承”到子女平均分割遗产、从男性继承权优于女性到男女继承权平等、从生存配偶不能继承遗产到配偶享有继承权的转变。然而，非婚生子女的地位并没有因此发生太大的变化。直到1969年，《家庭法改革法令》才规定非婚生子女与婚生子女一样有权继承父母的遗产，实现了非婚生子女与婚生子女法律地位的平等。随着英国继承法的进一步修改，生存配偶的继承权得到了加强。英国1952年通过的《无遗嘱继承法》进一步提高了配偶应继承的财产份额，并规定即使在晚辈直系血亲存在的情况下，也认可配偶在一定限度内继承大部分遗产。同时，英国法还逐渐关注家庭中弱者的利益。1938年制定的《继承法》（家庭条款）首次准许某些受继承人扶养（且再无人扶养）之人，包括死者的配偶、未成年的儿子、未婚的女儿，无劳动能力或不能维持自己生活的子女、被继承人死亡时尚未再婚的前配偶，可以通过法院申请，要求从遗产中拨付生活费用。1966年的《继承法》和1969年的《家庭法改革法令》将这一权利扩大至被继承人的所有子女。①

2. 美国的法定继承制度

美国法发端于北美殖民地时期。由于欧洲各国对殖民地的激烈争夺，北美殖民地曾出现短暂的法律多元化局面，但随着英国殖民者的后来居上，英国普通法在北美逐渐确立起支配地位。北美殖民地时期，英国法的施行为美国法奠定了基础，决定了美国法的基本风格。② 殖民地时期的继承法尚不发达，同时也与英国普通法有所区别。作为英国继承法基本原则的长子继承制在北美并未完全适用，如马萨诸塞州、新罕布什尔州、康涅狄格州等地都抵制这一原则；在南部各殖民地长子继承制虽得以贯彻，但也仅

① 参见何勤华主编：《英国法律发达史》，法律出版社1999年版，第328页。

② 何勤华主编：《外国法制史》（第四版），法律出版社2006年版，第184页。

存在至独立战争便结束了。[①] 1776 年，伴随着美国宣布独立，美国法进入了其形成和独立发展时期。这一时期的美国将财产看作“独有的和专断的支配权”，在财产法中彻底贯彻私有财产权绝对原则。这一时期，法律虽规定遗嘱继承优先于无遗嘱继承，但立遗嘱的人大多是富人，主要目的是将财产留在家庭内部。因此，法定继承仍在大范围内得以适用，主要依据普通法实施。动产与不动产适用不同规则，且男性与女性的继承权也不相同，男性的权利往往优于女性。寡妇享有亡夫遗产继承权，这使得寡妇可优先于丈夫的债权人得到遗产，主要是为了保障寡妇有生之年的生活和子女抚养。一般仅针对土地，且寡妇仅能享有对该财产的终身使用、收益权，而非获得财产所有权。与此相对应，鳏夫也可以拥有对财产的收益使用权。[②] 19 世纪末到 20 世纪初，虽然立遗嘱的人越来越多，但无遗嘱继承仍然占据重要地位。男女继承权平等取代了男性继承权优于女性的规定，“亡夫财产权”和“鳏夫产”逐渐被取消，取而代之的是“特留份”制度以及对遗嘱不可处分的“宅地”等财产的权利，生存配偶往往有权选择是按照遗嘱还是无遗嘱继承。[③] 为统一全国立法，美国分别于 1968 年和 1976 年颁布了《统一遗嘱检验法》和《统一继承法》，关于无遗嘱继承，配偶、直系血亲以及旁系血亲等都享有继承权。根据该两部法律，配偶继承权被高度重视，配偶为不固定顺序继承人，可以与各顺序的法定继承人共同继承，且享有遗产先取权以及可选择份额的权利。婚生子女、非婚生子女、养子女以及遗腹子的继承权相同，并规定了未成年子女享有宅园特留份和家庭特留份。

① 何勤华主编：《美国法律发达史》，上海人民出版社 1998 年版，第 4 页。

② 何勤华主编：《美国法律发达史》，上海人民出版社 1998 年版，第 194 页。

③ 何勤华主编：《美国法律发达史》，上海人民出版社 1998 年版，第 195 页。

三、外国法定继承制度的历史演进之特点

（一）外国古代法中法定继承制度的历史演进之特点

法律的发展被认为具有一种内在逻辑，变化不仅是旧对新的适应，而且也是一种内在逻辑。变化过程受某种规律的支配，并且至少在事后认识到，这种过程反映一种内在需要。① 从罗马早期《十二铜表法》到帝政时期优帝《新律》对法定继承之规定，我们不难发现，随着罗马社会的变迁，罗马法中的法定继承也经历了一个不断发展变化的过程。

1. 从以宗亲为基础向以血亲为基础转变

罗马法定继承制度的转变主要体现在以下几个方面：

第一，从以宗亲为基础、以罗马家庭为根据，转变为以血亲为基础、以自然家庭为根据。在早期的罗马社会，罗马家庭自身具有政治组织的性质，家庭是国家的基本组织，家父是家庭中唯一被法律所承认的“完人”。家庭是独立于城邦之外的“国家”，家父是这一“国家”中至高无上的“君主”，任何人不得干预家庭内部事务。在罗马人的观念中，家族的延续与祭祀祖先是人生中最重要的事，是家庭成员不可推卸的责任，法定继承的目的在于家庭的传承和延续，保持家庭“圣火”永久不灭。因此，在这一时期，法定继承是以维护罗马家庭的宗亲继承为基础的，只要是同一个宗族的人，都是法定继承人。即使是被继承人的子女和配偶，也必须处在被继承人的父权之下方能作为当然继承人继承被继承人之遗产。随着罗马社会商品经济关系的发展，家长奴隶制经济逐渐被奴隶制大庄园经济取代，宗亲之间的关系日渐淡薄，罗马法中的法定继承也随着社会的变化而不断修改。到了优士丁尼一世时期，法定继承实现了以宗亲为基础向以血亲为基础的转

① ［美］哈罗德·J. 伯尔曼：《法律与革命——西方法律传统的形成》，贺卫方等译，中国大百科全书出版社 1996 年版，第 11 页。

变，继承人的范围较《十二铜表法》时期缩小，仅被继承人的血亲和配偶可以继承被继承人的遗产。

第二，逐渐重视配偶利益。罗马法早期的法定继承以宗亲关系为依据，这一时期只有缔结有夫权婚姻、处于夫权之下的配偶才能继承遗产，因为基于有夫权婚姻的配偶已成为夫家宗族的成员，故可以作为第一顺序的法定继承人。但随着罗马社会的变迁，缔结无夫权婚姻的配偶不能继承被继承人的遗产被认为是不公平的，尤其是那些没有嫁资的妇女，往往由于丈夫去世而使生活陷入贫困，此时法律为保护生存配偶的利益，允许没有血亲继承人时由配偶作为继承人继承遗产。对于那些没有嫁资的配偶，即使在有第一顺序的继承人时亦可参与继承并分得四分之一的遗产。

第三，逐渐重视女性利益的保护。首先，罗马时期，妇女的社会地位在很多方面比男性低。妇女不能行使“父权”，要么处于父权和夫权之下，要么作为自权人受到永久监护，她们的法定继承权利受到限制。根据《十二铜表法》的规定，只有处于父权之下的女儿才能继承其家父的财产，因缔结有夫权婚姻而处于夫权之下的妇女不能再继承其父的遗产，但能以宗亲的身份参与继承其丈夫的遗产。到了优士丁尼时期，被继承人的直系血亲卑亲属均可作为第一顺序的继承人，无论男女，也无论是否处于父权之下。即使女儿已缔结有夫权的婚姻，仍可继承其直系血亲尊亲属的遗产。其次，早期罗马法突出保护男系卑亲属，将男系卑亲属作为第一顺序继承人，其顺序在族亲之前，而女儿所生的孙子女、孙女所生的曾孙子女等女系卑亲属则只能作为宗亲参与第三顺序的继承。到了帝政时期，诸帝国皇帝以谕令的方式对此给予一定修正，认为根据自然法的规则，无论男系抑或女系卑亲属均应被赋予同等和同样的权利。[①] 虽然他们最终将女系孙子女或曾孙子女的继承份额减少了三分之一，并保持了族亲可以要求取得被继承

① 费安玲：《罗马继承法研究》，中国政法大学出版社 2000 年版，第 163 页。

人遗产四分之一的规定，但这相较于《十二铜表法》时期的规定，无疑较大地提高了女性卑亲属的继承权。

罗马法中法定继承制度的变化与罗马社会的政治、经济息息相关。随着罗马社会商品经济的不断发达，宗族观念也日渐淡漠，人们更倾向于由与被继承人具有血缘联系的亲属继承其遗产，法定继承由以宗亲为基础逐渐向以血亲为基础转变。但使遗产能够保留在家庭内部并维护家庭延续的目的仍然在很大程度上影响着法定继承制度，而对于生活贫困配偶可参与继承、女儿可与儿子一起继承的规定，又表明罗马法定继承制度亦开始关注保障家庭成员扶养。

2. 凸显团体主义理念

日耳曼人的继承制度并非是根据理性规则进行立法的结果，而是以团体本位为背景，根据不同社会阶段的不同需要逐渐积累演化而来的，并且每个王国的规定各不相同。① 日耳曼人的社会关系是以血缘为纽带形成的，故法定继承人的范围主要是被继承人的血亲，包括直系血亲和旁系血亲。继承人的范围非常广，可至五亲等或七亲等的亲属，以使得财产保留在家族团体内部。动产继承先于不动产继承出现，在土地私有化之后，不动产继承才出现。日耳曼人的法定继承因遗产类别不同而采取不同的原则：动产继承人的范围比不动产继承人的范围要广，女性享有对动产的继承权，但在一般情况下，同一顺序的男性继承人之继承权优于女性；在早期的日耳曼法中不动产只有儿子才能继承，到了后期，女儿可以在死者没有儿子时享有继承权。日耳曼时期，个人生活的方方面面都受其所属的团体规定，任何个人行动都必须考虑到维护其家庭或家族的名誉，个人的道德品质也是所属家庭、家族、

① 何勤华、魏琼主编：《西方民法史》，北京大学出版社2006年版，第168～169页。

社会阶层所特有的品德体系，个人的权利义务亦如此。[①] 正如我国学者所言："从一定意义上说，日耳曼法律就是为了维护家庭和亲属关系，为了维护氏族、村落及后期的领地这些共同体的安宁。"[②] 日耳曼人的法定继承制度体亦体现了日耳曼法中的团体主义理念，以维护家庭、亲属等共同体之利益为目标，以血缘关系为依据，尽可能地使被继承人的财产留在家族内部。

（二）外国近现代法中法定继承制度的历史演进之特点分析

法律必须是稳定的，但不能一成不变。[③] 近现代以降，不论是大陆法系抑或英美法系，其法定继承制度无一不是随着资产阶级革命的胜利，随着自由、平等观念的增强而确立下来的，并随着资本主义社会经济的不断发展，逐步剔除带有封建因素的继承规定，建立起与资本主义社会经济发展相适应的法定继承制度。具体而言，外国近现代法中的法定继承制度之发变革主要体现出以下特点：

1. 从家庭本位到个人本位的转变

正如梅因在《古代法：与社会远史及现代观念的联系》一书中所说：古代法所要顾虑的，就是这般实体，意即这诸般由父权式的或曰家庭式的群集是永垂不朽的、绵绵无绝的。[④] 古罗马时期，家庭所忧虑的最大不幸就是自家香火的断绝。法定继承的目的是避免因被继承人没有遗嘱而导致家产无人承继，须由法律规定的继承人继承遗产。家庭的延续在这一时期是古罗马社会一件非常重大的事情，古罗马的法律制度也是围绕其建立并使之一直

---

① 田薇：《信仰与理性：中世纪基督教文化的兴衰》，河北大学出版社 1999 年版，第 74 页。

② 何勤华、魏琼主编：《西方民法史》，北京大学出版社 2006 年版，第 455 页。

③ ［美］罗斯科·庞德：《法律史解释》，邓正来译，商务印书馆 2016 年版，第 1 页。

④ ［英］亨利·萨姆纳·梅因：《古代法：与社会远史及现代观念的联系》，郭亮译，法律出版社 2016 年版，第 67 页。

延续下去。古罗马的继承法亦如此，古罗马法中的法定继承是以家庭为本位的，以维护家庭的延续为目的。在日耳曼人的观念中，家庭是一个整体，共同承担风险，共同分享利益。这样的观念也渗透到其各自的法律中，法定继承亦是为了维护家庭利益，体现了家庭本位的理念。

“在原始社会状态下，人的关系的总和即是家庭关系，从这一历史界点而始，我们稳步上升至社会秩序的另一个层次——人的全部关系乃是个人与个人之间的自由允诺关系。从古代法到资本主义社会法律的建立，漫长的时间里，无论是大陆法系抑或英美法系国家的民法完成了‘从身份到契约’的转变。”[①] 随着罗马法的复兴、资本主义的发展，法国的启蒙思想家提出了“天赋人权”“个人自由”等思想，这些思想适应了新兴资本主义商品经济的发展。1804 年的《法国民法典》充分体现了资产阶级的这种思想，“契约自由”被确定为《法国民法典》的基本原则之一。德国法律在体系上被划分为公法和私法两大部分，1900 年的《德国民法典》根据“私法自治”原则，以个人的主观意愿作为基本出发点。[②] 美国 1776 年的《独立宣言》也规定了法律面前人人平等。随着近代西方个人主义思潮的兴起，外国法定继承制度中也体现出个人本位的观念。具体而言，在资本主义发展初期，继承制度中尚保留了不少封建残余，但随着社会的发展，前述五个资本主义国家的法定继承制度中，无一例外地废除了身份继承，仅承认财产继承，继承的客体为被继承人的个人财产，而不再是家长身份和家庭财产。在法定继承中，不论男女继承权一律平等。原本以家庭为基础的法定继承制度随着封建家庭制度的瓦解而改变，其目的也从家庭的延续转变为个人财产的传承。

---

① ［英］亨利·萨姆纳·梅因：《古代法：与社会远史及现代观念的联系》，郭亮译，法律出版社 2016 年版，第 163 页。

② 何勤华、魏琼主编：《西方民法史》，北京大学出版社 2006 年版，第 258 页。

2. 从身份观念到平等观念的转变

外国近现代法定继承制度体现出身份观念逐步被平等观念取代的特点。资本主义建立初期，继承法仍然保留有封建制度的痕迹，但随着经济、社会的飞速发展，历经二百年的历史变迁，继承权有了从男性优于女性到男女平等，非婚生子女与婚生子女继承权逐渐平等的改变，自由、平等的理念得以在外国近现代继承法中全面建立。

作为资产阶级革命后大陆法系国家的第一部民法典，1804 年的《法国民法典》完全不承认身份继承，也不承认特殊的贵族财产继承制度，而是确认了男女平等的继承权，这在当时无疑是巨大的进步，开创近代继承法上法定继承制度之先河。关于法定继承人的范围和顺序，《法国民法典》规定的继承人范围十分广泛且有多个顺序：除直系血亲外，还规定“凡十二亲等以内的血亲都有继承权”，且非婚生子女也享有继承权，这改变了过去封建制度的观念。进入 20 世纪，随着社会经济的发展、男女平权运动在欧洲的展开，法国继承法也进一步废除了封建残余，进一步完善了男女继承权平等立法，确立了婚生子女与非婚生子女、养子女与生子女法律地位的平等。1900 年的《德国民法典》中，法定继承制度较《法国民法典》之规定更进一步，确认并发展了《法国民法典》所确立的子女平等分配遗产和遗嘱自由等资本主义的民法原则，废除了封建制法律男女不平等的长子继承制。但相较于其他各编，亲属编和继承编的规定更为保守，仍保留了一定的传统做法，如在家庭中丈夫的地位高于妻子、非婚生子女不被视为其父的亲属也不能继承遗产等。随着工商业的发展，20 世纪中后期，德国民法中关于法定继承的规定被进一步修改，非婚生子女被赋予了和婚生子女同等的法律地位，其继承份额与婚生子女相同。日本的明治民法体现出比德国、法国民法更为浓厚的封建色彩。由于传统家族法中的家督制度得以保留，故法定继承仍以家督继承为主。直至第二次世界大战以后，随着传统家族制度的崩溃和家族经营的大量破产，经济、社会状况发生巨大变化，日本民法中的法定继承制度也迎来了巨大变革：身份继承被取消，仅保留财产继承；妇女继承权也进一步提高，女儿享有和儿子平等的继承权；非婚生子也享有继承权。

在英国，1925年颁布的《财产法》和《信托法》废除了过去长期施行的长子继承制和男性优于女性的继承原则。同年颁布的《遗产管理法》对无遗嘱时的继承制度作了规定，规范了法定继承的分配原则。在美国，法定继承从男性继承权优于女性，逐渐变更为男女继承权平等，且婚生子女和非婚生子女以及养子女继承权平等。20世纪以来，婚姻关系逐渐成为与血亲关系同等的继承权之依据，前述五个国家无一例外地在法定继承中提高了配偶的继承地位，且逐渐扩大了配偶的继承份额。例如，英国法中将配偶置于特殊的继承地位，在与子女同时继承时，配偶可取得大部分遗产；美国法中则规定了配偶的先取权和可以选择份额的权利。这无疑也是男女平等原则在法定继承领域得以确立的体现。

综上所述，前述大陆法系与英美法系五个主要国家在法定继承方面的立法，是与近现代民法立法者对继承制度由身份观念到平等观念的逐渐变化密不可分的。这种观念的变化不是一蹴而就的，而是随着经济、社会的变化一步一步实现的。“法律是社会意识的产物，与艺术、风俗、文学等各民族生活的其他表现形式一样。因此，它在不同的时代有不同的表现形式，随着需求、感情和文明的变化和完善而在各民族间有所不同，这是法律发展的原则。”① 由于各国历史传统、民众观念乃至经济发展程度不同，平等观念对身份观念的替代、在各国立法中确立的时间以及难度也是各不相同的。

---

① ［意］彼德罗·彭梵得：《罗马法教科书》，黄风译，中国政法大学出版社2005年版，第6页。

3. 生存配偶的继承权日益受到重视

自罗马法建立起以血亲为基础的继承制度，血亲关系一直是法定继承的依据，而配偶继承权在封建社会时期一直不被重视，生存配偶不是法定继承人，仅在法律规定的特定情况下方能继承遗产。近现代以来，随着自由、平等观念的确立，女性在婚姻家庭中地位的提高，加之传统大家族逐渐向小家庭过渡，配偶在继承中的法律地位逐渐加强，夫妻关系成为法定继承的又一重要依据，生存配偶的继承权越来越受到重视。在 1804 年的《法国民法典》中，配偶不被视为法定继承人，只有在被继承人没有法定继承人也无非婚生子女时，配偶方能继承遗产。随着社会经济的发展，法国继承法观念也发生了很大的变化，民法典继承编中原本的封建残余逐渐被清除。20 世纪以来，法国法先后取消了夫权，废除了原民法典中关于夫应保护其妻、妻要顺从其夫的规定，明确规定夫妻地位平等。同时，还增加规定了生存配偶的继承权、国家有权取得无人继承的财产等内容。[①] 1900 年的《德国民法典》对已婚妇女地位的规定较过去有了很大提高，死者的生存配偶可作为继承人。20 世纪中后期，德国民法中配偶的继承权被进一步扩大。在日本，明治民法实行的是家督继承，不承认生存配偶的继承权。随着 20 世纪中后期日本民法的多次修订，生存配偶成为法定继承人，且继承份额逐渐扩大。

在英美法系的英国和美国，曾经长期适用寡妇产制度，即生存配偶可在丈夫死亡后享有对特定财产的用益权。这一做法在资产阶级革命胜利后逐渐被取消。关于配偶继承权，英国 1925 年颁布的《遗产管理法》对无遗嘱时的继承制度作了规定，规范了法定继承的分配原则，并赋予了生存配偶对被继承人遗产特殊的继承地位。从 19 世纪末 20 世纪初开始，美国财产法在重视对个人权利给予保护的同时，也高度重视对社会利益的保护，强调受保护

① 何勤华主编：《法国法律发达史》，法律出版社 2001 年版，第 238 页。

的个人财产权与社会利益的一致性，且两者发生冲突时以社会利益为先，财产在法律上除了权利之外亦意味着责任。在美国，根据1968年和1976年颁布的《统一遗嘱检验法》和《统一继承法》，配偶不仅享有继承权，且其继承权被高度重视，除可与各顺序法定继承人共同继承遗产之外，还享有遗产先取权以及可选择份额的权利。

由此可见，随着资产阶级自由、平等的理念得以在继承法中全面建立，配偶在法定继承中的地位也日渐提高，从仅享有部分遗产的用益权，到成为继承人参与继承，再到继承份额日渐增加，配偶继承权受到特殊保护。在外国近现代法定继承制度中，夫妻关系逐渐成为法定继承除血亲关系之外的又一依据。

第二节　我国法定继承制度的历史演进考察

一、我国古代法中的法定继承制度

（一）家庭制度

现代人所谓之“家庭”，在我国古代被称为“家”。在中国历史上，“家”的含义主要有二：一是指同居共财的由血缘、亲缘或姻缘关系组成的社会单元；二是指关系密切的家族共同体，如史籍中记载的“合家百口、二百余口、三百口”等，都是指较大的近亲集团。家的后一种含义严格来讲属于家族的范围。① 在我国古代，较为常见的是二代或三代人口同居共财，很少有父母去世但兄弟仍同居至三世的。家族则一般不同居、不共财，但在政治经济和法律上都有密切联系。在一般情形下，家为家，族为族。前者为一经济单位，是共同生活团体；后者则是家的综合体，为血

① 王利华：《中国家庭史　第一卷　先秦至南北朝时期》，广东人民出版社2007年版，第7页。

缘单位。[1] 除“家”“家族”之外，“宗族”也是我国古代社会中非常重要的概念。宗，本指祖庙。《尔雅·释亲》有云，“宗者，尊也。为先祖主也，宗人之所尊也”。“族者，凑也，聚也。谓恩爱相流凑，生相亲爱，死相哀痛，有会聚之道。”族，本意为聚集。宗与族连用，指同源共祖的亲属团体。“宗族”与“母党”“妻党”分列别称，专指“父党”，即父系大家族。[2] 作为父系血缘亲属团体，宗族既有严格的规则和一般的结构规律，又由于世代繁衍而不断分化，处于经常变动的状态。出嫁女子不再是娘家宗族成员，而被认为是夫家的宗族成员。亲属关系完全以男性血统的继续为中心来组织，这是胜过一切的基本性价值。在中国的传统文化中，每一个人都有一定的宗族地位，扮演着一定的宗族角色。一代代人通过宗族关系联系起来，而宗族制度的主要内容之一就是由族规家法乃至国家法律保障的宗祧继承。换言之，宗祧继承的形态与中国传统社会的基本形态关系紧密，国家不过是宗族的扩大，皇位的继承也不过是皇帝宗族的宗祧继承而已。

古代中国传统宗族制度之下的家庭是“同居共财”的亲属团体，所谓“同居谓一家共产者也，同居共产之卑幼，原系应有财物之人，但同居之财物统制于尊长，而卑幼不得自专也”，[3]“家政统于尊长，家财则系公物”。[4] 家庭中的财产为公共之物，由家长统一管理，但家长并非享有完全的处分权而只在行使财产管理的职能，家庭中的成员可获得财产使用和被扶养的资格。例如，《大明律集解附例·户部》“卑幼私擅用财”规定：“财虽为公共之物，但卑幼得用之，不得而自擅也；尊长得掌之，不得而自私也。虽卑幼不禀命而私用，是未专擅；尊长当分散而不均平，是为利

---

① 翟同祖：《中国法律与中国社会》，中华书局 1981 年版，第 5 页。

② 陶毅、明欣：《中国婚姻家庭制度史》，东方出版社 1994 年版，第 113~114 页。

③ （清）沈之奇：《大清律辑注》，法律出版社 2000 年版，第 605 页。

④ （清）沈之奇：《大清律辑注》，法律出版社 2000 年版，第 217 页。

已。”当然，传统家庭生活中的“同居共财”，并不意味着法律上对家财的平等“共有”。在以男性血缘关系为核心的数代或兄弟同居的家庭中，女儿作为家庭中共同生活的成员，其从家庭财产中得到了被扶养的资格和可以有生活的资格，却没有与男性相同的财产所有和继承的权利。

（二）法定继承制度

1. 宗祧继承

我国古代的继承，有宗祧继承与财产继承两种，均不必以被继承人死亡为其开始原因。① 我国古代所谓继承，又称承继，首先是指宗祧继承。《左传·襄公二十三年》载：“（臧）纥不佞，失守宗祧，敢告不吊。”“宗”意为祖先、祖庙，“祧”意指远祖之庙。合而言之，“宗祧”即祖先和宗庙，也就是祭祀。② 因此，宗祧继承可以被理解为家族传承，包括祭祀祖先、“接续香火”等。祭祀是宗祧继承的一项重要内容，是对祖先的追思。祭祀要求沟通人神，实现后人与祖先间的交流。古代人深信游魂为厉鬼之说，以为祖先去世后，须由子孙追荐蒸尝，否则阴魂浮游于世间作祟，降祸于子孙，故子孙应承袭祭祀人之地位，以祭祀祖先。③ 宗祧继承是继承宗族中父辈的地位，继承人要像父亲和祖先一样带领宗族成员祭祀、供奉祖先，世世代代有人祭奠祖先的香火，祈求祖先庇佑，然后整合宗族、团结族人，使家族与宗族得以延续和发展。古人认为，祭祀活动可以沟通人神、秉承天意，若香火断绝则斩断了与鬼神及天的联系。清人指出：“夫承继以承祧为重，非承产也。”④ 此话揭示出古代继承制度是建立在宗族关系基础上的，祖先祭祀的传承和血缘的延续是其最基本的目的。宗祧继承实际上是一种身份继承，但它与一般的政治地位或社会身份的世袭不

① 史尚宽：《继承法论》，中国政法大学出版社 2000 年版，第 17 页。

② 程维荣：《中国继承制度史》，东方出版中心 2006 年版，第 37 页。

③ 戴东雄、戴炎辉：《中国继承法》，三民书局 1987 年版，第 6 页。

④ 汪辉祖：《病榻梦痕录》。

同，它是宗族身份的继承，又是政治身份、社会身份世袭与财产继承的前提。古人认为："筑为宫室，设为宗祧，以别亲疏远弥，教民反古复始，不忘其所由生也。"① 宗族继承人作为"宗子"在祭祀活动中的核心地位，逐渐形成了一种以宗族延续为目标的具有象征性、排他性的宗法权力。"继承人继承宗祧时，并不发生现代意义上的财产继承，而是通过对全体财产或整个家族的概括承受，实现对家族尊长的人格继替。"②

在传统的继承制度中，宗祧继承也有一套继承顺序，以确立宗子的祭祀地位与家长身份构成的混合身份。③ 古人认为，祭祀祖先需由与死者有血缘关系的男系子孙来进行，定时地杀牲取血，通过祭祀的方式以供养祖先，若祭祀者与死者没有血缘关系，祖先是不享用的。因为在中国人的观念中，人的血脉（气）是由父亲传给儿子的，所谓"父子至亲，分形同气"，即父子虽是两个独立、分离的个体，但他们在本源上却是同一个生命的延续，祖先的生命在后代中不断延续和扩展。通过祭祀，男性子孙就延续了祖先的血脉，继续维持着家族命运共同体的延续。正如日本学者所言："视己之身为亲之生命的延长，视亲之身为己之生命的本源，于是不加区别地视两者为一个生命的连续，这也可以说是中国人人生观的基础。""而在生命的形成中，母亲的参与关涉的是'形'，而赋给'形'以'气'的全部是父亲。"④ 在古人看来，人的血脉是由父亲传给儿子的，而这种血脉是生命的本源或本身。因此，在我国古代，男性血亲所构成的世代关系是家族延续的主

① 《礼记·孔颖达疏》。

② 温慧辉：《传承与嬗变：中国近代女性财产继承权的变迁》，法律出版社 2015 年版，第 45 页。

③ 张凡：《明代宗祧继承制度探微——法律、观念与社会变迁》，载《历史教学：高校版》2010 年第 11 期。

④ ［日］滋秀贺三：《中国家族法原理》，张建国、李力译，商务印书馆 2013 年版，第 29~30 页。

线，如果一个家庭没有男丁，则意味着断了香火，没有子孙来继承，原本依靠子孙祭祀的祖先会慢慢成为无人祭拜、供奉的无主孤魂，活着的子孙也就不会得到祖先的保佑。因此，为了使祖先能够永远得到祭拜，家族能够永久不辍，祭祀必须永续传承。宗祧继承的常态是父子相继，以父亲的死亡为继承的发生点，若无亲子，则立同宗昭穆相当之人为嗣子，以承宗祧。所以“由于血食的提供者只限于男系男性的范围，女子不能参加祭祀，也就丧失了宗祧继承权”。[①] 在一个家庭中，同时只能有一人继承宗祧，国家法律和宗族法严格规定了宗祧继承的顺序。通常第一顺序宗祧继承人为嫡长子，无嫡长子则立嫡长孙，无嫡长孙立嫡次子、嫡次孙、庶长子等，以此类推。[②]

2. 财产继承

进入现代社会，宗祧继承制度早已被法律摒弃，当今法律中所言继承仅指财产继承。我国古代法上所谓之承继，是被继承人人格的延续，也是祭祀义务的保证，并概括性地继承财产，即“夫继承云者，不惟承接其产业，实即继承其宗祧”。[③] 因此，在我国古代，继承制度是以宗祧继承为核心的。财产继承制度的实质不在于按照法律传统来保证财产的传承与增值，而在于按照伦理传统来保护血缘的传承。[④] 宗祧继承中的男女之别与嫡庶等级，在一定程度上决定了财产继承的面貌。正如日本学者所言：“在中国人的心中，他们所意识到的继承目的，就是要认识到人、祭祀、

---

① 丁凌华：《宗祧继承论》，载王立民主编：《中国法律与中国社会》，北京大学出版社 2006 年版，第 69~70 页。

② 高学强：《传宗接代：清代宗祧继承考论》，载《西南民族大学学报（人文社会科学版）》2018 年第 5 期。

③ ［日］滋秀贺三：《中国家族法原理》，张建国、李力译，商务印书馆 2013 年版，第 102 页。

④ 汪兵：《诸子均分与遗产继承——中西古代家产继承制起源于性质比较》，载《天津师范大学学报（社会科学版）》2005 年第 6 期。

财产这三者是不可分割的统一体之事实。”[①] 然而，身份和祭祀的传承仅涉及社会的一部分成员，财产的继承则关涉所有人，并关系到作为古代农耕社会最重要生产资料的土地的流转。故本书着重对我国古代法中的财产继承制度进行了考察。

（1）分家析产与诸子均分。

关于财产继承，有学者提出：在我国古代，“因家庭中每个男性成员都是家产的所有者，故不得由某个人独得财产，却又无法区分每个人应该拥有的份额，所以继承的方式除了累世同居共财就是诸子平均析分”。[②] 而这种方式的选择，其深层次的原因是家庭的供养职能与家庭结构之间的相互作用。在古代社会，家庭是最基本的经济单位和供养单位，家庭承担着发展经济生产以及养老育幼的功能，家庭的维系必须在供养需要与供养能力的限制之间达到平衡。人口多了供养不起，人口少了又不能完成养老育幼的社会职能，因此“三代五口”成了我国古代最为常见的家庭规模形式。[③]

从目前的史料来看，在商周时期，贵族的爵位是权力和财产的综合载体，因为权力不可分割，所以只能由诸子中的一个人在世袭中作为整体继承。[④] 这一时期继承的方式是“兄终弟及”“父死子继”，及周朝时，实行的是嫡长子继承制。对于普通平民而言，能够传给子孙的只有财产。由于年代久远、资料匮乏，目前难以找到直接的资料来证明当时的继承财产情况。有学者推论认为，当时已存在诸子析产的方式。[⑤]

---

① ［日］滋秀贺三：《中国家族法原理》，张建国、李力译，商务印书馆 2013 年版，第 128 页。

② 邢铁：《家产继承史论（修订本）》，云南大学出版社 2012 年版，第 7~8 页。

③ 参见邢铁：《家产继承史论（修订本）》，云南大学出版社 2012 年版，第 9~11 页。

④ 邢铁：《家产继承史论（修订本）》，云南大学出版社 2012 年版，第 1 页。

⑤ 邢铁：《家产继承史论（修订本）》，云南大学出版社 2012 年版，第 2 页。

春秋时期，个体小家庭的独立性随着宗法制度的松弛而越来越大，进入战国时期以后，家庭小型化趋势越发明显。当时，多数家庭是以一对壮年夫妇为中心的三代小家庭，而不再是“父子无别，同室而居”的大家庭了。商鞅变法时，更是颁布分异令明确规定实行分家析户，有两个以上成年儿子而不分家的，一个人需承担双倍税赋。这样强行分家析户的规定，令百姓家族分异，使得家产的传承与身份的传承脱节。[①] 经过分家析户，原本由一个家庭所有的家产变成由若干个子家庭所有，每个儿子另立户头时将带走一份家产，且每个儿子从家庭中分出的财产数额大致相同，这就形成了“诸子平均析产”的方式。与此同时，由于世卿世禄制度的废除，贵族阶层的权力与财产逐渐分离，多数贵族失去了原有的特权，只剩下财产，使得除了针对王位和少数贵族爵位继续实行一人（长子或其他儿子）继承外，贵族财产的传承也逐渐实行诸子平均析分了。在传统礼制下，一般家庭“子妇无私货，无私畜、无私器，不敢私假、不敢私与”，[②] 理论上不应存在生前继承。但根据商鞅所推行的法令，要组成只有一个壮年男子的家庭，势必在父母在世时就需分家另居，这使得即使父母尚在世，儿子也可从父母处分得家产，单纯的财产生前继承就此出现。[③] 自商鞅颁布分异令，在父母在世时就继承家产逐渐成为普遍现象。

西汉以后，小家庭的规模有所扩大，不再限于一家一个男丁，此时的家庭多为三代同居，规模较秦朝有所扩大。当时法律上虽仍有“异子之科”的规定，并承认生前继承，但社会舆论却蔑视父子异财的行为。法律不再强调有二子之家须分家，渐渐地，从儿子婚后暂不分家发展到父母在世时都不分了。同时，儒家的孝悌观念也倡导父母在世时兄弟不应析产别居，因此父母去世以后

① 叶孝信：《中国民法史》，上海人民出版社 1993 年版，第 155 页。

② 《礼记·内则》。

③ 叶孝信：《中国民法史》，上海人民出版社 1993 年版，第 158 页。

再一次性分家的方式被逐渐推行，以维系家庭中的人伦亲情。曹魏以后，“改汉旧律不行于魏者皆除之……除异子之科，使父子无异财也”。[①]“父子无异财”走向极端，所谓的“兄弟同居”“累世同居”受到社会舆论的推崇，至魏晋南北朝时仍如此。但曹魏只是废除“异子之科”，并未明文禁止“父子异财”，故生前继承行为只能靠社会舆论来遏制，而不被视为违法行为。尤其在西晋末年，天下大乱，生前继承现象盛行，“士大夫以下，父母在而兄弟异计，十家而七矣；庶人父子殊产，亦八家而五矣”。[②]

隋朝规定“大功以下，兼令析籍，各位户头”，[③]即祖父母在世时可以分家，父母在世时则不行。唐朝规定“诸祖父母、父母在而子孙别籍异财者，徒三年”，并规定“诸居父母丧，生子及别籍异财者，徒一年”。这比隋朝的规定更为严格，即必须在祖父母、父母都去世后才可分家，同时，在父母丧期亦不可分家。违反者需承担刑罚，即推行一次性继产方式以限制多次析产方式。尽管父母在世时的分家析产为律令所限制，甚至规定违反者要“徒三年”，但这只针对违背父母意愿的强行析产，若父母因年事已高无力经营而将财产分给子孙则不算违法。一次性继产方式通常在父母年迈时进行。唐朝时的《户令》将“别籍”与“异财”区分开，“别籍”指户口单立，“异财”指析分家产。二者不一定同步，受限制的主要是“别籍”而非“异财”，“异财”后可“别籍”亦可继续与父母“合籍”。南宋时，户部规定：“凡祖父母、父母愿为摽拨而有照据者，合与行使。”[④]自此，在父母同意之下且有字据的异财即为合法，实际是默认了异财的合法地位。[⑤]宋代沿袭了上述规定。明朝时分家析产已极为平常，甚至已无在“律”

---

① 《晋书》卷30《刑法志·魏律序略》。

② 《宋书》卷82《周朗传》。

③ 《隋书》卷24《食货志》。

④ 《清明集》卷10《兄弟》。

⑤ 程维荣：《中国继承制度史》，东方出版中心2006年版，第242页。

中规定该怎么分、谁参与分了，只是在补充性的“例”中提及。

（2）庶子的继承权。

我国古代实行一夫一妻多妾制的婚姻制度，家庭中不同子女间同父异母的现象十分普遍。依生母身份的不同，同父异母的儿子可分为四类：嫡生子、妾生子、婢生子以及奸生子，后三类通称为庶子。在继承权方面，嫡庶之间的等级差别很大，不仅宗祧继承、身份地位的继承（如恩荫补官等）都限于嫡子，即使是家产继承，庶子的继承权也经历了一个从无到有的发展变化过程。秦汉时期，庶子的地位极低，还谈不上财产继承权。魏晋南北朝时期，虽观念仍大致依旧，但在现实生活中却有了一些变化。根据颜之推《颜氏家训·后娶篇》的记载，南朝时嫡子与庶子的继承权没有差别，而北齐地区庶子的地位仍比较低。唐宋时期，《唐律疏议》和《宋刑统》的析产令文中都规定“应分田地及财物者，兄弟均分”，此处只提“兄弟”而未分“嫡庶”。通说认为，所谓“兄弟均分”，已含庶子在内。关于奸生子即非婚生子的继承权，唐宋时期的法律没有明确提及家产继承人是否可以参与家产继承。有学者认为，从一些有据可考的案例来看，家产继承人应当不包括非婚生子。[①] 至金元两代，嫡庶子在继承份额上有所差别，非婚生子可以作为法定继承人，其继承份额为婚生子的四分之一或三分之一。《通制条格》卷四《户令》载，元朝时规定分家析产时“诸应争田产及财物者，妻之子各四分，妾之子各三分，奸良人及幸婢子各一分”。明清时沿用唐宋之制，根据《大明律例》和《大清律例》之规定，析分家产时，不论妻妾所生之子，以子数均分。非婚生子的继承份额为婚生子的二分之一；若被继承人没有婚生子而立“同宗昭穆相当者”为嗣子时，婚生子与嗣子的财产继承份额相等；在被继承人既无婚生子又无“同宗昭穆相当者”可为嗣子时，非婚生子可继承全部家产。综上所述，至明清时期，尽

① 叶孝信：《中国民法史》，上海人民出版社1993年版，第159页。

管庶子在观念上仍受歧视，但在家产继承权上却明显不同于秦汉时期，已经基本与嫡子无甚区别了。

（3）女性的继承权。

在我国古代，宗祧继承实行嫡长子继承制，女性被绝对排除在外。女性的继承权主要表现为可在一定程度上参与家产继承，但女性的继承权并不等同于男子。正是由于女儿不可能继承宗祧，在中国的传统话语中，女性即使实质上可以取得被继承人之财产，也不能称为“财产继承权”，而只能称为“承受财产”。[①]

关于女儿的继承权，在我国古代诸子均分的继承方式下，有子嗣之家的女儿一般不能直接继承家产，直接继产的主要是无子嗣的户绝之家，即男子去世时没有妻、儿以继产，女儿方可继承财产，且一般来讲，只有未出嫁的女儿方有在娘家继承财产的可能。从唐末到宋代，商品经济相对发达，财产继承规则较过去有所发展，女儿的继承权也有所扩大，表现为即使家中有兄弟，未嫁女也可获得一份遗产。宋代时，未嫁女的继承权为男子的一半，打破了长期以来女儿被完全排除在继承之外的传统。[②] 对于已出嫁的女儿，其在结婚时可从父母那里得到嫁妆，这被认为是女儿间接参与了娘家的家产分配。我国俗语有云“男承家产，女承衣箱”，把儿子所得的家产与女儿所得的嫁妆相提并论。因为女儿出嫁之后与丈夫住在一起并自然归入夫宗，女儿既没有祭祀祖先、传承宗室的责任，也没有赡养父母的义务，因此除了获得一份嫁妆之外，也失去了承继父系家产的权利。

关于寡妇的继承权。如前所述，我国古代实行的是诸子平均析产的继承方式，妻子没有独立的财产权，即使是自己的嫁妆及所继承的娘家财产，也要并入夫家财产，受丈夫的支配，甚至可

---

① 温慧辉：《传承与嬗变：中国近代女性财产继承权的变迁》，法律出版社 2015 年版，第 47 页。

② 程维荣：《中国继承制度史》，东方出版中心 2006 年版，第 281 页。

能被作为丈夫的遗产由子女分割。丈夫死后，丧偶的妻子只能靠儿子养活，而不能继承丈夫的遗产，至多可以代为保管遗产而已。在没有儿子的情况下，由寡妻承受遗产。唐户令规定："寡妻妾无男者，承夫分。"但此处的寡妻对遗产之承受还不能被视作取得了财产继承权，因为寡妻对其所承受遗产的权利是严格受限的：一是寡妻不得擅自处置她所承受的财产，如不得典卖、转让，尤其禁止将夫家财产带往他处；二是寡妻原则上还当为亡夫立继，以便今后将遗产转移嗣子；三是寡妻死后，该遗产可由宗族选定的嗣子和女儿按照法定份额分割，或由官府处置。在元代以前，若寡妇改嫁，法律禁止其带走亡夫的遗产，但可带走自己的嫁妆；至元代以后，寡妇如果再婚，不仅不能带走附加财产，也不能带走从自己父母处所获嫁妆。明清两代承袭元代做法，都有寡妇改嫁，夫家财产及原有嫁妆均归前夫家所有的规定。可见，所谓"妻承夫分"仅仅是代为保管，或称为嗣子继承遗产的过渡，并无继承的实质意义。①

（4）代位继承。

我国古代，在有子嗣的家庭中，家产的承继都是沿父子直系血缘关系进行的，所有儿子都是其父之家产的第一顺序继承人。但有时家庭中会因为各种原因出现儿子先于父亲死亡的情况，这时需要对先于父亲死亡之子的小家庭予以考虑。因此，分家时便要把子辈和孙辈结合起来考虑。根据唐宋律令之规定，当第一顺序继承人即家中的第二代缺位时，由孙辈承其父应得之份；若第二代无男性继承人，寡妻守寡不嫁的可承其夫应得之份。这便是我国古代的代位继承。此外，如果有代位继承权的孙辈另有兄弟，也只能先共同代承其父一人的份额，然后再把这一份额均分。②

① 参见程维荣：《中国继承制度史》，东方出版中心 2006 年版，第 278~280 页。

② 邢铁：《家产继承史论（修订本）》，云南大学出版社 2012 年版，第 158 页。

二、我国近现代法中的法定继承制度

1840年，鸦片战争爆发，西方列强推开了中国尘封已久的大门，清王朝急剧衰落，国家岌岌可危。进入20世纪，清政府为了维护统治和收回治外法权，决定修改法律。修订法律，是清末改革的一个重要环节。光绪二十八年（1902），清政府派沈家本、伍廷芳着手对《大清律例》进行修订，最终在1911年完成了中国历史上第一部民法典《大清民律草案》。自《大清民律草案》采用"继承"概念，分家析产制度开始淡出国家法领域。[①]《大清民律草案》将身份继承和财产继承区分开来加以规定，即关于身份问题（包括宗祧继承）集中规定于亲属编，关于财产继承则规定于继承编，使继承编"不定家长之继承，第言继承遗产"。但这样的做法只是为了使继承编在形式上与西方民法保持一致，其实是换汤不换药，宗祧继承仍被保留且财产继承仍以宗祧继承为基础而建立。此时的财产继承仍以分家析产为主要形式，且财产继承人仍以男系子孙为主。

1911年，辛亥革命爆发，清王朝被推翻，中国两千多年的封建统治被推翻，民主共和国得以建立。自1925年起，在参详《大清民律草案》、调查各省民商事习惯，并参照西方立法的基础上，北洋政府组织修订法律馆制定《民国民律草案》，于1926年完成草案继承编。这是中国继承法的第二次草案。该草案继承编注重中国传统伦理及旧制，如采用宗族制度、亲等采寺院计算法以期与服制图相近、家长在家庭中拥有至高的权力等。根据《民国民律草案》继承编的规定，继承人的顺位有两个：一是第一顺序的继承人为男性卑亲属。遗产继承以晚辈直系血亲亲等近者优先，

---

① 俞江：《继承领域内冲突格局的形成——近代中国的分家习惯与继承法移植》，载《中国社会科学》2005年第5期。

亲等相同的共同作为继承人。① 但由于该草案仍承认宗祧继承，其所指晚辈直系血亲限于宗祧继承的范围，无宗祧继承人时由立嗣子继承遗产，故儿子的继承权仍优先于女儿。守志寡妻在立继前代应继之人承其夫份，管理财产。二是在被继承人无子也无嗣子，即户绝的情况下，按照妻子、长辈直系血亲、亲兄弟、家长、亲女的顺位继承遗产。关于女性的继承权，规定：一是明确赋予妻子继承权，妻子可作为第二顺序的继承人；同时，在有第一顺序继承人的情况下，妻子可在继承开始时提出酌分遗产的请求权，以供赡养之用。二是赋予女儿在有前顺序继承人的情况下可请求酌给其遗产的权利。② 对于遗有财产的妇女，其第一顺序继承人为夫；无夫的，遵照前述顺序继承。③

1927年南京国民政府成立后，开展了较为系统的立法活动，建立了相对完备的民事法律体系，而继承法是其中的重要组成部分。负责起草法律的南京政府法制局认为，民法的亲属关系、继承习惯及判例继承了几千年的宗法遗存，有悖于世界潮流，亦与该党“宗旨”相矛盾，而民法的总则、债权、物权等编之民间习惯及判例，“暂时尚足供司法者运用”，因此决定先行起草民法亲属、继承两编。④ 至1928年10月，法制局相继完成亲属、继承二编草案，法制局起草的继承法草案是中国第三部继承法草案，在不少方面比过去有所突破，奠定了1930年民法的基础。但草案完成后还未来得及公布，便因国民政府改组，法制局宣告结束而就此搁置。1928年12月，南京政府成立立法院，开始着手民法起草。1930年12月，南京国民政府颁布了《中华民国民法》。有学者提出，该部法典乃“集现代各国民法之精英，而弃其糟粕，诚

① 《民国民律草案》第1308、1337条。
② 《民国民律草案》第1339、1340条。
③ 《民国民律草案》第1344条。
④ 谢振民：《中华民国立法史》，中国政法大学出版社2000年版，第749页。

巨制也”。[①]《中华民国民法》废除了宗祧继承的规定，也废除了宗法制下区分父系与母系亲属的制度，在法定继承中，无论男女均有平等的继承权。其规定的法定继承制度主要包括以下内容：一是法定继承人的范围和顺序。第一顺序的法定继承人为直系血亲卑亲属，以亲等近者为先；第二顺序为父母；第三顺序为兄弟姐妹；第四顺序为祖父母。配偶为不固定顺序的法定继承人，可与前述各顺序继承人共同继承。[②] 二是法定应继份。同一顺序继承人有数人时，按人数平均继承；配偶的继承权根据与其共同继承的继承人之继承顺序不同而有所不同。养子女的继承顺序与婚生子女相同，但其应继份为婚生子女的二分之一。但养父母无直系血亲卑亲属为继承人时，其应继份与婚生子女相同。[③] 三是规定了代位继承。被继承人的直系血亲卑亲属在继承开始前死亡或丧失继承权的，由该先死亡继承人的直系血亲卑亲属继承其应继份。[④] 四是规定了酌给遗产制度。被继承人生前扶养之人，应由亲属会议依其所受扶养之程度及其他关系，酌给遗产。[⑤]

1949 年新中国成立后，直至 20 世纪 80 年代初，我国没有制定专门的继承法，法定继承的内容在有关法律和民事政策、文件中作了规定。根据 1950 年《中华人民共和国婚姻法》，夫妻之间、父母子女之间有相互继承遗产的权利，非婚生子女的继承权与婚生子女等同。[⑥] 这些规定成为当时处理继承问题最基本的法律依据。1985 年 4 月，全国人民代表大会审议通过了《中华人民共和国继承法》，于同年 10 月开始实施，这是新中国成立以来第一部正式颁布实施的继承法，也是我国现行的继承法，自颁布起一直

① 梅仲协：《民法要义》，中国政法大学出版社 1998 年版，初版序。

② 《中华民国民法》第 1138~1139、1144 条。

③ 《中华民国民法》第 1141~1142、1144 条。

④ 《中华民国民法》第 1140 条。

⑤ 《中华民国民法》第 1149 条。

⑥ 《中华人民共和国婚姻法》（1950 年）第 12、14、15 条。

实施至今。我国现行继承法不再采取宗祧继承，确立了保护公民私有财产继承权、继承权平等、养老育幼、互谅互让、团结和睦等原则。我国现行继承法规定的法定继承主要内容包括：一是继承人的范围及继承顺序。继承顺序有两个：第一顺序继承人为配偶、子女、父母；第二顺序继承人为兄弟姐妹、祖父母、外祖父母。二是关于女性继承权，明确规定继承权男女平等。三是非婚生子女、养子女和有抚养关系的继子女与婚生子女享有平等的继承权。四是代位继承。被继承人的子女先于被继承人死亡的，由该子女的晚辈直系血亲代位继承。五是丧偶儿媳、女婿的继承权。丧偶儿媳对公、婆，丧偶女婿对岳父、岳母尽了主要赡养义务的，作为第一顺序继承人。六是关于应继份。同一顺序继承人的继承份额一般应均等，但遗产分割时可根据继承人的劳动能力等具体情况以及对被继承人所尽的扶养义务不同而分得份额有所不同。七是关于酌情分得遗产权。规定继承人以外的人在一定情况下可请求酌分遗产，主要包括依靠被继承人扶养的缺乏劳动能力又没有生活来源的人，或者继承人以外的对被继承人扶养较多的人。①

三、我国法定继承制度的历史演进之特点

（一）我国古代法中法定继承制度的历史演进之特点

一国的法定继承制度与该国的民族传统和伦理道德关系密切，它不仅涉及财产关系，也涉及家庭的和睦与社会的稳定。严格地说，我国古代没有现代意义上的继承制度，但有一套完整的家产析分制度。“没有任何社会能不经过生育、抚养孩子，就把他们纳入社会分工以代替退休和死亡的人员，来完成社会的新陈代谢，这可以说是永久的和普遍的规律。”② 只要人类的新陈代谢不可避免，继承现象就会存在，并会随着社会的变化而不断完成与之相

① 《继承法》第9~14条。

② 费孝通：《费孝通论文化与文化自觉》，群言出版社2007年版，第29页。

适应的变化。我国古代法中的继承制度虽也随着社会的变迁发生了一定的变化，但整体而言，是与我国西周时期开始建立的礼法制度、家庭与宗族观念等密不可分的，体现出以下特点：

1. 以宗祧继承为核心

与现代法定继承制度建立在个人私有财产制的基础上不同，我国古代法定继承制度建立在我国传统宗族与家庭制度的基础上。我国古代特别是商周以后的继承，是以宗祧继承为核心的继承。在我国古代，宗祧不仅是祭祀祖先的场所，也是宗法权力的象征。宗祧继承既是普通家庭确立家长的一种合法途径，又是国家宗法统治之于社会秩序的映射。宗祧继承延伸至政治领域，形成了政治身份的世袭；延伸至社会领域，形成了社会身份的传承；延伸至财产领域，则形成了财产的继承。我国古代的财产继承在很大程度上是围绕宗祧继承而实现的。宗祧继承是建立在父系宗族制度的基础之上的，其确立的男女、嫡庶之间的差异，在一定程度上决定了财产继承的面貌。[①]

2. 以分家析产为财产继承的主要方式

严格来说，我国古代法中并没有现代意义上的继承概念，与西方建立在个人财产基础上的继承制度不同，我国古代法中采取分家析产的方式以实现财产在代际间的传递。如果把我国古代家庭比作细胞，在一次次的分家析产过程中家庭细胞完成了分裂，实现了家产在父子间的代际传递和诸子间的横向分配。分家析产关系着家庭的传承和延续，是家庭自身运行和新陈代谢的一个重要环节。分家析产的进行并不取决于父母的死亡，而是通过在同居共财的家庭中由儿子代替父亲的地位，完成财产从父辈到儿孙的传承，这被认为是一种实质的继承。有学者指出："分家析产与继承背后的文化逻辑全然不同，二者有本质的区别，但当国家的制定法不再规定分家制度而替之以继承制度时，必会导致家庭财

① 参见程维荣：《中国继承制度史》，东方出版中心2006年版，第5页。

产的代际传递方式的变化。其中，因分家习惯（法）中排除个人意志，尤与现代继承法的‘法定继承’类似。”[①] 可见，我国古代的分家析产制虽不能等同于现代意义上的继承概念，但不能否认二者间有内在联系，这种建立在“同居共财”基础上的分家析产方式即我国古代财产继承的主要方式。此外，现代意义上的继承只能发生在被继承人死亡后，而我国传统的分家析产却使遗产继承发生在被继承人生前。造成这种状况的原因与当时的家庭财产状况密不可分。家庭中的儿孙不能有独立的财产，即使财产是通过耕种与经营获得的，也必须悉数上交父母，由其统一管理和使用，从而成为家族财产。儿孙要维持生活除了由家庭共同支出外只能向父母申领。为了避免麻烦以及日后子女因分割财产产生纠纷，父母习惯于在生前就把财产分给儿孙。这给人们塑造了一个提前继承财产的印象，但事实是这些财产原本就包括了儿孙所挣而转化成家族财产的部分，并不纯粹是父母自己积累的财富。[②]

3. 财产单向向下在代际间传递

在我国古代，分家析产作为财产继承的主要方式，“表现为家庭财产在代际间的传递，而不是在个人间的转移，或说是分立出的下一代诸家庭对上一代家庭家产的分割”。[③] 在我国以男系为核心的家庭关系中，这种家产的传递，只能是自上而下的代际间传递，即儿孙可以继承父辈之家产，但父辈不可继承晚辈的财产。这是因为，古代法上的继承往往被看作一种死者人格延续的方式。正如梅因所说：“虽然死者的肉体人格已死，但其法律人格仍在，并在没有任何损失的情况下传给其‘继承人’或‘共同继承人’，

① 郑小川、于晶：《婚姻继承习惯法研究——以我国某些农村调研为基础》，知识产权出版社 2009 年版，第 134 页。

② 程维荣：《中国继承制度史》，东方出版中心 2006 年版，第 242 页。

③ ［日］滋秀贺三：《中国家族法原理》，张建国、李力译，商务印书馆 2013 年版，第 128 页。

其身份在其‘继承人’或‘共同继承人’身上延续下去。”[①] 滋秀贺三在谈及中国古代继承时也提道：“对这个人来说，只要有后继者（儿子或养子），其个人的人格就不会因肉体的死亡消灭而是继续活在后继者的身上，从而财产将继续以同样的形式继续属于后继者。”[②] 继承意味着上一代家长的人格延续，进而实现家族的延续，财产的承继只是附带的效果，因此财产只能单向向下传递，而不能逆向传递。父辈将财产析分给儿孙后，儿孙便应承担起对父母的赡养义务，在无子时则通过立嗣等方式实现对父母的供养。

4. 诸子间继承份额均等

关于继承的范围和顺序。在分家析产时，具有析产权利的主体即法定继承人是家庭中的儿子，在其中有儿子已先于父亲去世的，可由孙子代位继承；没有儿子的，应当在其同宗的男性卑血亲中寻找合适的人选“过继”，以承继家庭财产、延续家庭香火；在没有合适的男性“过继”时，由寡妻承继财产，但寡妻对财产的承继事实上只是享有管理权，不仅需以不再改嫁为条件，且在寡妻去世后，该遗产或由嗣子与女儿按照法定份额继承，或由官府处置。关于继承的份额。我国古代实行的是“诸子均分”的析产规则，即所有儿子不论嫡庶长幼，均能分得相同的份额。虽然在早期由于庶子地位低下，其财产继承的权利较小，但随着社会经济的发展以及人们观念的变化，庶子与嫡子的继承权逐渐没有了差别。通说认为，《唐律疏议》和《宋刑统》的析产令文中规定的所谓“兄弟均分”，已含庶子在内。在同一历史阶段，西欧和日本实行长子（家督）继承制，次子以下没有继承权；在中国，所有儿子不论长幼甚至嫡庶，都有同样的权利继承家庭财产。这两

① ［英］亨利·萨姆纳·梅因：《古代法：与社会远史及现代观念的联系》，郭亮译，法律出版社 2016 年版，第 104 页。

② ［日］滋秀贺三：《中国家族法原理》，张建国、李力译，商务印书馆 2013 年版，第 124 页。

种继承方式都以直系血缘关系为基础，都是男性的单系继承。两种方式的差别在于：长子继承制的目的是“传物”，是保证财产不分散，关心的是财产的传承；诸子平均析产方式的目的是“传人”，是维系血缘亲情，关心的是家庭的延续。[①] 分家析产的继承方式关注的是财产的代际传递和家庭的延续，因此，无论长幼嫡庶都是父亲的骨血，与父亲的血缘关系相同，那么儿子的身份之高低也就显得没那么重要了。

“家庭人际关系以血缘亲情为基础，但也不可避免地陷入‘财产利害’带来的矛盾中，缓和之法便是采取合乎情理的平均方式，不像西欧和日本那样让某个儿子单独继承，而是无论嫡庶、诸子均分，连庶子也一视同仁，也给女儿留有一些机会。”[②] 这不仅反映了两者的差异，也体现了我国古代法定继承制度中尽量缓解矛盾，用血缘亲情来弥补财产利害所造成的人际关系裂痕的立法态度。这有利于整个家族的稳定与发展，进而有利于国家政权的稳固。

5. 女性的继承权受到排斥

在我国古代的法律中，女性的继承权是被严格地排斥的。虽然在一定的情况下，女子也能从娘家或夫家获得一定的财产，但在我国古代法中，承继只能发生在男系亲属之间，女儿不可能作为承继的主体。女儿获得嫁妆、妻承夫分，都不能从继承的角度理解，而只能被视作“承受”财产，作为家产受益人的身份存在，并严格受限于父祖子孙传承的规则。[③] 在家庭有男性继承人时，女性一般不能获得家产；只有在家庭已无男性继承人时，女性方可继承。但女性继承权的享有往往附着了尽孝、传宗、守节等德行

---

① 邢铁：《家产继承史论（修订本）》，云南大学出版社 2012 年版，第 1 页。

② 邢铁：《家产继承史论（修订本）》，云南大学出版社 2012 年版，第 208 页。

③ 参见温慧辉：《传承与嬗变：中国近代女性财产继承权的变迁》，法律出版社 2015 年版，第 35 页。

要求。[1] 对于出嫁的女儿，在娘家“户绝”时可继承遗产，而尽孝道又不侵夺遗产，是应当提倡的义务。唐宋以后，对女儿的限制放宽了，她们在家庭中的经济地位得到一定程度的认可。在室女、出嫁女以及归宗女，都可以从娘家得到不同份额的遗产。对于丧夫的寡妻，其对去世丈夫遗产的承受亦以无男性继承人为前提，且以不再改嫁及为夫家立嗣为要求。此时，女性对亡夫财产所享有的准确而言应为遗产管理权，待女性去世后，原本由其管理的财产需归回夫家。唐宋以后，对寡妻继承财产的限制越发严格，寡妻若改嫁则不得取回自己的嫁妆。究其原因，在我国古代以男系为核心的家庭制度下，继承的目的是家族的延续，儿子承担着养老送终、延续宗祧的义务，女儿于此无责无能。男女既有如此差别，则他们在财产继承权上必然也不平等。

（二）我国近现代法中法定继承制度的历史演进之特点

清末对民律的起草，在吸收西方近代民法观念的同时强调要适应中国的民情。清末法学家认为，立宪国政治，几无不同，而民情风俗，则各有其异，不能强令一致。亲属法、继承法是根植于中国宗族社会和纲常伦理土壤的制度，因此亲属编与继承编的起草也被认为是最不能不顾民情风俗强行照搬西方的。其时继承法中的所谓“民情风俗”，主要指宗祧继承。但在当时的清朝，继承法中传统的宗祧继承早已成为延续传统婚姻家庭关系、阻碍社会变革与进步的一大障碍，故《大清民律草案》中继承编的规定仍旨在维护旧的封建家族秩序，带有明显的保守成分。[2] 1926 年完成的《民国民律草案》，仍保留了较多明显的封建因素，财产继承也仍受到宗祧继承的制约。但其也对旧制作出了一些变革，典型

---

① 王歌雅：《疏离与回归：女性继承权的制度建构》，载《政法论丛》2015 年第 2 期。

② 《大清民律草案》规定：“凡亲属、婚姻、继承等事，除与立宪违背，酌量变通外，或本诸经义，或参诸道德，或取诸现行法制，务期整饬风纪。”

地表现在对男女继承权上作出了一些平衡：妻子被列为第二顺序继承人，即使有第一顺序继承人其也可以酌情分得遗产；女儿的继承顺序虽仍被列于最末，但她也可在继承开始时就提出继承的请求，实际上能够继承到一部分财产。可以说，《民国民律草案》基本上是一部新旧混杂的民律草案。1930 年颁布的《中华民国民法典》重构了亲属制度，确立了个人财产制，并采纳遗嘱继承和法定继承制度，确立了男女平等的基本原则，在形式上构建了近代继承制度。① 我国在这一时期摒弃了旧的封建因素，确立了男女平等的法定继承原则，体现了养老育幼、扶助弱小的立法理念，建立了完全的现代意义上的继承法。整体而言，我国近现代继承立法的变迁，体现了以下特点：

1. 从以宗祧继承为主向单纯的财产继承转变

我国法律现代化的进程是随着清朝的灭亡、近现代国家形态的逐步确立而逐渐递进的，其伴随着以儒家思想为核心的传统价值体系日渐崩塌的过程。在我国古代家国一体的法律观念中，宗祧继承具有特别重要的法律地位，先于财产继承存在，乃古代继承制度的核心。1930 年的《中华民国民法典》摒弃了宗祧继承制度，但民间仍囿于旧的宗祧继承习惯，在地方司法实践中宗祧继承仍被普遍认可。宗祧制度的瓦解，清晰地反映了在近代社会转型中宗法传统所面临的法律规制。② 一方面，出于建立近现代国家的需要，法律强行废除宗祧继承制度；另一方面，民间囿于几千年的宗法传统，导致宗祧继承仍普遍存在。面对古老的传统，立法者需在实现法律变革与社会革命之间寻求平衡，既要维护法律

① 郝洪斌：《民国时期继承制度的演进》，中国政法大学出版社 2014 年版，第 119 页。

② 龚汝富：《近代社会转型中的宗法传统及其法律规制——以宗祧继承制度的消解为例》，载《江西社会科学》2017 年第 10 期。

的强制性，又要尊重公序良俗的历史传承。① 1930 年的《中华民国民法典》虽摒弃了宗祧继承，但对于民间的宗祧继承亦不加以限制，在司法实践中对于因宗祧继承引发的纠纷只要不与“党义国法”相冲突，且符合立嗣当事人的自由意志即可。新中国成立后，于 1985 年颁布实施的《继承法》不再规定宗祧继承，彻底取消身份继承，仅承认财产继承。在现实生活中，随着法制理念的日益普及，宗祧继承存在的政治、经济和社会基础次第丧失，继承仅指财产继承而不含身份继承的观念已被普遍接受。但基于几千年的宗法传统之影响，关于财产继承，民间仍存在分家析产、男性继承等习惯，但因继承问题引发纠纷时，司法实践只能严格执行《继承法》之规定，对民间习惯较难认可。

2. 从分家析产制向财产继承制转变

同居共财是传统中国家族生活的常态，在此基础上形成了有别于西方法律中继承制度独特的财产传承方式，即分家析产。经由分家析产，原本的大家庭分割为数个小家庭，原本大家庭的财产也通过在诸子间均分析产完成了财产在代际之间的传递。分家析产可以在父母死后进行，亦可在父母生前进行。较为常见的是在父母生前便在父母的主持下完成分家析产，既可避免父母死后各子女因财产继承问题发生纠纷，又可妥善实现子女对父母的赡养。但由于古代宗法制度的影响，亲属关系的划分存在重男系轻女系的特点，在财产的传承上也是以男性继承为主，在没有男性继承人的情况下才允许女性继承遗产，且需对女性赋予道义上的要求。近代以来，随着西方近现代法律思想的引入，平等、自由、公平等立法理念的影响，以及建立新民主主义国家的需要，我国继承法实现了从封建制法律向近现代法律的转型，特别是私有财产神圣观念的影响，使我国近现代以来的继承制度逐渐抛弃了旧

① 龚汝富：《近代社会转型中的宗法传统及其法律规制——以宗祧继承制度的消解为例》，载《江西社会科学》2017 年第 10 期。

制度中以同居共财为基础的分家析产制，建立起以对个人私产保护为基础的财产继承制度，家族在继承中的地位逐渐变弱，法律更为关注的是对个人利益的保护而非家族的延续。个人主义原则将个人与其财产视为不可分割的整体，只有在自愿放弃和死亡两种条件下，一个人才能与其财产相分离。我国古代的分家析产制度并非财产在个人之间的让渡，而是家庭财产的代际传承。① 而我国近现代继承法一改传统分家析产的习惯，采取“死后继承”原则，这便是个人主义的理念在继承法中的体现。

3. 继承权平等原则得以确立

我国古代的继承是以男性为主体的，女性被排斥在继承的边缘。首先，宗祧继承的主体只能是男性；其次，只有在“户绝”的情况下，女儿才能承受家庭财产。在夫家，寡妻在丈夫去世后也无权继承丈夫的遗产，一般只在特定情况下可享有对财产的管理权，但这也以妇女必须为亡夫守节并立嗣为条件。当寡妻也去世时，其管理的财产归入夫家。近代以来，1930 年《中华民国民法典》首次确立了男女继承权平等原则；新中国成立后，《继承法》明确规定了“继承权男女平等”，② 体现在具体制度中。儿子与女儿平等地继承父母的遗产，夫妻相互具有继承遗产的权利。此外，婚生子与非婚生子的差别对待也被消除，无论是否婚生，被继承人的子女都可平等地继承遗产。继承权平等原则的确立，是近现代民法中平等原则在法定继承制度中的体现，顺应了历史的发展潮流，是法定继承制度的一大进步。

4. 日益重视对弱者的保护

“法律应平衡个人利益与社会利益，实现利己与利他的结合，从而建立起个人与社会的伙伴关系。”③ 继承制度涉及国家、家庭

① 高永平：《中国传统财产继承背后的文化逻辑——家系主义》，载《社会学研究》2006 年第 3 期。

② 《继承法》第 9 条。

③ 卓泽渊：《法的价值论》，法律出版社 1999 年版，第 206 页。

和个人的利益，我国古代法中的法定继承制度是围绕着“家”而建立的。在传统的观念中，“国”仅仅是“家”的放大，“家”则是“国”的缩影。在“家”“国”利益面前，个人利益是不被重视甚至是被忽略的。近代以来，我国法定继承制度的修改历程体现出国家日渐重视对弱者的保护之特点。从《大清民律草案》到《民国民律草案》，我国法定继承抛弃旧的传统，向西方法律学习，虽未及实施，但成为我国继承立法之近代化的开端。至《中华民国民法典》实施，基本上实现了我国法定继承制度的近代化。正如我国学者所说：“民国民法继承编以三民主义为最高准绳，确定男女平等之原则，注重社会公益，保障弱者权利。”① 新中国成立后，我国继承法以男女平等、养老育幼、照顾病残等作为其所追求的目标。法定继承制度中关于父母继承权的规定、酌分遗产的规定以及必留份的规定等，无不体现了我国对弱者的关照和保护。

第三节　中外法定继承制度的历史演进之异同

一、中外法定继承制度的历史演进之不同

通过前文对中外法定继承制度的历史演进及其特点进行的梳理与总结，不难发现，中西方法定继承的历史演进，特别是近代以前的法定继承制度之历史演进有着明显的不同，主要体现在以下几个方面：

其一，分家析产制是古代中国财产继承的主要内容，而外国法定继承则以遗产继承贯穿始终。我国古代并没有现今法律意义上的继承，财产在代际之间的传递以分家析产的方式进行。在古代中国，财产制以家产制为基础，家庭由共同生活的亲属团体组成，家既是一个血缘共同体，更是组成社会的基本经济单位。家

① 程维荣：《中国继承制度史》，东方出版中心2006年版，第417页。

庭成员的所有劳动收入为全体成员的共同财产，财产在家庭中承担着祭祀祖先、赡养老人、抚育子女的共同目的。虽然累世同居的大家庭符合中国传统文化的道德思想，但囿于家庭负担能力的限制以及为了更好地发挥个体主动性以避免家庭矛盾，分家析产制自然就产生了，并逐渐从民间习惯上升至法律层面。自战国以来，几乎历朝历代的法律都对分家析产制予以规定。在古代中国漫长的封建社会中，分家析产一直是财产继承的主要内容。在外国的法定继承制度中，无论是古代法还是近现代法，始终以遗产继承贯穿始终。在罗马时期，虽然法定继承被认为是为了家庭的延续而服务的，但财产所有制却是以家父对财产享有完全的所有权为基础的。罗马时期以后，作为法律主体的自然人是西方法律在建构时所预设的基本单元。近现代以来，随着资产阶级革命的胜利，“天赋人权”“私权神圣”等观念确立，法律非常重视对个人财产的保护，遗产继承更是保护私有财产的题中应有之义。

其二，诸子均分是我国古代财产继承的主要形式，而西方国家在很长一段时期以诸子中的一人继承为主。在我国古代，分家析产可以在父母在世时或去世后进行，在家庭中的儿子间平均分割财产。而在西方国家，自中世纪中后期封建社会建立时起，西方国家多采取由家庭中多个儿子中的一人继承财产，以长子继承为主，因此这一时期的法定继承又被称为“长子继承制”。当然，这时只能由单人继承的为不动产，对于动产则可由子女共同继承。但在传统的农业社会，土地是财富的最主要表现形式和重要来源，取得了土地也就意味着取得了家庭中最主要的财产。长子继承制的目的是保证财产不分散，其着眼点是财产；而我国诸子均分的分家析产制则着眼于家庭中的人际关系，其目的是维系血缘亲情不疏远。[①]

---

① 程维荣：《中国继承制度史》，东方出版中心 2006 年版，第 231 页。

二、中外法定继承制度的历史演进之共性

虽然我国与外国法定继承制度的历史演进有许多不同之处，但通过对中外法定继承制度历史演进及其特点的梳理与总结，不难发现其中也体现了诸多历史的共性。

其一，法定继承制度是经济基础的反映。马克思在《政治经济学的批评》一文中指出："在人类社会发展过程中发生的一定的不以人的意志为转移且同一定发展阶段的物质生产力相适应的生产关系的总和构成社会的经济结构，即有建立在它之上的法律和政治的上层建筑并有一定的社会意识形态与之相适应的现实基础。"① "随着经济基础的变化，所有巨型的上层建筑也发生了迅速或缓慢的变化。"② 作为私法重要组成部分的法定继承制度自然也建立在特定历史时期的经济基础之上，是经济基础的反映。正如马克思所言："私法和私有制是在自然形成的共同体解体的同时发展起来的。"③ "继承法的绝对父权和长子继承权，是建立在非常确定的物质关系基础上的……继承法最清楚地说明了法对于生产关系的依存性。"④ 同样是封建社会时期，在中世纪的欧洲国家，法定继承普遍流行于以农庄、土地等不动产为客体的长子继承制，而我国古代却一直秉承诸子均分的分家析产制。之所以有此区别，最重要的原因还是中西方社会经济现实的不同。在中世纪的欧洲，由于海上贸易被切断，社会经济以农业生产为主，当时普遍存在的农业生产方式是庄园制。庄园在很大程度上构成了组成社会的

---

① 《马克思恩格斯全集》（第16卷），中共中央马克思恩格斯列宁斯大林著作编译局译，人民出版社1956年版，第8页。

② 《马克思恩格斯全集》（第16卷），中共中央马克思恩格斯列宁斯大林著作编译局译，人民出版社1956年版，第9页。

③ 《马克思恩格斯全集》（第16卷），中共中央马克思恩格斯列宁斯大林著作编译局译，人民出版社1956年版，第71页。

④ 《马克思恩格斯全集》（第16卷），中共中央马克思恩格斯列宁斯大林著作编译局译，人民出版社1956年版，第420页。

自给自足的经济单位，而要能够参与市场竞争就必须维持一定规模的农业经营，这反映在继承法上就体现为保障农场经营不被分割的长子继承制。在西方，“封建继承制度确立了这样一项原则：封建君主、贵族、官僚、地主的等级、特权和主要财产（如土地等不动产）由嫡长子继承，一般财产（如少量土地、动产、债权债务等）由诸子均分”①，以防止家产被分散而破坏农庄的经济活力。而传统中国的经济基础为带有独特宗法性的普遍的个体小农经济，农民拥有自己的土地和耕作工具，男耕女织、自给自足，家庭是组织经济生产的基本单位。传统的小农家庭所占有的生产资料较少，“家庭的维持必须协调人力（劳动收入）与人口（消费支出）的比例，即维持供养需求与供养能力之间的平衡”。② 因此，分家析产制也就应运而生了。虽然历朝历代的统治者都致力于提倡不分家异居，倡导累世同居的大家庭，但维系这样的大家庭是很困难的，供养能力的限制是其最主要的原因。正如我国学者所言：“我国古代的分家析产制建立在自给自足的小农经济之上，其实质不是寻求发展，而是保证生存；西方的遗产继承制则建立在商品经济不断扩张和个人财产私有制的基础上，其实质是运用法律保障财产的传承与增值。”③

其二，法定继承制度深受法律传统和文化的影响。“作为上层建筑的重要组成部分，继承制度不仅依赖于一定社会的经济基础，而且受与其建立在同一经济基础之上的上层建筑其他部分的影响与制约。”④ 从法律传统和文化上看，中国传统法律具有强烈的伦理特征。儒家的伦理规则引导和规范着法律的发展，指导着立法和司法实践。反映在继承法上，则是“立嗣必子，所从来远矣”，

---

① 佟柔：《继承法学》，法律出版社1986年版，第12页。

② 邢铁：《家产继承史论（修订本）》，云南大学出版社2012年版，第8页。

③ 汪兵：《诸子均分与遗产继承——中西古代家产继承制起源与性质比较》，载《天津师范大学学报（社会科学版）》2005年第6期。

④ 佟柔：《继承法学》，法律出版社1986年版，第25页。

“子孙继嗣世世弗绝，天下之大义也”。[1] 欧洲中世纪的法律较为庞杂，世俗法和教会法并行。世俗法规定不动产的长子继承制，教会法则赞成将财产在死者的同亲等亲属间平均分配，特别主张分配给死者的子女。在对待继承遗产问题上，教会法与世俗法并行甚至对立冲突。这些都可说明，除了经济基础的影响之外，法定继承制度还深受法律传统和文化的影响，体现着固有法的特征。

① 《史记·孝文本纪》。

第三章　我国法定继承制度完善的现实与理论基础

第一节　我国法定继承制度完善的现实基础

我国《继承法》颁布于1985年，施行至今已三十多年，在此期间，与《继承法》息息相关的《民法通则》《婚姻法》等法律历经多次修改完善，但《继承法》并未有何变化。在我国民法典编纂之际，学者们关于法定继承制度完善的呼声不绝于耳。《民法典》继承编虽在一定程度上完善了法定继承制度，但大部分内容仍沿用1985年《继承法》之规定。正如我国学者所言："继承法具有鲜明的民族性与本土性，具有强烈的实践性和理论性，更彰显着独特的人文伦理。"① 法定继承制度亦如是。一项好的法律制度，应当与当时的经济社会文化等现状相呼应，能够符合民众的传统观念与习惯。一国的继承制度决定于该国的经济社会文化基础，同时又反作用于经济社会文化。因此，在我们考虑是否有必要对我国现行法定继承制度进行修正与完善时，应当分析其是否能够适应现实之需要，是否符合我国现阶段的经济

---

① 杨震：《我国法定继承人范围与顺序的历史检视与当代修正》，载《四川大学学报（哲学社会科学版）》2018年第1期。

社会文化基础，以及是否能够满足未来一定时期内社会现实的需要。本节将分别从1985年《继承法》颁布以来，我国社会的经济条件、家庭结构和功能、民众的家庭观念三个方面进行考察。

一、经济条件的变化

我国《继承法》制定于1985年，在法定继承制度被确立之初，我国处于经济恢复和发展的良好阶段。虽然经济复苏形势比较良好，但经济发展总体水平和质量仍处于较低水平，公民的财产数量较少、类型也较单一。随着我国改革开放的持续深入发展，当今的经济情况较之三十多年前有了翻天覆地的变化。我国人民的经济收入和生活水平逐步提高，人们拥有的财产数额显著增多、财产种类日渐丰富。国家统计局关于国民经济和社会发展统计公报的数据显示：1985年，我国农村居民人均可支配收入397元，城镇居民人均可支配收入752元；至2018年，农村居民人均可支配收入14617元，城镇居民人均可支配收入39251元。可见，从1985年到2018年，我国农村居民人均可支配收入增长了36.8倍，城镇居民人均可支配收入增长了52.2倍。[①] 收入的增长也促进了财产类型和结构的变化：城乡住房面积和质量得到提升，房产成为家庭中的重要财产；汽车、电器等已成为常见的家用消费品；居民的存款总额大幅增加，子女教育和培训支出在家庭财产支出中所占比重越来越大。国家统计局发布的数据显示：2018年，我国城镇居民家庭平均每百户拥有家用汽车13.1辆，远高于2000年的每百户0.5辆；城乡居民人民币储蓄存款年底余额为303302元，远高于1985年的1622元。这些数据表明，随着经济的迅猛发展，

① 以上仅为城乡居民收入数额的对比，实际增长额仍需扣除价格因素。具体内容请参见中华人民共和国国家统计局网站发布的《国家数据》（年度数据），载 http://data.stats.gov.cn/easyquery.htm? cn=C01，2019年11月10日首次访问。

我国民众拥有的财产数量和种类日益增多，自然人死亡后留下的遗产范围和形式正在逐步扩大。在物质条件不丰富、民众财产数量不多的时期，自然人死亡后因其财产继承引发的纠纷并不多；随着我国经济条件的变化，公民财产数量和种类提高，自然人死亡后对其遗留的个人财产如何分配越来越受到人们的关注。由于我国古代长期以来并没有遗嘱继承制度，人们普遍也没有生前订立遗嘱的习惯，因此法定继承制度的重要性越发凸显。如果法定继承制度不能妥善地处理遗产继承问题，则会导致家庭内部矛盾纷争的突出或财产秩序的混乱，进而影响家庭的团结和睦以及社会的稳定和谐。

1985年《继承法》确立了男女平等原则，明确了两个顺序的法定继承人，将法定继承人限于三代以内的直系血亲和兄弟姐妹，将配偶、子女、父母以及对公婆或岳父母尽了主要赡养义务的丧偶儿媳或丧偶女婿这四类不同关系、不同类型的人放在同一继承顺序即第一顺序。《继承法》颁布之初，在我国社会经济条件不发达、人们财产数量普遍不高的情况下，这样的做法简易明了、便于操作，在很大程度上起到了积极的作用。但随着社会经济条件的变化，在个人财产显著增加的情况下，决定个人死后其财富具体流向的法定继承规则的不合理之处日益凸显。因此，如何完善我国现有法定继承制度，使之与日益发展变化的经济条件相适应，是在继承法修正过程中不得不考虑的首要问题。

二、家庭结构和功能的变迁

意大利法学家彼德罗·彭梵得指出："原始的遗产继承是为宗族或家族的利益转移而非财产的转移服务的。"① 因此，我们可推

---

① ［意］彼德罗·彭梵得：《罗马法教科书》，黄风译，中国政法大学出版社1992年版，第28页。

出如下合理论断：继承人是家族最高权力的继承人，同时也是财产的继承人，这样做的目的是保证家族的统一不会因为该家长的死亡而解体。但随着社会的发展，“随着家族的解体，继承人不再继承家族集团成员的权力，而只继承财产”。[①] 可见，古时的继承制度侧重身份继承，现代的继承制度则关注财产继承，但从身份继承到财产继承这一变化是与家庭制度的发展变化密不可分的。正如英国学者所指出，虽然关于可继承的家庭成员，“不同国家的答案截然不同，但无论何地，法定继承规则均可说是家庭法的附录”。[②] 从《继承法》颁布至今，我国家庭结构和家庭功能发生了怎样的变化，也是在考量是否有必要对法定继承制度进行修正以及如何修正时必须考虑的最为重要的因素。

（一）家庭结构的变迁

1. 家庭的小型化、核心化

我国家庭的形式多样，常见的形式有：由夫妻组成的一代“夫妻家庭”、由夫妻和未婚子女组成的两代“核心家庭”、由父母和一个已婚子女及其后代组成的三代“主干家庭”以及由父母和两个以上已婚子女及其后代组成的三代或三代以上的“联合家庭”等。[③] 美国学者古德则将家庭类型根据家庭规模的不同划分为核心家庭和扩大家庭。核心家庭是指由夫妻和未成年孩子组成的家庭；扩大家庭则指的是类似新中国成立前我国历史上较常见的几代人同堂而居的家庭；这种家庭里的成员包括夫妇和他们已婚子女的家庭及后代们。[④] 我国传统社会虽然提倡“累世同居”“数代同堂”的联合家庭模式，但是在实际生活中却仍以“主干家庭为

---

① ［意］彼德罗·彭梵得：《罗马法教科书》，黄风译，中国政法大学出版社 1992 年版，第 28 页。

② ［英］F. H. 劳森、B. 拉登：《财产法》，施天涛等译，中国大百科全书出版社 1998 年版，第 205 页。

③ 丁文、徐泰玲：《当代中国家庭巨变》，山东大学出版社 2001 年版，第 116 页。

④ ［美］W. 古德：《家庭》，魏章玲译，社会科学文献出版社 1986 年版，第 134 页。

主”。因为联合家庭人口众多、人际关系复杂，须以雄厚的经济实力为后盾，所以在社会生活中并不常见。根据我国学者费孝通在20世纪30年代所作的调查，在当时的被调查地江村，最常见的家庭模式是以一对已婚配偶为核心，再包括几个依赖于此的父系亲属。该模式占总数的58%。村中一个家庭的成员平均为4人，在中国农村，家庭平均人数为4~6人。① 主干家庭在我国传统社会中一直占有相当大的比例，为社会所推崇。因为传统的主干家庭以父子为轴心，父母与成年的儿子及其后代共同居住、同居共财，全家人在父家长的统一领导下组织和发展农业生产，成年儿子承担着主要的劳动，并承担着赡养父母和养育子女的责任。这样的家庭结构能够较好地实现祖孙间的相互照顾，有利于养老抚幼，符合中国人传统的伦理观念，因而也成为农业社会最典型的家庭形式。

新中国成立以来，尤其是近40年来，我国家庭人口数量日渐减少，家庭规模日渐小型化、核心化，代际层次数日益减少，上述特征从表3-1和表3-2可见一斑：

表3-1　我国家庭平均人口数变化情况②

年份	1975	1982	1987	1990	1995	2000	2005	2010	2015	2018
人数	5.05	4.4	4.2	4.0	3.7	3.44	3.13	3.10	3.10	3.00

① 费孝通：《江村经济：中国农民的生活》，商务印书馆2001年版，第12页。

② 数据来源于国家统计局网站，载http：//www.stats.gov.cn/，2019年6月15日首次访问。

表 3-2 我国家庭代际层次数变化情况①

年份	一代户	二代户	三代或三代以上	合计
1982	13.77	67.47	18.76	100.00
1987	11.73	68.27	20.00	100.00
1990	12.16	68.02	19.82	100.00
2000	21.70	59.32	18.98	100.00
2010	34.18	47.83	17.99	100.00

从表 3-1 可以看出，20 世纪 70 年代末到 80 年代以后，随着计划生育制度在我国的实施，人口自然增长率不断下降，家庭规模日渐缩小，从 1975 年的户均 5.05 人，下降到 2018 年的户均 3.00 人。这说明小家庭在当代中国已成为主流。表 3-2 说明，自 20 世纪 80 年代以来，我国家庭以一代和二代家庭为主，尤其是由父母和未成年子女构成的二代家庭占绝对优势，一代家庭的比重逐渐增加，三代与三代以上家庭的比重却逐渐呈下降趋势，家庭呈现出家庭规模减小，日渐小型化、核心化的趋势。

2. 从“父子轴心”家庭向“夫妻轴心”家庭转变

新中国成立 70 年来，在农业社会向工业社会转变的过程中，家庭的结构呈现出从农业社会的“大家庭”向工业社会的“小家庭”转化，家庭变革呈现出小型化与核心化。这样的变化固然存在，但仅有这些还不够全面。正如我国有学者指出：“在我国古代社会，劳动人民的家庭由于生活艰难，自古以来很少有大家庭，一般不超过三代同居，人数在十人以下。”② 秦代为了多收户口税，

① 数据来源于国家统计局网站，载 http：//www. stats. gov. cn/，2019 年 6 月 15 日首次访问。

② 史凤仪：《中国古代婚姻与家庭》，湖北人民出版社 1987 年版，第 259 页。

颁布了分异令，规定家中有2个以上成年男子不分家的就要加倍纳税，可见那时连三代同居的也占少数。唐代前后的农民家庭，人口在5~10口之间，以7口人为多数。宋元明清以来的农民家庭人口与唐代相仿，[①] 大家庭一直都占少数。从表3-1中可以看出，从1975年至今，我国家庭人口数呈现出逐年递减的趋势，这固然与工业经济的发展有一定联系，但却不完全是工业化的产物，而与我国实行计划生育政策之后人口出生率大幅度下降有密切联系。在家庭结构变化的过程中，小型化和核心化只是其变动的一个方面，家庭结构变动的另一个重要标志是家庭内部关系的主次移位、重新组合，即家庭从“父子轴心”向“夫妻轴心”的转变。[②]

“按中国的家庭传统，亲子关系重于夫妻关系，家庭结构的重心在亲子关系，是纵向的家庭关系。”[③] 儒家思想强调，婚姻历来是两姓宗族之事，并非男女双方个人的事，婚姻事关的是宗族承先启后的大事。传统的家庭伦理核心也在纵向而非横向，孝敬父母、抚育子女比横向的夫妻之爱更为重要。而夫妻轴心的核心家庭，在西方被称为“夫妇式家庭”，也即夫妻关系占主要地位的小家庭。这样的家庭由于人数较少、家庭中人际关系简单，所以成员间的联系非常紧密，夫妻关系是此类家庭的轴心，夫妻之间彼此互助扶持、相互依赖，且随着女性在经济上、思想上的独立，夫妻之间的经济纽带日趋萎缩、感情纽带日趋强化，夫妻间注重相互的理解和尊重，追求精神上的安慰和支撑。在当代中国，家庭结构的重心发生了变化，虽然亲子关系仍被重视，但夫妻关系在家庭中的地位提高了，家庭结构从纵向的“父子轴心”向横向的“夫妻轴心”转变。在古代父子轴心的三代家庭中，祖父有至

---

① 史凤仪：《中国古代婚姻与家庭》，湖北人民出版社1987年版，第260页。

② 丁文、徐泰玲：《当代中国家庭巨变》，山东大学出版社2001年版，第119页。

③ 潘允康：《社会变迁中的家庭：家庭社会学》，天津社会科学院出版社2002年版，第171页。

高无上的权威，妻子对丈夫而言其地位还不如兄弟；但在当代夫妻轴心的家庭中，这种祖父的权威已经不在，妻子是丈夫最亲密的伙伴，同丈夫具有平等的地位，而兄弟成年后各自分居另住，其只不过是家庭之外的亲属。

3. 人口老龄化趋势以及老年人居住家庭类型的变化

人口计划生育实施以来，我国人口出生率显著下降，从1952年的37‰降至2000年的14.03‰，至2018年仅为10.94‰。人口死亡率也在下降，从1952年的17‰降至2000年的6.45‰，至2018年回升至7.13‰。与此同时，人口的老龄化却日渐凸显。2010年第六次全国人口普查的数据显示，我国60岁及以上人口为177648705人，占总人口的13.26%；其中65岁及以上人口为118831709人，占8.87%。[①] 2018年抽样调查数据显示，我国60岁及以上人口占比为17.88%，其中65岁及以上人口占比为11.94%。[②] 人们的寿命也在延长，国人的平均预期寿命从1981年的67.77岁（男66.28岁，女69.27岁）升至2015年的76.34岁（男73.64岁，女79.43岁）。[③] 人们活得更长，老龄人口增加，生育的孩子数量更少，这些因素结合在一起正慢慢改变家庭关系的结构。

---

① 数据来源于《2010年第六次全国人口普查公报》，载国家统计局网站，http://www.stats.gov.cn/tjsj/tjgb/rkpcgb/qgrkpcgb/201104/t20110428_30327.html，2019年6月15日首次访问。

② 数据来源于《中国统计年鉴（2019）》，载国家统计局网站，http://www.stats.gov.cn/tjsj/tjgb/rkpcgb/qgrkpcgb/201104/t20110428_30327.html，2019年6月15日首次访问。

③ 数据来源于《国家数据》（年度数据），载国家统计局网站，http://www.stats.gov.cn/，2019年6月15日首次访问。

表 3-3　我国 65 岁及以上老年人所生活的家庭类型①

家庭类型	2010 年	2000 年	1990 年	1982 年
核心家庭	35.87%	33.15%	29.13%	27.05%
主干家庭	49.85%	56.05%	59.02%	58.58%
单人户	12.46%	9.61%	9.88%	12.44%
复合家庭	0.79%	0.84%	1.63%	1.37%
残缺家庭	0.17%	0.13%	0.26%	0.32%
其他	0.86%	0.22%	0.08%	0.24%
合计	100%	100%	100%	100%
与子女同住	51.69%	60.91%	68.96%	69.40%
与已婚子女同住	45.47%	51.98%	57.13%	56.16%
与未婚子女同住	6.22%	8.93%	11.83%	13.24%

从表 3-3 可以看出，从 1982 年到 2010 年，我国老年人居住的家庭类型逐渐发生变化。老年夫妇二人居住或者与未婚子女共同居住的核心家庭占比增加，从 1982 年的 27.05% 增至 2010 年的 35.87%；老年人与一个已婚子女及其后代共同生活的主干家庭比例在 2010 年首次降至 50% 以下（49.85%），与 1982 年的 58.58% 相比下降 8.73%；老年单人户的占比并未体现出明显增长趋势，1982 年至 2000 年下降，2000 年至 2010 年增长，2010 年独自居住的老年人占比与 1982 年基本持平。就家庭的总体构成而言，从 1982 年至 2010 年，老年人生活在主干家庭、核心家庭和单人户三种家庭类型的合计占比均超过 98%，表明近 30 年来老年人生活的主要家庭类型基本相似，区别主要在于其内部发生比例的升降变

① 数据来源于 2010 年第六次全国人口普查、2000 年第五次全国人口普查、1990 年第四次全国人口普查以及 1982 年第三次全国人口普查数据资料，参见王跃生：《中国城乡老年人居住的家庭类型》，载《中国人口科学》2014 年第 1 期。

化：生活在主干家庭的老年人占比减少，生活在核心家庭的老年人占比增加，亦即与已婚子女分别居住的老年人占比增加。这从统计数据上也可明确看出，1982 年与子女同住的老年人比例为 69.40%，至 2010 年已降至 51.69%。根据 2010 年人口普查的数据，我国 65 岁及以上老年人独自居住和与子女同住的比例基本处于持平的状态。

可见，与 20 世纪 80 年代初相比，我国老年人居住的家庭类型由与已婚子女同住为主变为与子女特别是已婚子女共同生活和单独生活并存。这一转变在很大程度上是老年父母与子代各自形成核心家庭、独立意识增强的表现，也是家庭所谓“现代化”趋向的体现。在我国当代社会，随着计划生育政策的推行，城市独子家庭父母开始步入老龄阶段，农村中青年子代大规模进城务工等现象出现，子女离开父母于异地就业、成家者增多，老年人与子女居于异地的比例也在扩大，一些老年人失去了组成主干家庭的基本条件。同时也要注意的是，尽管父母与已婚子女同居的比例有所降低，但仍保持较高水平，说明当代老年人居住家庭类型虽受现代化的影响，但在很大程度上仍保留着传统代际互助的形式。

4. 亲属间的互助往来仍然活跃

长期以来，在社会学、人类学和历史学等学科中，亲属关系一直是了解和认识家庭与社会变迁的重要参考，学者们通常根据核心家庭与扩大的亲属群体的互动程度来区分前现代和现代家庭的行为和特征。在一些社会学研究者的观点中，工业社会的流动性、城市社区的开放性等，会导致亲属、邻里间的交往日渐减少，关系日渐淡薄。美国学者帕森斯曾将美国当代主流的家庭模式总结为“孤立的核心家庭”，认为这种家庭与扩展家庭之间没有利益纠葛。在他看来，传统的社会关系网络往往在地理上和职业上阻碍个人的流动，是低效的体现。[①] 古德也提出：工业化的社会为人

---

① 唐灿、陈午晴：《中国城市家庭的亲属关系——基于五城市家庭结构与家庭关系调查》，载《江苏社会科学》2012 年第 2 期。

们提供了多种服务以代替过去由亲属群体所提供的服务和帮助。[①]我国学者则多认为，即使处在工业化和城市化迅速发展的过程中，中国家庭也依然具有不同于“孤立的核心家庭”的特性，核心家庭成员与扩大的亲属间仍保留着密切交往的习惯。我国学者所作的一项关于城市居民亲属关系的调查研究显示，被调查城市的民众不仅与父母保持着亲密的关系，而且与父母之外的兄弟姐妹、祖父母、父辈亲戚等均维持着相当亲密的关系，与父母的亲密度显著高于其他亲属，但与其他亲属的亲密度也得分较高。同住亲属的亲密度高于不同住的亲属，同时，不同亲属之间确实存在亲疏远近的格局。被调查者与父母的亲密度几乎处于主观上“很亲密”的顶端，在所有亲属中最高；与兄弟姐妹的亲密度明显超出“比较亲密”的层次，仅次于父母；与祖父母及父母亲属的关系亲密度明显超出“一般”而趋于接近“比较亲密”的层次。亲属间互惠互助的行为也相当活跃，半数以上的成年被调查者表示在自己遇到特殊困难时会求助于自己的父母或兄弟姐妹；几乎所有的成年被调查者表示基本能依照父母的需要对父母给予接济，四成多的被调查者能对兄弟姐妹给予接济。[②] 这说明，在当今中国，虽然家庭呈现出小型化、核心化的特点，但核心家庭与扩大家庭之间的交往仍然密切，尤其在成年子女与父母之间，仍然存在情感上的亲密联系与生活中的密切交往；兄弟姐妹之间以及其他亲属间的联系也仍然活跃，彼此间的情感交流、互帮互助还是常态。这固然与我国工业化程度不够发达、社会保障不够完善、地域间的流动还不够开放等相关，但这同时更是源自中国传统文化关于亲属间的责任和义务以及亲情的内在逻辑。

---

① ［美］W. 古德：《家庭》，魏章玲译，社会科学文献出版社 1986 年版，第 245~250 页。

② 唐灿、陈午晴：《中国城市家庭的亲属关系——基于五城市家庭结构与家庭关系调查》，载《江苏社会科学》2012 年第 2 期。

综上所述，新中国成立以来，我国家庭结构呈现出小型化、核心化的趋势，从“父子轴心”的大家庭向“夫妻轴心”的核心家庭转变，家庭成员地位平等，夫妻关系成为家庭关系的重心，人口老龄化现象日渐突出，老年父母与已婚子女共同居住的比例降低，但仍保持较高水平，核心家庭与扩大家庭的亲属间往来仍很密切。家庭结构的变迁是我们在反思法定继承制度时不得不考虑的主要因素，这些变化均应在法定继承制度中有所回应，其对于法定继承人范围与顺序的确定、各继承人继承份额的安排，尤其是配偶、父母、子女间利益的平衡，有着关键的作用。笔者认为，在家庭规模日渐小型化、家庭结构从“父子轴心”向“夫妻轴心”转变的当下，法定继承人的范围和顺序也应当与之相适应。在设计法定继承人的范围与顺序时，首先应当考虑的是维护核心家庭成员的利益，被继承人的遗产应尽量维持在核心家庭的内部；在考虑配偶与血亲继承人的继承份额时，应该考虑到现今之夫妻关系在家庭中的重要地位而对配偶的继承权有所倾斜。同时，可以将扩大家庭的成员在一定范围内纳入法定继承人范围，形成亲属关系亲疏远近不同的法定继承人差序格局。

（二）家庭功能的转变

家庭功能，是指家庭所具有的在一定社会条件下满足人类生存需要、适应和改变社会环境的功用和效能。简言之，即家庭对人类生存和社会发展所起的作用。[①] 当前，随着我国经济社会环境的变化，家庭功能也发生了转变。

1. 家庭的教育与赡养功能部分外化

自家庭产生之初，家庭最重要的功能便是“人”的生产功能。这里的生产，不只是人口的繁殖，它既包括人类原有生命的保持和延续，又包括对新生命的生养、教育和社会化的过程。因此，家庭自古以来一直承担着生育功能、抚养功能、教育功能、扶养

① 丁文、徐泰玲：《当代中国家庭巨变》，山东大学出版社 2001 年版，第 129 页。

和赡养功能等诸多的具体功能。在农业自然经济时代，物质资料的生产和人类自身的生产都在家庭中进行，人的生育、抚养、教育、赡养的全过程都在家庭中完成。至工业经济社会，虽然家庭仍然承担着“人”的生产功能，但家庭原本承担的一些子女教育和老人赡养功能却已经转移到社会，发生了一定的外部化。在传统的农业社会，手工劳动和农业生产对劳动者的素质要求不高，简单的农业知识和劳动技能都是自幼在家庭中从父母那里学到的，这使得传统家庭成为对儿童进行教育的主要场所。但当工业经济出现后，社会生产的需要决定了劳动者须具有较过去更高的科学文化素质、生产知识和职业技能。这时的家庭虽仍承担着人的生育和抚养教育职责，却已经不具备对他们实施全面的知识教育和职业教育的能力，这一任务必须由社会来承担，由此便出现了儿童教育的外化问题。学校教育成为儿童接受教育的主要方式，国家和社会承担了重要的教育功能，家庭教育日益成为次要的辅助部分。当然，不得不说的是，家庭教育对人的成长有着学校教育所没有的特殊作用，但无论学校教育如何发展，都不可能完全取代家庭教育。

除了家庭教育功能出现外化，老人的赡养功能也出现了社会化趋势。传统的中国家庭有着很强的“养老抚幼”功能。过去，老人的经济供给、生活照料、精神慰藉等全部由家庭承担。但随着社会的发展，许多新的现象导致老年人和子女不再共同居住：因社会竞争激烈，子女忙于自己的事业，没有足够的时间和精力照顾老人的生活；年轻人的独立意识在增强，他们更愿意在婚后过上自在舒适的小家庭生活，不想和老年人生活在一起，也有老年人为了保持清净的生活而不愿意和已婚的孩子生活在一起；很多年轻人离开父母去大城市工作，和父母相聚变少了；等等。所有这些现状都对传统的家庭养老提出了严峻挑战，进而促使家庭的赡养功能逐步向外转移并走上社会化道路。而国家正在大力发展社会保障制度和养老保险制度，随着社会保障和养老保险的日益发达，原本由家庭承担的赡养功能也在一定程度上转移给国家。然而，即便在社会保障和养老保险制度日渐完善的今天，家庭赡养功能虽在一定程度上外化，但不得不说的是，我国的家庭仍在很大程度上负担着赡养老人的职责。21 世纪以来，我国老龄化的情况日渐严峻，如果仅靠国家和社会提供的养老服务，一方面，至少在现阶段和未来较长的时期内无法满足现实的养老需要；另一方面，家庭养老较社会养老有着天然的优势，人们对老年父母的赡养是自然而然、甘心付出不计回报的，这比收费的养老服务有更高的效率，也更能实现中国人理想中的“天伦之乐”。

笔者认为，家庭教育与赡养功能的外化，只能是“部分”外化，而不能是“全部”外化，且家庭功能的部分外化也不能等于家庭完全丧失了这些功能。虽然现今家庭的教育和赡养功能部分外化，但家庭仍是我国老年人养老的主阵地，承担着主要的养老职责，也是未成年人成长的摇篮、教育的关键场所。从我国现行立法来看，《民法典》婚姻家庭编、《未成年人保护法》和《老年人权益保障法》等的规定都体现出家庭承担着的教育与赡养功能。[①]

2. 家庭的生产功能弱化与消费功能提升

生产功能，是指家庭所具有的进行物质资料生产的功能。[②] 在农业自然经济时代，生产资料由家庭占有和继承，社会生产、分配、交换、消费基本上也以家庭为单位来进行，家庭是完整的社会经济单位。不仅仅是家庭生产，即使是社会生产也在家庭中进行。家庭生产出的物质产品除一部分作为赋税上交国家或拿到市场出售之外，大部分留在家中供家庭成员消费。家庭的生产功能十分发达，并作为一个生产单位对社会发挥重要作用。新中国成

---

① 例如，《民法典》第 1067 条、《老年人权益保障法》第 13~27 条、《未成年人保护法》第 10~16 条等。

② 丁文、徐泰玲：《当代中国家庭巨变》，山东大学出版社 2001 年版，第 144 页。

立以来，随着工业经济的发展，社会生产逐渐出现社会性回归，即从家庭生产中分离而转到工厂企业中。目前在城市中，除少数个体劳动者和工商业者外，多数家庭已丧失了社会生产功能，只保留着为日常生活消费服务的家庭生产。而在我国农村，随着农业生产的日益商品化和市场化，农户的生产已经融入整个社会的生产、分配、交换和消费大循环中，成为社会经济的重要组成部分。改革开放以来，随着市场经济的发展，大批农业劳动者转移到城市从事第二产业或第三产业，过去那样以家庭为单位独立组织农业生产的情况越来越少，家庭的生产功能开始萎缩。

消费功能，是指家庭所具有的消耗物质资料的功能。① 在传统的农业社会，家庭既是从事生产的单位，也是基本的消费单位，生产消费和生活消费共存于家庭之中。那时的人们大多过着自给自足的生活，衣食住行等一切生活需要主要靠自己生产供给，因此家庭的生产功能重于消费功能。而在现代工业社会，商品经济迅速发展，人们的生活主要靠市场供给而不再是自给自足。尤其是在城市，多数家庭的生产功能已回归于社会，而在农村，虽然不少家庭仍在一定程度上保留着生产功能，但也较过去有了很大的不同。可见，生产功能呈明显弱化的趋势，逐渐从家庭功能中的主要地位降至次要地位。随着人们生活水平的提高、家庭财富的增长，汽车、家用电器等都成为主要的消费品，人们的消费观念、消费水平、消费方式等都较以往发生了变化，家庭的消费功能呈现出日渐强化的趋势。

笔者认为，如前所述，家庭的生产功能与消费功能地位发生了对调，生产功能弱化，降为次要地位，家庭不再是组织生产的单位，家庭财产的共同基础明显减弱。消费功能从次要地位上升至主要地位，家庭中的房屋、汽车、家具家电等消费品在被继承人去世后如何分配，也应当在反思法定继承制度时加以考量。

① 丁文、徐泰玲：《当代中国家庭巨变》，山东大学出版社2001年版，第148页。

三、民众家庭观念的转变

正如美国学者摩尔根所言："家庭从来不会在某个地方停止，它是个能动的要素，随着社会由低级阶段发展到高级阶段而家庭也从低级形态发展到高级形态。"[①] 在当今现代化浪潮席卷全球的时代，家庭变革也随之席卷全球，我国亦不例外。改革开放以来，我国社会发生了翻天覆地的变化，从计划经济转向市场经济，从农业社会转向工业社会。在社会转型的过程中，人们的生活方式、行为方式以及价值评判标准，都在发生深刻变革。

（一）从"家庭至上"向"个人与家庭兼顾"的转变

随着价值观念的多元化，家庭观念也发生了变化，传统的"以家为本""家庭至上"观念，逐渐向"以人为本""个人与家庭兼顾"的现代观念转变。

我国传统社会一直以家庭为本位。家庭是社会的中心，是社会的基本经济单位，更是国家政权的基层组织，是我国传统文化赖以形成和发展的社会根基。[②] 因此，中国人历来认为"天下之本在国，国之本在家"。[③] 家是国的基础，国是家的放大。儒家思想提倡"修身、齐家、治国、平天下"，即是以"修身"为其出发点，以"齐家"为其基础，以"治国平天下"为其宗旨，"修身"为了"齐家"，"齐家"则为了"治国平天下"，它关注的是国家政治的稳定与社会的和谐太平，而不是家庭中的个人。可见，在传统文化中，家庭对国家和社会有着很高的价值，这一价值远高于家庭对人的价值。个体被消融在家庭之中，个人利益必须无条件地服从家庭整体利益。改革开放之后，工业经济持续迅速发展，社会生产逐渐从家庭中分离出来，家庭不再是社会的基本生产单

---

① ［美］路易斯·亨利·摩尔根：《古代社会》，杨东莼、马雍、马巨译，商务印书馆2009年版，第466页。

② 丁文、徐泰玲：《当代中国家庭巨变》，山东大学出版社2001年版，第22页。

③ 《孟子·离娄上》。

位，越来越多的人离开家庭外出工作，个人开始独立于家庭。来自西方的自由、平等等观念也对民众产生很大影响，人们越来越关注个人的独立与发展，重视家庭中每一个成员的需要与利益，我国民众的家庭观念较过去有了明显变化，“以人为本”的现代家庭观念逐渐形成。

无法忽视的是，中国人的家庭观念始终包含着浓厚的传统文化底蕴，民众变化了的现代家庭观念也并不完全等同于西方，现代家庭观念是对传统的改造和创新，而非完全抛弃传统，我国民众在对待婚姻、家庭以及财产继承时的观念仍有独特的民族性。西方文化中“个人本位”“自我中心”的价值观，强调人的独立、自由和平等，映射到家庭观念中，主张个人在家庭中互不依赖与牵制，子女应尽早独立，不拖累父母。但与此相应，家庭成员间的感情较为淡漠，相互之间的互助帮扶也较少。而我国与西方不同，正如美国学者所言：“西方人首先强调的是个人权利，而中国人注重个人在群体中的角色。”① 在我国，传统家庭观念强调的“家和万事兴”，直到今天也仍被众多国人所信奉。家庭成员之间相互爱护帮扶、和睦相处，个人对家庭有着强烈的归属感与认同感，主动地承担对家庭的义务与责任，至今仍是我国民众的常态，也是中国人特有的文化与情怀。因此，应该说，我国现阶段民众的家庭观念是个人主义与家庭主义的相互融合，强调的是“个人与家庭的兼顾”。

(二) 日趋平等的家庭关系与家庭道德标准

家庭关系从尊卑到平等是古代家庭与现代家庭的最显著区别。在古代中国，宗法制度确认的“尊尊”“亲亲”“长长”“男女有别”的等级秩序，是奴隶制“礼”的核心，也是法律制度遵循的原则。我国传统家庭在漫长的历史发展中，形成了一整套以“孝”

---

① ［美］马克·赫特尔：《变动中的家庭——跨文化的透视》，宋践、李茹等译，浙江人民出版社 1988 年版，第 420 页。

为中心，以“三纲”“三从”为基本原则，以“父慈子孝、兄友弟恭、夫义妇听、长惠幼顺”为具体规范的家庭道德标准，家庭成员间的关系也是在此基础上建立起来的。数千年来，这套传统的道德体系深深根植于中国人的脑海中，塑造着中华民族的文化心理，从而形成了一种底蕴深厚的家庭道德观念。近代以来，我国历次的思想解放运动都涤荡着这种传统家庭道德观念，批判其封建性糟粕，锤炼其民主性精华，促使其不断更新、变化。改革开放以来，西方社会传入的新思潮以前所未有的迅猛之势，冲击着我国民众的家庭观念，为其注入新的时代精神，使得传统家庭关系以及家庭道德标准发生了巨大变化。这些变化归纳起来，主要体现在以下三个方面：

1. 婚姻关系日益受到重视

传统家庭伦理看重血缘多于姻缘，看重纵向的血亲关系多于横向的夫妻关系。因此，维系直系血亲关系的“孝”和维系旁系血亲关系的“悌”便成为我国传统家庭伦理观的中心。古人常说的“百善孝为先”“孝为仁之本”，就是把“孝”视为人伦之首，看作至高至善的美德。但随着社会的变迁，传统大家族解体，家庭日趋小型化、核心化，家庭的生产功能淡化，夫妇之间的相互支持、相互尊重与爱护逐渐成为家庭发展的基础，婚姻关系日渐成为家庭的重心，取代了传统的以血亲关系为重心的观念。因此，婚姻关系也日益受到重视。“传统的‘孝’中包含的尊老、养老的传统美德，虽然被继承下来，在现实生活中依然存在着但却不再为人伦之首，也丧失了它的伦理重心地位。维系婚姻关系的夫妻之爱，开始被人们重视起来。”①

2. 平等、自由观念的确立

我国传统社会的家庭伦理，强调以“三纲”“三从”为基本原则，历代统治者不遗余力地推行“君为臣纲、父为子纲、夫为妻

① 丁文、徐泰玲：《当代中国家庭巨变》，山东大学出版社2001年版，第43页。

纲”，要求妇女遵守“未嫁从父、出嫁从夫、夫死从子”的原则，以维护封建社会的宗法等级秩序。这些规则鲜明地体现出古代社会父子、夫妻、男女之间的不平等关系，是传统家庭伦理中最具封建性的糟粕部分。新中国成立以来，我国宪法从根本上废除了人与人之间的等级制度，平等、自由的现代法治理念得以确立并日渐深入人心。在家庭关系中，夫妻之间、父母子女之间乃至所有家庭成员之间法律地位平等、个人意志自由，也成为被人们普遍接受的家庭观念。

3. 传统家庭道德标准的新发展

随着我国经济社会的发展，在平等、自由观念得以确立的同时，传统的家庭道德标准经人们破除封建糟粕、取其有益精华，形成了新时期的家庭道德标准。我国传统家庭注重家庭的和谐统一，要求每个成员自觉承担对家庭的责任与义务，形成了前述“父慈子孝、兄友弟恭、夫义妇听、长惠幼顺”等一系列的家庭道德标准，这些道德标准以今日之目光来看，有糟粕但也有精华。传统家庭道德中，“适用对象要求基本上是单向的，卑亲应孝敬尊亲，长辈则无须尊重晚辈；而现代法上，同一价值观是双向的，男女平等、父母子女间平等”。[①] 在新的自由、平等理念的基础上，传统家庭道德标准中封建性的糟粕被人们废除，而有益的精华则得以被赋予新的道德精神而被人们所推崇。例如，在夫妻关系中，建立在男尊女卑基础上的“夫义妇听”已被摒弃，但“相敬如宾”“夫妻恩爱”的道德传统却被继承；在父母子女关系中，建立在“父尊子卑”基础上的“愚孝”被人们排斥，但“父母慈爱，子女孝敬”的伦理规范始终被遵守；在兄弟姐妹等亲属关系中，“长惠幼顺”不可取，但“尊长爱幼”“互助友爱”的道德精神始终被推崇。

① 蒋月：《20 世纪婚姻家庭法：从传统到现代化》，中国社会科学出版社 2015 年版，第 106 页。

笔者认为，法定继承制度的具体设计与民众的家庭观念息息相关，传统的家庭观念在新的时代背景下被赋予了鲜明的时代精神，却仍具有独特的民族特色与深厚的文化底蕴。这些都是我们在法定继承制度完善过程中应当加以考量并予以体现的，以利于制定出更为民众认可的法定继承制度。随着价值观念的多元化，“家庭至上”的传统观念逐渐向“个人与家庭兼顾”的现代观念转变，在法定继承制度完善的过程中，既要抛弃以往家庭利益高于个人利益的做法，体现个体人格的独立，保护个人私有财产权，确立自由、平等的继承原则，又要考虑到中国人对家庭与西方所不同的强烈的归属感与认同感，在实现个人利益与追求家庭和谐统一之间寻求平衡。随着配偶关系日益受到重视，婚姻关系逐步取代血亲关系成为家庭的重心，法定继承制度中有关配偶继承顺序与份额的规定理应被慎重地对待，配偶继承权应得到有效的保障。此外，随着自由、平等原则在民众观念中得到认可，我国传统的家庭伦理观念也有了新的发展。在对法定继承制度进行完善的过程中，应充分考虑我国的继承传统，取其精华，如继续体现“尊老爱幼”“家庭和睦”“互助友爱”等优秀传统，实现遗产养老育幼、扶助弱小等功能。

第二节　我国法定继承制度完善的理论基础

法定继承制度作为一项与人们生活息息相关的古老制度，在不同的社会历史时期，其要实现的价值目标与意义随着社会经济政治文化背景的变化而有所转变。随着我国社会制度的转型，社会经济有了长足发展，我国的家庭结构与功能、民众的家庭观念也发生了相应改变，加之受到西方法律思想和法律制度的影响，法定继承制度在我国法律近代化的过程中较以往也发生了巨大的改变，家庭关系从不平等到平等，个人对自我人格独立和个人权益实现的诉求增强，家庭的角色和地位发生转变，家庭的部分功能外化，但传统文化的影响始终存在于民众的社会生活和思想观念中，当代法定继承制度也依然关系到个人权益的保护以及家庭的和谐与社会的稳定。由于法定继承制度与人们的家庭生活联系密切，其受到传统和习惯因素的影响较其他部门法更甚，因此，在对我国法定继承制度进行修订时有必要首先明确当代法定继承制度的价值取向，寻求制度在个人、家庭和国家之间的利益平衡。

一、我国法定继承制度的价值取向及价值位阶

（一）我国法定继承制度的价值取向

立法的价值取向是任何法律制度在创设时都应当被考虑的问题，法定继承制度也不例外。在思考我国法定继承制度是否需要完善以及如何完善的问题时，必须首先明确法定继承制度的价值取向。所谓立法的价值取向，有学者提出，其主要有两层含义："一是指国家在制定法律时期望达到的目标或社会效果；二是指当法律所追求的多重价值目标之间存在矛盾冲突时的最终价值目标选择。"[①] 一般而言，"价值与规范之间是密切相关的，价值的确认是规范系统建构的前提"。[②] 正如美国学者哈特曼所言："我该怎么判断我究竟应该做些什么？如果我不知道在各种情况下什么是有价值的而什么是没有价值的。"[③] 反思我国的法定继承制度，要解决被学者们广泛讨论的问题，如关于法定继承人的范围包括哪些，各法定继承人的继承顺序与继承份额如何安排，配偶、晚辈直系血亲、长辈直系血亲以及旁系血亲之间的利益如何平衡等，与其照搬国外的立法，还不如立足于我国的实际国情和历史传统，厘清制度背后的价值取向，这样方能顺利找出答案。

---

① 赵万一：《论民商法价值取向的异同及其对我国民商立法的影响》，载《法学论坛》2003 年第 11 期。

② 易军：《法律行为制度的伦理基础》，载《中国社会科学》2004 年第 6 期。

③ Nigolai Hartmann, *Ethics*, Vol. 1. London: George Allen & Unwun Ltd. 1932, pp. 29-32.

长期以来，法学家们就法的价值问题展开了深刻的思考和讨论。现代社会普遍认同的法的价值主要有秩序、公平、自由、平等、效率等。哪一个价值更重要，往往会随着主体的需求而变化。不同的价值选择可能会导致不同的制度设计。英国学者彼得·斯坦和约翰·香德认为："秩序、公平、个人自由，是法律制度的三个基本价值，在今日西方社会，这三个基本价值都不可缺少。"[①]笔者认为，我国法定继承制度的设计也应当彰显法的自由、公平与秩序价值。

1. 自由价值

"自由"意即不受拘束地如意行动。在日常生活中，人们所说的自由通常指个人的思想、行动以及选择能够不受强制与束缚。英国学者约翰·密尔认为："只要不涉及对他人造成影响，个人的行动就应有完全的自由而无需向社会负责……只有当一个人的行为会对他人利益造成损害时，他才应该接受社会或法律的惩罚。"[②]"自由与法是紧密相连的，自由是法对于人的价值之一，也是人关于法的重要理想。"[③] 在当今中国，强调自由作为法的精神具有特别重要的时代意义。自由价值作为法律的基本价值之一，其在民法领域的体现就是意思自治原则在民法中的确立，其在遗嘱继承中表现为遗嘱自由原则的确立。在法定继承中，自由原则要求立法者在制定法定继承规则时应当尽可能地符合对被继承人生前意愿的推定。与遗嘱继承由被继承人在生前立下遗嘱，死后遵照其遗嘱执行，从而直接体现了法律对自由价值的追求不同，法定继承是"法律拟制的被继承人处分遗产的意思表示"，即依立法者制定的规则替代被继承人的意愿来分配其遗留财产，这被认为是对被继承人财产处分意愿的法律推定。"法定继承制度的设计水平直

① ［英］彼得·斯坦、约翰·香德：《西方社会的法律价值》，王献平译，中国法制出版社 2004 年版，第 2 页。

② ［英］约翰·密尔：《论自由》，许保骙译，商务印书馆 1959 年版，第 4 页。

③ 卓泽渊：《法的价值论》（第三版），法律出版社 2018 年版，第 229 页。

接关系到法律对被继承人的意愿推定与被继承人真实意愿之间接近或背离的程度。"[①] 因此，立法者在设计法定继承之具体规则时，应当审慎地考量被继承人可能的意愿。

2. 公平价值

公平在法律上从来都具有重要的意义，常常被人们视为法律的基本精神。《汉语大词典》将公平解释为"公正而不偏袒"。[②] 古希腊哲学家亚里士多德认为："从正义的分配含义来看，正义要求按照比例平等原则进行分配。将相等的东西给予相等的人，不相等的东西给予不相等的人。"[③] 到了资本主义时期，关于公平的不同观点之论辩越发激烈，占主流地位的是自由主义和平等主义两种不同的观点。"自由主义者认为，公平体现为'起点公平'和'过程公平'。只要是能够自由行动的人们以自己的方式在经济领域获得经济成就及经济价值，那么根据每个人的贡献程度分配给他相应的经济负担和经济利益就是公平的。而平等主义者认为，无论个人有多不同，都应该平等对待每个人。公平更应体现为结果的公平。"[④] 由此种观点可看出，公平往往与自由和平等相联系，是在民事主体地位平等且行为自由的基础上而得以实现的。关于什么是公平，我国学者也多有讨论。有人认为，"公平就是正义，是法律的最高价值"。[⑤] 有人认为，"公平就是同等地对待同类主体或同类事项"。[⑥] 也有人认为，"民法上的公平主要是从社会正义的角度出发，以人们公认的价值观和公认的经济利益上的公正、等价、合理为标准来确定的。重点应放在相关社会主体之间的权利

① 杨震：《我国法定继承人范围与顺序的历史检视与当代修正》，载《四川大学学报（哲学社会科学版）》2018 年第 1 期。

② 罗凤竹：《汉语大词典》（缩印），汉语大词典出版社 1997 年版，第 763 页。

③ ［古希腊］亚里士多德：《尼个马可伦理学》，廖申白译注，商务印书馆 2017 年版，第 10 页。

④ 王立争：《民法基本原则专论》，安徽大学出版社 2010 年版，第 32 页。

⑤ 孙国华：《市场经济是法制经济》，天津人民出版社 1995 年版，第 163 页。

⑥ 卓泽渊：《法的价值论》（第三版），法律出版社 2018 年版，第 359 页。

和义务、利益和负担的合理分配或分担上，强调这种分配或分担的结果可以为各方当事人和社会公众所接受”。[①] 笔者认为，第三种对公平的理解较为合理。“真正的和真实的意义上的‘公平’是一切法律的精神和灵魂。”[②] 当我们考察一项制度是否能够实现其所追求的公平价值时，不仅要考察结果的客观公平，也应当考察此种规范是否能够体现社会公众对公平的主观评价。“法律规范应当不会使人们感到他们受到的待遇与和自己地位相似者不同。”[③]

值得注意的是，公平与否的价值评判作为隐含于社会公众内心的一种基本价值标准还具有民族性与历史性，在不同地域及不同历史时期其具体内容和要求会有所不同。例如，在我国古代法中，家庭结构是以父子关系为轴心的，财产被认为应保留在男系家庭内部，因此女性继承权被排斥，财产一般只能由男性子孙继承的法律规定，这在当时看来是公平的，但依今日之观点来看则明显不公平。在当代中国，虽然法定继承制度较过去有了很大改变，但作为与人们生活息息相关的一项制度，法定继承之规则设计更应体现对民众习惯与传统观念的考量，以符合民众内心对公平的价值评判。我国古代将家文化置于重要地位，专门发展出如何把家建设好、维持好的一整套“治家之道”；西方人则相反，几乎完全没有“治家之道”的观念。[④] 这也是我们主张中国法定继承制度的设计不能完全照搬西方国家的原因之一。在中国，家庭在人们的观念中仍居于较高地位，父母在子女成年后仍对其全心付出，子女也会在父母年老后给予经济上的支持与精神上的慰藉。

---

① 赵万一：《论民商法价值取向的异同及其对我国民商立法的影响》，载《法学论坛》2003 年第 11 期。

② ［美］金勇义：《中国与西方的法律观念》，陈国平、韦向阳、李存捧译，辽宁人民出版社 1989 年版，第 79 页。

③ ［英］彼得·斯坦、约翰·香德：《西方社会的法律价值》，王献平译，中国法制出版社 2004 年版，第 3 页。

④ 笑思：《家哲学——西方人的盲点》，商务印书馆 2010 年版，第 354 页。

即使在当代，“父子笃、兄弟睦、夫妇和”的家庭生活也仍被众多国人向往。因此，能够体现维护家庭和谐统一的法定继承制度定能更好地体现继承法所追求的公平价值。

“从一定意义上来看，法律的存在就是为了保障公平，公平虽然不是法律的唯一目标，但它必定是法律的一个重要目标。”① 从法定继承制度来看，被继承人的子女不论是儿子还是女儿、婚生子女还是非婚生子女、自然生殖的子女还是人工生殖的子女，均平等地享有继承权，同一顺序的法定继承人继承份额均等，即为公平原则在法定继承中的体现。此外，笔者认为，法律所追求的公平价值应是一种实质上的公平而非形式上的平等。“与经济学上的公平主要关心社会成员的分配份额不一样，份额并非法律上的公平所关注的唯一要素，比份额更加被关注的是当事人的主观感受。”② 法定继承制度也不例外。在遗产分配的过程中，应当考虑各继承人与被继承人之间的亲密程度，体现其与被继承人之间亲属关系的亲疏远近以及付出与得到的平衡。例如，关于配偶的继承权，在现今夫妻轴心的核心家庭中，夫妻之间的相互付出与扶持理应在一方死亡而另一方参与遗产继承时予以考量。在对各继承主体继承顺序的先后、继承份额的大小进行设计时，应致力于实现各继承主体之间的公平。

3. 秩序价值

所谓秩序，按我国的传统解释：秩，常也；秩序，常度也。关于秩序的含义，国内外学者们多有论述，概括起来可以说：“秩序是规范体系作用于社会关系而建立起来的有条不紊的状态。”③ 秩序在人们的生活中非常普遍。无论是国家、阶级、阶层等“高

① 卓泽渊：《法的价值论》（第三版），法律出版社2018年版，第360页。

② 赵万一：《论民商法价值取向的异同及其对我国民商立法的影响》，载《法学论坛》2003年第11期。

③ 阮防：《法律的价值目标——富有正义、效率的秩序》，载《法学》1994年第7期。

级社会群体”，还是家庭、邻里等“初级社会群体”，均存在秩序。正如美国学者所言：“历史的经验告诉我们，无论人们在哪里建立了政治或社会组织单位，人们都试图防止无法控制的混乱，并试图建立一种适合人类生存的秩序。”① 在人类社会不断发展的历史进程中，人们始终没有停止对持续、稳定之社会秩序的追求。因为社会若陷入混乱，则人类就没有基本的生存和发展条件；相反，若社会运行有序，则社会上的各种关系都有了清晰的界限可以遵循，人类的生活才能处于安全稳定的状态。“正是因为有必要和稳定的社会秩序，社会的繁盛与可持续发展才有可能，历史上的繁盛时代也总是伴随着必要和稳定的社会秩序。”② 对秩序价值的追求，从来不仅仅是法律的目标。人类社会的道德、习惯、宗教戒律中都蕴含着秩序价值。最初的人类社会对秩序的追求主要体现在道德、习惯、宗教戒律中，随着国家和以国家强制力保证实施的法律的出现，人类逐渐以立法的方式来规范人的行为。这表明“人类已能自觉地实施有目的的设计以实现社会秩序”。而人们立法的过程贯穿着基于适应新发展社会的价值判断和选择，“这使得法律对人类社会的发展显示出难以比拟的优势”。③

从人类社会发展的角度看，人类社会经济的发展和人们生活的保障离不开稳定的社会秩序。秩序是通过各种规范来维持平衡的过程，规范是秩序的外观特征。法律对秩序价值的追求体现在社会生活的方方面面，如消除和抑制社会冲突，保障人民生活的稳定和安全、市场经济的正常运行以及政治关系的稳定等。从法定继承制度来看，我国古代的法定继承制度并不仅仅是财产在代际之间的传递，更关系到家族的延续及家庭生产的顺利进行，进而实现社会的稳定与国家的长治久安。我国传统的继承制度不是

---

① ［美］E. 博登海默：《法理学——法哲学及其方法》，邓正来、姬敬武译，华夏出版社 2004 年版，第 207 页。

② 周旺生：《论法律的秩序价值》，载《法学家》2003 年第 5 期。

③ 周旺生：《论法律的秩序价值》，载《法学家》2003 年第 5 期。

财产在个人之间的传递，而是通过分家析产的方式实现财产在代际间的传承。我国古代农业社会的家庭不仅仅是社会的基本组成单位，更是基本的经济单位，除了承担着家庭的生育、教育、抚养、赡养等职能外，还承担着组织生产的功能。因此，财产需要严格地保留在家庭内部，以实现家庭生产的有序进行。法定继承对于维系整个社会、家庭秩序的安定意义重大。而当今的法定继承制度与传统社会的财产继承之间有较大的区别，其关注点更多的是在个人财产之间的传递而非家庭财产的传承。但作为与民众生活息息相关的"生活中的法律"，秩序仍然是法定继承制度所要实现的基本价值之一。当被继承人死后，其遗留的财产该如何安排、遗产继承是否能够有序顺利地进行，直接影响着家庭成员间的团结与和睦，影响着老人的赡养与未成年人的抚养是否有所保障，进而决定了财产是否能够顺利地再次进入流通、社会秩序是否能够稳定和谐。虽然家庭的结构与功能已在一定程度上与过去有所不同，但不可否认的是，家庭仍是社会的基本组成单位，家庭的和谐与社会的稳定紧密相连。正如习近平总书记在讲话中指出的："家庭是社会的细胞。家庭和睦则社会安定，家庭幸福则社会祥和，家庭文明则社会文明……家庭的前途命运同国家和民族的前途命运紧密相连。"① 法定继承制度与家庭和睦的关系密不可分，如果法定继承制度不能很好地实现家庭维持的目的，不能得到大多数民众的内心认可，那么当被继承人去世后很容易因继承问题引发纠纷，损害家庭成员的内心情感，进而也影响社会的安定。

（二）我国法定继承制度的价值位阶

正如我国学者所言："制度的价值是一个多层次、多维度、多元化的庞大的体系，因此，自制度产生以来制度的价值冲突就是

① 习近平：《在会见第一届全国文明家庭代表时的讲话》（2016-12-12），载人民网，http：//jhsjk. people. cn/article/28953602，2019 年 7 月 20 日首次访问。

不可避免的。"[①] 法定继承制度也不例外，前述秩序、公平、自由三者之间，在法定继承制度设计时，是否有先后位阶之分。如果其中某两项或三项价值发生冲突，应当怎么选择？以何者优先？这是在完善我国法定继承制度时必须思考的首要问题。

笔者认为，在秩序、公平、自由三者之间，自由价值是法定继承制度首先追求的价值。自由对于人类而言是不可或缺的，它是"人类生存的应然状态和永远追求"。[②] 在私法领域，自由价值是法律追求的首要价值，法定继承制度属于民事法律的组成部分，自然也应以实现法律对自由的追求作为首要的价值目标。这主要体现在两个方面：一是在制度设计上，法定继承规则应当能够体现对被继承人生前财产处分意愿的推定。这就要求立法者应当尽可能地使法定继承的设计能够充分符合民众意愿。二是在制度适用上，遗嘱继承要优先于法定继承。这样的话，当人们觉得法定继承规则不能很好地体现被继承人的意愿时，便可以优先选择遗嘱继承，以实现其处理遗产的意愿。其次是法定继承应充分体现法的公平价值。与其他部门法相比，继承法同婚姻家庭法一样产生于民众的家庭生活，比其他部门法具有更强的伦理性，甚至可以说法定继承本身就是家庭伦理生活的一部分。因此，法定继承制度的设计需要考虑纷繁复杂的社会关系与盘根错节的亲属关系，尽可能地体现继承人与被继承人之间的亲疏远近以及付出与得到的关系，实现遗产在各继承人之间的公平分配。这主要反映在同一继承顺序继承人的法定应继份原则上均等即形式公平，而特殊情况的多分少分即实质公平。也就是说，法定继承制度所追求的不仅仅是形式上的公平更要追求实质上的公平。最后是秩序价值。在保证自由与公平的基础上，秩序也是法定继承所要追求的价值目标。法定继承制度与家庭和睦的关系密不可分，如果法定继承

① 卓泽渊：《法的价值论》（第三版），法律出版社 2018 年版，第 908、935 页。
② 卓泽渊：《法的价值论》，法律出版社 1999 年版，第 224 页。

制度不能很好地体现人们的意愿，不能很好地实现遗产的公平分配，那么被继承人去世后便很容易因继承问题引发纠纷。相反，如果法定继承制度符合被继承人的自由意愿，并且法定继承分配份额是公平的，则可建立良好的遗产分配秩序，有利于定分止争，维护社会的和谐稳定。当法定继承制度能够较好地体现公平与自由时，自然能更好地实现对秩序的追求。

二、我国法定继承制度中的利益平衡

"法律无非是一种利益的协调工具，这一功能在民法中体现得最为明显。"① 社会生活中不同主体的利益需要通过法律加以协调，法律协调和平衡利益的结果是形成一定的利益分配格局。立法者在进行制度设计时，对不同主体利益侧重的不同决定了法律规范的不同。法定继承制度作为与民众生活密切相关的、依据特定亲属关系规范死者财产转移的法律，与家庭生活有着天然的联系，宏观上其涉及个人、家庭与社会三个不同主体间的利益，微观上其涉及与被继承人关系密切的多个民事主体包括被继承人的配偶、血亲以及扶养对象等的利益。在各种主体的利益面前该如何取舍？怎样才能在各主体之间达成一种利益平衡的状态？在完善法定继承制度时，我们有必要对法定继承涉及的各主体间的利益平衡予以考量。

（一）法定继承在个人、家庭与社会之间的利益平衡

"继承有三要素，即个人、家庭与社会。"② 法定继承制度亦如是，其涉及个人、家庭以及社会的利益。正如我国学者所言："若要探究法律的目的，不外乎是要实现个人利益与社会利益的平衡，实现利己主义和利他主义的结合，从而在个人与社会之间建立起

① 何勤华、魏琼主编：《西方民法史》，北京大学出版社2006年版，第430页。
② ［意］密拉格利亚：《比较法律哲学》，朱敏章等译，中国政法大学出版社2005年版，第572页。

伙伴关系。"① 通过梳理法定继承制度的发展历史，我们看到，法定继承制度从其产生之日起，就与人类的家庭息息相关，也可以说是家庭生活的一种外在体现。随着社会经济的发展、家庭结构与功能的变迁，法定继承制度也经历了古代、近代到当代的变迁。在这个过程中，个人、家庭和社会三者之间的利益得以依某种特定方式达到微妙的平衡，三者间的关系此消彼长，总是能够形成圆融自洽的平衡逻辑。

在古代社会中，法定继承制度最关注的是家庭的利益。在古罗马，人类社会早期的一切法律制度均是围绕着父权展开的，父权是所有法律制度尤其是继承法律制度设计的中心。人们从未想过个体权利，甚至不知何为个体。"每个人首先是一个阶级中的成员，然后是一个氏族、大氏族或部落的成员，最后是一个家庭的成员。个体的个性为其家族所吞灭。"② 在继承法中，继承被看作家父权在后代中的延续，继承人所要继承的不仅仅是被继承人遗留的财产，更重要的是要继承被继承人家父的身份。这一时期的继承之目的在于使家族得以绵延不绝。继承等同于把家族的一个特征通过拟制而转移给个人，而"家族是一个法人，法人永生不灭"。③ 罗马法中法定继承人的范围是确定的，任何在被继承人生前受其权力直接支配，并因被继承人的死亡而成为一个"自权"人者，都是被继承人的正统必然继承人，如被继承人的子女、被继承人的没有父亲的孙子女等。在被继承人没有晚辈直系血亲的情形下，遗产由族亲、宗亲继承，这使得财产始终处于家族的势

---

① 张文显：《二十世纪西方法哲学思潮研究》，法律出版社 1996 年版，第 129 页。

② ［英］亨利·萨姆纳·梅因：《古代法：与社会远史及现代观念的联系》，郭亮译，法律出版社 2016 年版，第 87 页。

③ ［英］亨利·萨姆纳·梅因：《古代法：与社会远史及现代观念的联系》，郭亮译，法律出版社 2016 年版，第 115 页。

力范围内。[①] 这样，在法定继承下，个人的人格被家庭所吸收，家庭作为社会的最小组成单位，以将被继承人之财产保留在家庭内部，在完成财产传递的同时也完成家长身份的接替，使家族得以生生不息。死者的权益能够被合理、顺利地分配给相关人员，以达到稳定社会秩序的目的。传统的中国社会是围绕着“家”组织起来的。在中国人的传统观念中，“国”只是“家”的扩大，“家”是“国”的缩影。古人所说的“求忠臣于孝悌之家”，就说明了“国”与“家”的精神同构。[②] 我国传统的家庭财产关系是笼罩在宗祧关系之下的，对于家庭财产的占有、分配、继承或剥夺，全都在宗祧关系的名义下进行。家庭是以男系为核心的，女性在家庭中不能参与财产继承，但作为家庭成员可以对家庭财产享有共益权。统治阶级通过建构“君君、臣臣、父父、子子”的家国一体价值体系，强调国家利益高于家庭利益，家庭利益高于个体利益。当三者发生冲突时，乃依据国家、家庭、个人的顺位作出选择。人们通过分家析产的方式实现家庭财产在代际之间的传递，并承担起赡养老人和抚育子女的责任，以此维持家国天下的利益平衡格局。

资产阶级革命胜利以后，随着社会经济的发展及社会财富的增长，人类社会从传统的农业社会向工业社会转变，个人独立的主体地位在法律上得到进一步增强，维护个人的独立与自由已成为制定法律规范的主要指导思想。平等、自由、私权神圣等成为近代财产法的核心价值，个体从家庭的束缚中解放出来，社会交往的基本单位不再是家庭而是个人，个人的权利义务成为法律规范的对象。法定继承作为基于某些特定身份关系而产生的主体间

---

① 王艳慧：《西方继承法理念变迁的法哲学分析》，载《云南大学学报（法学版）》2013年第6期。

② 高永平：《中国传统财产继承背后的文化逻辑——家系主义》，载《社会学研究》2006年第3期。

财产转移的法律制度，也实现了从家庭本位到个人本位的立法理念转变，法定继承也完成了“从身份到契约的转变”。法律逐渐不再承认身份继承而仅规范财产继承，法定继承规范的是个人与个人之间财产的传递而非家庭财产的转移。此时的西方社会，个人成为社会的主体，人与人之间的关系代替了个人与家庭以及家庭与家庭之间的关系。法定继承制度确立了平等继承的原则，不论是儿子还是女儿、非婚生子女还是婚生子女、丈夫还是妻子，都平等地享有继承权。法定继承人的范围被缩小，各国多将继承人限制在配偶和一定范围的血亲之间。家族的延续不再是各国立法所关心的核心问题，核心在于个人财产权利的保护与意志自由的保障。不仅遗嘱继承中遵循被继承人的生前意志，在有的理论中，法定继承的规则也被视为应对被继承人意思的推定，认为“法定继承主要建立在对死者（意愿）的推定上，因而是默示的意图上”;① “立法机关当首先了解有财产的普通人立遗嘱时会对其财产做些什么，再来制定无遗嘱继承规则，这样的规则应该使他获得与立遗嘱有同等效力”。② 由此可以看出，这一时期法定继承的立法理念已由家庭本位转变为个人本位，个人的自由与权利也是法定继承制度尽力保障的目标，家庭不再是法定继承关注的重心，立法者寄希望于对个人权益的保护以促进社会经济的发展。这也确实取得了明显的成效。个人成为财产继承的主体，加之整个法律体系对个体权利的认可，人的智慧与激情得到充分的激发，财产的功能与效用也得到最大限度的发挥。社会生产力显著提高，资本主义经济实现了前所未有的发展，人类历史进入了一个从未有过的繁荣富庶的时期。这一时期，法定继承制度以家庭主体地

---

① ［德］弗里德里希·卡尔·冯·萨维尼：《法律冲突与法律规则的地域与时间范围》，李双元、张茂、吕国民、郑远民、程卫东译，法律出版社 1999 年版，第 164 页。

② ［英］F. H. 劳登、B. 拉登：《财产法》，施天涛等译，中国大百科全书出版社 1998 年版，第 209 页。

位淡出、个人主体地位张扬为特征，进而促进社会经济的发展与稳定，实现个人、家庭和社会三者的利益平衡。

任何事物的发展都具有辩证性，当个体权利被夸大到一个相当的高度时，其所带来的负面问题也接踵而至。19 世纪末 20 世纪初，西方近代民法个人本位赖以维系的基础开始逐渐丧失，贫富差距的加大、经济危机的出现、社会资源被浪费等都导致社会一度陷入混乱的状态。纯粹的个人主义也开始不再适应社会，在自由资本主义阶段被认为符合社会正义的个人本位的民法观念，开始被认为因过分强调权利将导致权利的滥用而不符合社会正义了，人们开始反思自由与权利的边界，法学家们也试图寻找一种新的理论以在个人与社会之间寻求平衡。法国法学家狄骥指出："目的要素及其社会价值是使得传统民法发生深刻变革的一个新要素。"① 他认为，"每个人生来就是集体中的一员，他必须在社会中生存，也只能以社会作为他赖以生存的依靠"。② 美国法学家庞德将利益分为个人利益、公共利益和社会利益。他认为，"这三者中社会利益是最重要的。而家庭法作为在社会稳定安全和个人生活之间寻求平衡的法律部门也必定受到这种变化的巨大影响"。③ 因此，西方各国的法定继承制度也出现了从个人本位向社会本位转变的趋势。例如，在被继承人去世时应为已经受孕的胎儿保留一定的遗产份额；对被继承人生前扶养的人赋予一定的遗产请求权；对配偶的权益给予特别的保护，包括允许配偶优先取得生前共同居住的房屋及动产等的权利。可见，法定继承已从过去的注重被继承人的人格、身份、地位的延续，转移到更多地关注遗产的经济功能。在立法者的心目中，继承时应当尽量考虑那些与被继承人共

---

① ［法］狄骥：《〈拿破仑法典〉以来私法的普通变迁》，徐砥平译，中国政法大学出版社 2003 年版，第 91 页。

② ［法］狄骥：《宪法论》（第 1 卷），钱克新译，商务印书馆 1962 年版，第 153 页。

③ ［美］罗斯科·庞德：《法理学》（第 3 卷），廖德宇译，法律出版社 2007 年版，第 222 页。

同生活、在被继承人生前给予较多支持的人，以及在被继承人死后需要依靠其财产维持生活的人，给予他们一定的财产作为回报或维持生活。这样的考量也被人们普遍认为是符合公平价值的。“近现代法以保护个体财产利益为其核心目的的结果之一，就是使得遗产继承承担了许多的社会义务，并且是强制性的义务。”[①] 当然，我们不能忽视的是，对个人财产权保护的观念已深深植根于人们的脑海，成为人们内心坚定信仰的法则。因此，在当今社会，虽然法学家们往往强调法定继承也须负有社会义务，但这种义务也依然是建立在对私有财产权有效保护的基础上的。可以看出，这一时期，在坚持维护个人利益的同时，法定继承制度将目光更多地投向了社会利益，以求在对个人权益给予一定限制的基础上，更好地实现社会利益。

综上，可以看出，在法定继承制度长期的历史演变过程中，法定继承的理念与规范是随着经济的发展以及法律文化的进化而不断演进的，“它包含了法学家、思想家们对个人、家庭与社会的理解和看法，体现了法定继承的基本价值和理念”。[②] 在这个过程中，个人、家庭与社会在法定继承法律关系中的利益在每个不同时期都是相互联系且相互依存的，但三者的地位和力量又是不断变化、此消彼长的。归根结底，这是由经济基础决定的人们对个人、家庭和社会三者利益追求和期待的一种矛盾运动。笔者认为，法定继承这一反映民众家庭生活的财产分配方案，也应力求促进个人、家庭与社会利益的协调统一，在个人利益、家庭利益与社会利益之间寻求平衡。这就要求法定继承制度既要保护个人私有财产所有权以及对财产的“自由处分”，以保证个人利益能够在最大限度上得到扩张，也要保护基于家庭伦理与社会责任而产生的满足巩固与维护家庭和社会利益的需求。然而，经济生活的复杂

---

① 费安玲：《罗马继承法研究》，中国政法大学出版社 2000 年版，第 183 页。

② 李宏：《西方遗嘱继承理念变迁及规律》，载《法律科学》2010 年第 5 期。

性决定了平衡并非易事，这种平衡只能是动态的，是无限地接近的。

我国 1985 年《继承法》在制定之初确立起平等、自由以及私有财产保护的同时，已将目光投向了对家庭中弱者利益的保护。《继承法》中关于法定继承人的范围与顺序、必留份、丧偶儿媳与丧偶女婿的继承权等的规定，都体现了对遗产赡养功能的关注。但不能否认的一点是，《继承法》在制定时以苏联及其他社会主义国家的立法为学习模板，忽略了从本国历史的立法资源中汲取养分。正如我国学者所言："在现代社会中，婚姻家庭仍然是构成社会的基本单位，也仍然承担着赡养老人和抚育子女的职能。婚姻家庭关系的稳定，不仅关系到夫妻双方及他们的子女的利益，而且关系到社会的稳定和发展。"婚姻家庭与继承法的关系密不可分，正因为婚姻家庭无论是对个人还是社会都具有极为重要的意义，因此在完善法定继承制度的过程中不能忽略对婚姻家庭传统与现状的考量。一方面，应当考察我国现阶段家庭的结构与功能以及民众的家庭观念，使法定继承制度能够有利于维护家庭的稳定与和谐，巩固和维持婚姻家庭共同体；另一方面，亦需关注家庭中个体的权益，保障家庭成员能够被平等地对待；同时，还应关注社会利益的实现，在一定程度上向那些需要遗产供养以及在被继承人生前对其提供了较多供养之人倾斜。以期更好地实现法定继承制度在个人、家庭与社会三者间的利益平衡。

（二）法定继承在配偶与血亲继承人之间的利益平衡

一般认为，法定继承人的选择概以血缘和婚姻关系为基础，"古往今来还从未发现有任何一个国家制定的财产继承法抛开了血缘关系和婚姻关系"。[①] 但除这二者以外，在法定继承人的确定问题上，应逐步突破传统以血缘和婚姻关系为基础的观念，将与被

① 刘春茂主编：《中国民法学·财产继承》，中国人民公安大学出版社 1990 年版，第 131 页。

继承人之间形成的共同生活关系或扶养关系等也作为确定继承人的依据。在我国，法定继承人范围的确定依据为血缘关系、婚姻关系及扶养关系。受扶养的对象一般有两类人，一类本身就是有继承权的亲属，另一类则是与被继承人没有亲属关系的人。对于第二类人，主要出于对其基本生活维持的角度考虑，所能享有的遗产份额一般不大。因此，此处主要讨论的是配偶与血亲继承人之间的利益平衡问题。

在古罗马，妇女与儿童一样被视为无行为能力人，不具有法律上的人格，其理应处于家长的保护之下。未成年女性处于其父亲家族家长的保护之下；成年妇女如果缔结有夫权的婚姻，则处于夫家家长的保护之下，待其儿子长大成为家长，其又处在自己儿子的家长权下。这与我国古代妇女“在家从父，出嫁从夫，夫死从子”有异曲同工之处。总之，在古代社会，女性是没有继承权的，因而法定继承排斥女性配偶的继承权。到了近现代社会，随着经济的发展与女性独立运动的展开，法律一改以往的态度，赋予了女性与男性平等的权利，各国的法定继承中也相继确立了男女平等的原则。女性也同男性一样可以继承夫妻关系中另一方的遗产。而且随着家庭结构的缩小，继承人的范围也普遍缩小，配偶在法定继承中的地位日益受到重视，西方各国也相继通过修改继承法提高配偶的应继份额。在被继承人遗产数量一定的情况下，配偶继承份额的提高，意味着血亲继承人可继承份额的减少；而若配偶继承份额降低，则意味着血亲继承人的继承份额增加。而配偶继承权的从无到有，继承份额从小到大的变化，也体现了对配偶在婚姻家庭中的地位与作用之观念的变化。笔者认为，配偶继承权基于婚姻关系而产生。婚姻双方在缔结婚姻关系之后组成家庭，不可避免地会在家庭内部产生一系列权利义务关系。正如我国学者所指出的：“夫妻之间所建立的不仅仅是男女间的良性关系，而且还是共同负责抚育子女的合作关系。缔结婚姻关系即等同于同时缔结了夫妇和亲子两种相联的社会关系。”[1] 夫妻间虽然没有血缘关系，却能产生新的血缘关系。从这个意义上说，婚姻关系是血缘关系的前提，能够派生出血缘关系。[2] 故而当配偶一方死亡后，另一方就理所当然地取得了财产的继承权。在现今社会，家庭结构呈现出日益小型化、核心化的特点，夫妻关系成为家庭关系的中心。今日谓之家庭，多是指由夫妻二人与未成年子女共同组成的核心家庭。在这样的家庭中，夫妻双方共同劳动、共同生活、共同抚育子女和赡养老人，以共同的收入维持家庭的经济生活，并且在精神上互相关心、互相慰藉。传统社会中由全体家庭成员共同分担的家庭生产乃至社会生产之职能，在今天全部落到了夫妻二人的身上。过去被津津乐道的兄弟手足之情，在今天也往往不如夫妻之间亲密。一旦夫妻关系解体，也即意味着家庭关系的分崩离析。而夫妻之间并无血缘联系，夫妻关系建立在相互吸引和爱慕的基础上，能够支撑他们维系夫妻关系的仅为伦理和情感等主观因素而非血缘亲情。中国人自古以来强调“血浓于水”，血缘联系难以割舍，“而夫妻之间的这种建立在感情联系基础上的关系使得夫妇式家庭既亲密又脆弱，如果夫妻任何一方感到不能从家庭中得到爱和安慰，那么双方也就难以继续相处”。[3] 因此，要维护今日之家庭的稳固，除了弘扬社会主义家庭伦理观念，提倡夫妻间的关爱互助，必须依靠制度。“因为相较于其他家庭成员，夫妻间的亲情是通过婚姻而不是血缘建立的，所以若制度构建合理，对维系家庭的稳定可锦上添花，若制度建构

---

① 费孝通：《乡土中国 生育制度》，北京大学出版社 1998 年版，第 159 页。

② 刘春茂主编：《中国民法学·财产继承》，中国人民公安大学出版社 1990 年版，第 132 页。

③ [美] W. 古德：《家庭》，魏章玲译，社会科学文献出版社 1986 年版，第 155 页。

不合理则有可能使家庭走向瓦解。”① 在法定继承中优先考虑配偶的继承权，方能与变化了的家庭结构相适应，这有利于促进和谐的家庭关系、维护家庭的稳定，也有利于实现家庭成员个人的发展和社会的稳定。

综上所述，从宏观上看，法定继承制度涉及个人、家庭和社会的利益；从微观上看，法定继承制度涉及配偶与血亲继承人的利益。我们对法定继承制度的反思，应当是力图建构一种平衡机制，能够在多种主体之间实现利益的平衡，从而促进遗产的顺利流转，实现遗产的养老育幼功能，以及法定继承对秩序、公平和自由价值的追求，从而使得遗产可以顺利进入生产和再生产领域，被继承人的意愿与各继承人的合法权利都能得以实现，进而维护社会的稳定与发展。

---

① 曹贤信、陈雪云：《夫妻财产制的过去、现在与未来——基于婚姻法司法解释三的思考》，载《江西教育学院学报（社会科学版）》2013 年第 4 期。

第四章 法定继承人的范围与顺序研究

第一节 我国法定继承人的范围与顺序之立法现状与民众习惯考察与评析

一、我国法定继承人的范围与顺序之立法现状考察

根据我国1985年《继承法》的规定，我国法定继承人的范围与顺序如下：第一继承顺序为配偶、子女、父母，第二继承顺序为兄弟姐妹、祖父母、外祖父母。继承开始后，按继承顺序的先后继承，没有前一继承顺序继承人的方由后一顺序继承人继承。此外，对公婆、岳父母尽了主要赡养义务的丧偶儿媳或丧偶女婿，为第一顺序继承人。被继承人的子女先于被继承人死亡的，该子女的晚辈直系血亲代位继承。①

我国于2020年5月28日通过的《民法典》第六编“继承”的第二章为“法定继承”，对法定继承制度作出了规定。其中第1127条是关于法定继承人范围与顺序的规定，该条规定的法定继

① 我国《继承法》第10~12条。

承人范围与顺序同 1985 年《继承法》的规定保持一致。[①] 但《民法典》第 1128 条关于代位继承的规定，实际上扩大了法定继承人的范围。除继续规定被继承人子女的晚辈直系血亲可代位继承外，该条增加规定了被继承人的兄弟姐妹先于被继承人死亡时其子女可代位继承，即将被继承人兄弟姐妹的子女也纳入法定继承人的范围。此外，关于对公婆和岳父母尽了主要赡养义务的丧偶儿媳、丧偶女婿，也仍沿用 1985 年《继承法》的规定，可作为第一顺序继承人参与继承。[②]

二、我国法定继承人的范围与顺序之民众习惯考察

正如我国学者所言，利用本土的法治资源，注重我国法律文化的传统与实际，是建设我国法治道路不可或缺的因素。[③] 比起国家制定法，那些来源于民众生活的习惯更能够影响普通民众，也更直接地规范着民众的生产生活。不仅如此，许多时候法律可能是对社会生活中通行的习惯的认可，虽然制定法由于有国家强制力的支撑，显得更容易被贯彻和执行，但实际上往往是那些与民众习惯保持一致或者近似的规定才能真正得到有效的贯彻和执行。法定继承制度作为与民众生活息息相关的一项法律制度，来源于民众的家庭生活，我们在试图对法定继承制度进行研究的过程中，离不开对民众继承习惯与观念的考察与研究。有鉴于此，本书在对法定继承制度的具体内容进行研究时，拟对我国民众的法定继承习惯进行考察研究，并与我国法定继承制度的立法现状进行比较评析，以审视我国继承立法与民众习惯存在哪些异同，为后文对我国法定继承制度的完善思考提供依据。我国有学者于 2006 年、

① 《民法典》第 1127 条仍然规定了两个继承顺序：第一顺序继承人为配偶、子女和父母，第二顺序继承人为兄弟姐妹、祖父母、外祖父母。

② 《民法典》第 1127~1129 条。

③ 参见苏力：《法治及其本土资源》，中国政法大学出版社 1996 年版，第 6 页。

2017年先后两次对我国民众的继承习惯进行了广泛、深入的实证调研，且两次调研均有针对法定继承相关内容进行的实证调查。本书将引用借鉴该两次实证调研的数据对我国民众的法定继承习惯进行分析研究。①

关于法定继承人的范围，根据我国学者于2006年所进行的《当代中国民众继承习惯调查实证研究》的调查数据，北京、重庆、武汉、山东等四省市的被调查者认可的法定继承人范围，除1985年《继承法》② 规定的范围之外，还包括侄子女、外甥子女和与死者生前长期共同生活的其他人。选择侄子女、外甥子女和与死者生前长期共同生活的其他人的被调查者，在北京市的被调查者中分别占8.6%、7.3%和6.2%，在重庆市的被调查者中分别占33.33%、31.16%和25.40%，在武汉市的被调查者中分别占20.2%、22.2%和20.3%，在山东省的被调查者中分别占66.2%、65.1%和44.5%。③ 根据我国学者2017年所进行的《当代中国民众财产继承观念与遗产处理习惯实证调查研究》的调查数据，我国民众所认可的法定继承人范围，除1985年《继承法》规定的范围之外，还包括侄子女、外甥子女、伯叔姑舅姨、堂兄弟姐妹、

---

① 由西南政法大学陈苇教授主持的《中国民众继承习惯调查》课题组，于2005年10月至2006年7月，在我国北京、重庆、武汉、山东四省市开展了针对我国民众继承习惯的社会调查。由陈苇教授主持的《当代中国民众财产继承观念与遗产处理习惯实证调查研究》课题组，于2017年在我国重庆、吉林、上海、河北、湖北、江西、四川、广东、海南、福建等十个省市开展了对我国民众财产继承观念与遗产处理习惯的社会调查。本文作者有幸参与了前述2017年进行的社会调查。两次调查的时间间隔有10年。对两次数据进行对比研究，可以更好地了解我国民众的继承观念。本书中关于我国民众法定继承习惯的调研数据均出自这两项调查研究。参见陈苇：《当代中国民众继承习惯调查实证研究》，群众出版社2008年版；陈苇主编：《当代中国民众财产继承观念与遗产处理习惯实证调查研究》（上、下卷），中国人民公安大学出版社2019年版。

② 由于此部分引用的调查数据形成于《民法典》颁布前，故仍使用1985年《继承法》作为比较对象。

③ 陈苇：《当代中国民众继承习惯调查实证研究》，群众出版社2008年版，第140~145、310~311、442、538~539页。

表兄弟姐妹等未被《继承法》纳入继承人范围的亲属。例如，认为侄子女、外甥子女可作为法定继承人的，在重庆市的被调查者中占24.69%，在上海市的被调查者中占26.91%，在河北省的被调查者中占32.50%，在吉林省的被调查者中占33.00%，在湖北省的被调查者中占31.79%；认为伯叔姑舅姨可以作为法定继承人的，在重庆市的被调查者中占25.55%，在上海市的被调查者中占27.67%，在河北省的被调查者中占31.58%，在吉林省的被调查者中占30.33%，在湖北省的被调查者中占36.72%；认为堂兄弟姐妹可以作为法定继承人的，在重庆市的被调查者中占24.61%，在上海市的被调查者中占24.62%，在河北省的被调查者中占28.02%，在吉林省的被调查者中占45.50%，在湖北省的被调查者中占27.92%；认为表兄弟姐妹可以作为法定继承人的，在重庆市的被调查者中占15.14%，在上海市的被调查者中占27.23%，在河北省的被调查者中占24.89%，在吉林省的被调查者中占15.08%，在湖北省的被调查者中占19.43%。① 由此可见，在前后两次调研中，被调查者所认为的法定继承人范围都包括侄子女、外甥子女。除此之外，在2017年针对10省市的调研中，被调查者还认为伯叔姑舅姨、堂兄弟姐妹、表兄弟姐妹等也应被包含在法定继承人范围内。

关于丧偶儿媳、女婿是否应作为第一顺序继承人，根据我国学者2017年所进行的《当代中国民众财产继承观念与遗产处理习惯实证调查研究》的调查数据，认为“丧偶儿媳或女婿尽了主要赡养义务的可以作为第一顺序的法定继承人参与继承”的被调查

① 从我国学者于2017年进行的《当代中国民众财产继承观念与遗产处理习惯实证调查研究》（上、下卷）结果来看，十个省市的调查结果存在许多共同点，说明我国不同地域的民众关于法定继承的传统习惯与观念近似。鉴于篇幅限制，本书选取其中针对重庆、上海、河北、吉林、湖北五个省市的调研数据进行研究分析。陈苇主编：《当代中国民众财产继承观念与遗产处理习惯实证调查研究》（上卷），中国人民公安大学出版社2019年版，第24、136、229、323、419页。

者，在重庆市、上海市、河北省、吉林省、湖北省的被调查者中分别占 67.67%、70.44%、69.84%、60.84%、64.01%；认为“尽了主要赡养义务的丧偶儿媳、女婿不应作为第一顺序的法定继承人，但可以分得适当遗产”的被调查者，在重庆市、上海市、河北省、吉林省、湖北省的被调查者中，分别占 29.65%、26.42%、25.75%、37.33%、32.62%。[①] 由此可见，前述 5 个省市的被调查者中认为“丧偶儿媳或女婿尽了主要赡养义务的可以作为第一顺序法定继承人”的超过六成，但也有二成半到三成半的被调查者认为“丧偶儿媳或女婿尽了主要赡养义务的可分得适当遗产，而不应作为第一顺序法定继承人”。

关于法定继承顺序。首先，关于第一、第二继承顺序，根据我国学者于 2006 年所进行的《当代中国民众继承习惯调查实证研究》的调查数据，在北京市的被调查者中，主张配偶、子女、父母作为第一顺序继承人的占比分别为 73.7%、38.70%、27.50%，主张兄弟姐妹、祖父母和外祖父母作为第二顺序继承人的占比分别为 13.1%、7.25%；在重庆市的被调查者中，主张配偶、子女、父母作为第一顺序继承人的占比分别为 85.53%、43.11%、29.84%，主张兄弟姐妹、祖父母和外祖父母作为第二顺序继承人的占比分别为 13.1%、7.5%；在武汉市的被调查者中，主张配偶、子女、父母作为第一顺序继承人的占比分别为 69.55%、36.45%、28.60%，主张兄弟姐妹、祖父母和外祖父母作为第二顺序继承人的占比分别为 17.6%、12.2%；在山东省的被调查者中，主张配偶、子女、父母作为第一顺序继承人的占比分别为 82.70%、51.95%、38.95%，主张兄弟姐妹、祖父母和外祖父母作为第二顺序继承人的占比分别为 28.8%、18.6%。[②] 根据我国学者 2017 年

① 陈苇主编：《当代中国民众财产继承观念与遗产处理习惯实证调查研究》（上卷），中国人民公安大学出版社 2019 年版，第 29、142、234、327、424 页。

② 陈苇：《当代中国民众继承习惯调查实证研究》，群众出版社 2008 年版，第 141、311、442、538 页。

所进行的《当代中国民众财产继承观念与遗产处理习惯实证调查研究》数据，在重庆市的被调查者中，主张配偶、子女、父母作为第一顺序继承人的占比分别为87.07%、69.55%、63.72%，主张兄弟姐妹、祖父母和外祖父母作为第二顺序继承人的占比分别为41.09%、48.82%；在吉林省的被调查者中，主张配偶、子女、父母作为第一顺序继承人的占比分别为94.17%、57.83%、54.17%，主张兄弟姐妹、祖父母和外祖父母作为第二顺序继承人的占比分别为39.67%、45.83%；在上海市的被调查者中，主张配偶、子女、父母作为第一顺序继承人的占比分别为89.54%、65.65%、68.28%，主张兄弟姐妹、祖父母和外祖父母作为第二顺序继承人的占比分别为44.34%、48.04%；在河北省的被调查者中，主张配偶、子女、父母作为第一顺序继承人的占比分别为92.03%、62.88%、67.97%，主张兄弟姐妹、祖父母和外祖父母作为第二顺序继承人的占比分别为44.45%、44.67%；在湖北省的被调查者中，主张配偶、子女、父母作为第一顺序继承人的占比分别为91.20%、70.94%、65.54%，主张兄弟姐妹、祖父母和外祖父母作为第二顺序继承人的占比分别为45.60%、44.16%。① 其次，根据前述我国学者于2006年、2017年调查的数据，前述各省市的被调查者均填写有第三、第四顺序的法定继承人，且第三顺序的法定继承人包括侄子女、外甥子女、伯叔姑舅姨、堂表兄弟姐妹等亲属。② 由此可见，在我国学者分别于2006年、2017年进行的调研中，关于第一顺序继承人，前述各省市的被调查者认为应作为第一顺序法定继承人的亲属，根据被调查者的认可度排序

---

① 陈苇主编：《当代中国民众财产继承观念与遗产处理习惯实证调查研究》（上卷），中国人民公安大学出版社2019年版，第24、136、229、323、419页。

② 参见陈苇：《当代中国民众继承习惯调查实证研究》，群众出版社2008年版，第141、311、442、538页；陈苇主编：《当代中国民众财产继承观念与遗产处理习惯实证调查研究》（上卷），中国人民公安大学出版社2019年版，第24、136、229、323、419页。

依次为：配偶、子女、父母。其中，主张配偶作为第一顺序继承人的被调查者占比明显高于选择子女、父母作为第一顺序的被调查者，主张子女作为第一顺序继承人的被调查者占比略高于主张父母作为第一顺序的被调查者。比较前后两次调研的数据，后一次的被调查者中认为配偶应为第一顺序继承人的占比较第一次调研的更高。关于第二顺序继承人，前述各省市的被调查者中，主张兄弟姐妹作为第二顺序继承人的与主张祖父母和外祖父母作为第二顺序继承人的被调查者占比较为接近。这说明，在我国民众的观念中配偶的继承权是在首位的，在父母和子女之间，被调查者更倾向于由子女优先继承遗产；同时也可看出，在民众心目中，法定继承人之顺序体现了亲属关系的亲疏远近，亲属关系越远则继承顺序越靠后。

三、我国法定继承人的范围与顺序之立法现状与民众习惯评析

从前述对我国立法现状与民众法定继承习惯的考察来看，二者之间存在差异。

从法定继承人的范围上看。首先，虽然《民法典》继承编对我国法定继承人的范围进行了扩充，但我国民众的继承习惯中认可的被继承人范围仍然更广。这一方面是受到我国传统的家庭及继承观念的影响，即使在核心家庭普遍存在的今天，我国民众在社会交往中仍保持着很大程度的亲缘往来，除了父母子女间的交往，兄弟姐妹及他们各自组成的家庭之间仍交往密切。在民众的心目中，兄弟姐妹以及他们的后代、父母的兄弟姐妹以及他们的后代等亲属，都是与自己同出于一个父祖的血缘亲属，在没有与自己关系最亲密的核心家庭、主干家庭的成员作为继承人时，人们倾向于由与自己有同源直系血亲的亲属们继承自己的遗产，而不是由国家取得。另一方面也体现了我国现实中养老的需要。目前，“家庭养老”仍是我国老年人的主要养老模式。在老年人的子

女先于老年人去世或子女不在身边的情况下，老年人往往会接受其他血缘关系较近的亲属照顾，尤其是侄子女、外甥子女给予精神上的慰藉、经济上的供给及生活上的帮助的情况较多。[①] 相应地，在老年人去世后，由其侄子女、外甥子女等关系较近的亲属继承遗产也是被多数民众所认可的。其次，《继承法》和《民法典》均规定尽了主要赡养义务的丧偶儿媳或女婿可以作为第一顺序继承人，但从前述我国学者于 2017 年所进行的对我国民众继承习惯的调查结果来看，重庆、吉林、上海、河北、湖北五个省市的被调查者有二成半到三成半认为“丧偶儿媳或女婿尽了主要赡养义务的可分得适当遗产，而不应作为第一顺序法定继承人”。这说明 1985 年《继承法》便已规定尽了主要赡养义务的丧偶儿媳或丧偶女婿的继承权，但仍有部分地区存在不同的习惯。这主要是因为，将尽了主要赡养义务的丧偶儿媳或丧偶女婿作为第一顺序的法定继承人，在该丧偶儿媳或丧偶女婿有子女可以作为法定继承人的情况下，该家庭将取得两份遗产，且还会导致遗产流向被继承人的家族外部，这不符合依常理对被继承人意愿作出的推断。[②]

从法定继承顺序上看，《继承法》与《民法典》均将配偶与父母、子女置于同一顺序，将兄弟姐妹、祖父母、外祖父母置于同一顺序，但前述各省市的被调查民众多认为配偶的继承顺序是首位的，子女的继承顺序优于父母。究其原因，一方面，由于家庭结构小型化、核心化带来的影响。在核心家庭或夫妇式家庭中，夫妻才是家庭关系的重心，夫妻之间互相扶持，共同抚育子女、赡养老人、创造财富，因此配偶的继承权也是最为被调查者看重的。另一方面，由于我国自古便有财产单向向下传递的习惯，家

① 陈苇、李艳：《论我国民法典“继承编”法定继承制度之立法完善——基于四川省民众法定继承观念与遗产处理习惯的问卷调查》，载《学术论坛》2018 年第 4 期。

② Wei Chen; Lei Shi, “A Survey on the Intestate Succession Views and Relevant Habits of Private Entrepreneurs in Contemporary China and Its Legislative Implications ”, *International Survey of Family Law*, Vol. 2018, p. 160.

庭中的财产一般向晚辈直系血亲传递而不会向上传递，所以在前述各省市的被调查者中，支持子女作为第一顺序继承人的被调查者比支持父母作为第一顺序继承人的被调查者所占比例稍高。

第二节　法定继承人的范围与顺序之国外立法考察与评析

关于法定继承制度，世界各国的规定各有特色。故本书在对法定继承制度的各项内容进行研究时，拟在考察大陆法系和英美法系代表性国家法定继承制度主要内容的基础上，对各国的法定继承制度进行比较评析，以期为完善我国的法定继承制度提供有益参考。

一、法定继承人的范围之国外立法考察

（一）大陆法系国家法定继承人的范围与顺序

1. 法国立法例

在法国，血亲继承人的范围与继承顺序如下：第一顺序为被继承人的子女和他们的直系卑血亲。第二顺序为父母、兄弟姐妹以及他们的晚辈直系血亲。第三顺序为父母之外的长辈直系血亲，亲等近者优先。第四顺序为除兄弟姐妹及其晚辈直系血亲以外的旁系亲属。但超过六亲等的旁系血亲不参与继承。在每一个继承顺序中，最近亲等的继承人排除最远亲等的继承人，前一顺序的继承人排除后一顺序的继承人。①

配偶无固定的继承顺序，而是在被继承人有子女或晚辈直系

① 《法国民法典》第734~735、739~740、744~745条。参见罗结珍译：《法国民法典》，北京大学出版社2010年版，第208~210页，本书所引用《法国民法典》之条文均出自该书。

血亲时与他们一同继承，在没有子女或晚辈直系血亲时与父母一同继承，在既没有子女或晚辈直系血亲又没有父母时独自继承。[①]

2. 德国立法例

在德国，血亲继承人的范围与继承顺序如下：第一顺序为被继承人的晚辈直系血亲，晚辈直系血亲先于被继承人死亡的，由其与被继承人有血统关系的晚辈直系血亲代位继承；在继承开始时已孕育但尚未出生的胎儿，视为在继承开始前已出生。第二顺序为被继承人的父母和父母的晚辈直系血亲。第三顺序为被继承人的祖父母、外祖父母及其晚辈直系血亲。第四顺序为被继承人的祖父母、外祖父母的父母及其晚辈直系血亲。第五及更远顺序的法定继承人为比前述四个继承人辈分更大的祖先及其晚辈血亲。[②]

配偶无固定的继承顺序，其可与前三个顺序的继承人一起继承遗产。[③] 但如果被继承人在生前已经申请或同意离婚，且已满足离婚的条件，则生存配偶丧失继承权以及先取权。被继承人申请婚姻废止的亦如此，但在此情况下，配偶依据《德国民法典》第1569–1586b条的规定享有受扶养的权利。[④]

3. 瑞士立法例

在瑞士，血亲继承人的范围与继承顺序如下：第一顺序为被继承人的晚辈直系血亲，如子女先于被继承人死亡，则由子女的晚辈直系血亲按照亲等顺序代位继承。第二顺序为父母，如父母先于被继承人死亡，则由父母的晚辈直系血亲按照亲等顺序代位继承。第三顺序为被继承人的祖父母、外祖父母，如祖父母、外祖父母先于被继承人死亡，则由其晚辈直系血亲代位继承，亲等

---

① 《法国民法典》第756、757、757–1、757–2条。

② 《德国民法典》第1936条。参见陈卫佐译注：《德国民法典》，法律出版社2015年版，第567~570页，本书所引用《德国民法典》之条文均出自该书。

③ 《德国民法典》第1923~1931条。

④ 《德国民法典》第1933条。

近者优先。没有晚辈直系血亲的，由其所属亲系的继承人继承。[①]

生存配偶和登记的同居伴侣继承顺序不固定，可参与第一、第二顺序共同继承。无第一、第二顺序继承人的，全部遗产由配偶或登记的同居伴侣继承。没有任何自然人继承人的，其遗产归属于其最后住所地的州，或依据州法所指定的乡镇。[②]

4. 俄罗斯立法例[③]

俄罗斯法律规定的法定继承人的范围与顺序如下：第一顺序为被继承人的子女、配偶和父母，尚未出生的已孕育的胎儿也是继承人，遗产的分割只能在该继承人出生后进行。被继承人的孙子女、外孙子女及其后代代位继承。第二顺序为被继承人的兄弟姐妹、祖父母、外祖父母，兄弟姐妹的子女可代位继承。第三顺序为被继承人父母的兄弟姐妹（包括全血缘和半血缘），他们的子女可代位继承。第四顺序为被继承人的曾祖父母和外曾祖父母。第五顺序为被继承人的亲侄子女和亲外甥、外甥女的子女，被继承人祖父母、外祖父母的亲兄弟姐妹。第六顺序为被继承人的侄孙子女和侄外孙子女的子女，祖父母、外祖父母的兄弟姐妹以及堂表祖父母的子女。第七顺序为被继承人的继子女和继父母。[④] 前述七个顺序的法定继承人，在继承开始之日无劳动能力但又不属于可参与继承的，如果受被继承人生前供养达一年以上，则无论其是否与被继承人共同生活，都可参与继承且与其他继承人同等享有继承权。此外，不属于前述七个顺序范围内，但在继承开始时没有劳动能力，并且至少受被继承人生前供养和与之共同生活

---

① 《瑞士民法典》第 457~460 条。参见于海涌、赵希璇译：《瑞士民法典》，法律出版社 2016 年版，第 169~171 条，本书所引用《瑞士民法典》之条文均出自该书。

② 《瑞士民法典》第 462、466 条。

③ 《俄罗斯联邦民法典》第 1142~1148 条。参见黄道秀译：《俄罗斯联邦民法典》，北京大学出版社 2007 年版，第 395~397 页，本书所引用《俄罗斯联邦民法典》之条文均出自该书。

④ 《俄罗斯联邦民法典》第 1142~1145 条。

一年的公民，在有其他法定继承人的情况下，他们与参加继承的其他继承人享有同等继承权；在没有前述七个顺序的继承人时，该受被继承人供养的无劳动能力人自动成为第八顺序继承人。①

5. 日本立法例

日本法中法定继承人的范围与顺序如下：第一顺序为被继承人的子女，子女先于被继承人死亡的，该子女的子女可代位继承，胎儿视为已出生。第二顺序为被继承人的直系尊亲属，以亲等近者优先。第三顺序为被继承人的兄弟姐妹，其子女可代位继承。②

配偶无固定的继承顺序，可以与任何顺序的血亲继承人一起继承遗产。③

（二）英美法系国家法定继承人的范围与顺序

1. 英国立法例

在英国，血亲继承人的范围与顺序如下：第一顺序为晚辈直系血亲，其中婚生子女、非婚生子女以及养子女都属于第一继承顺序。④ 第二顺序为父母。第三顺序为同父同母的兄弟姐妹及其晚辈直系血亲。第四顺序为同父异母和同母异父的兄弟姐妹及其晚辈直系血亲。第五顺序为被继承人的祖父母、外祖父母。第六顺序为父母的同父同母的兄弟姐妹。第七顺序为父母的同父异母和同母异父的兄弟姐妹。⑤

---

① 《俄罗斯联邦民法典》第1148条。

② 《日本民法典》第887、889条。参见刘士国、牟宪魁、杨瑞贺译：《日本民法典》，中国法制出版社2018年版，第225～226页，本书所引用《日本民法典》之条文均出自该书。

③ 《日本民法典》第890条。

④ 根据英国1976年《准正法》规定，经准正的子女如同婚生子女享有同样的权益；1976年《收养法》规定，养子女被视为收养人的子女。参见［英］安德鲁·伊沃比（Andrew Iwobi）：《继承法基础》（Essential Succession），武汉大学出版社2004年版，第145页。

⑤ Intestates’Estates Act 1952，s46.

配偶继承顺序不固定，其可与前三个顺序的血亲继承人共同继承。[①] 若被继承人的配偶在被继承人去世之日起的二十八天内去世，则视为该配偶非晚于被继承人死亡。[②]

2. 美国立法例

在美国，血亲继承人的范围与顺序如下：第一顺序为晚辈直系血亲；第二顺序为父母及其晚辈直系血亲；第三顺序为祖父母、外祖父母及其晚辈直系血亲。[③] 有些州还规定，没有前三顺序继承人时，则由父母双方的其他近亲属继承。例如，加利福尼亚州规定，继子女、岳父母、公婆、配偶的兄弟姐妹都有继承权。[④]

配偶继承顺序不固定，可与子女或父母一起继承遗产。[⑤]

二、法定继承人的范围与顺序之国外立法比较评析

(一) 国外立法的异同评析

1. 国外立法的相同之处

关于法定继承人的范围，从前述国家的法律规定来看，其立法的相同之处在于，法定继承人的范围都包括被继承人的配偶和血亲继承人，其中血亲继承人的范围都包括子女、父母、孙子女和外孙子女、兄弟姐妹、祖父母和外祖父母。

关于法定继承人的顺序，前述各国立法的共同点是，这些国家都将被继承人的子女及其晚辈直系血亲作为第一顺序继承人（部分国家或地区有亲等的限制，部分无亲等的限制）。

---

① Intestates' Estates Act 1952, s46.

② Law Reform (Succession) Act 1995, s1.

③ Uniform Probate Code (2010), s2-103.

④ Jesse Dukeminier and Stanley M. Johanson, *Wills, Trusts and Estates (Sixth Edition)*（影印本）, Beijing: CITIC Publishing House, 2003, p. 95.

⑤ Uniform Probate Code (2010), s2-102.

2. 国外立法的不同之处

(1) 关于法定继承人范围的立法不同之处。

其一，血亲继承人的范围宽窄不同。德国和俄罗斯规定的法定继承人范围最宽。德国法律规定的血亲继承人基本囊括了所有与被继承人有血缘关系的亲属。对于直系血亲，无论是直系尊血亲还是直系卑血亲均没有亲等的限制，对旁系血亲的范围也无亲等限制，被继承人的祖父母、外祖父母及比他们辈分更高的尊血亲及他们的晚辈直系血亲均可以继承遗产。2002 年开始施行的《俄罗斯联邦民法典》对法定继承人的范围进行了重大改动，大大地扩展了法定继承人的范围，但仍窄于德国法律的规定。其对晚辈直系血亲继承人的范围没有限制，长辈直系血亲的范围止于曾祖父母、外曾祖父母；旁系血亲的范围上止于堂表祖父母、外祖父母及其子女，下止于侄重孙子女和侄重外孙子女。但前述俄罗斯立法区别于其他六个国家的不同之处在于，将继父母和继子女以及受被继承人生前扶养之人也作为法定继承人，可与同一顺序的其他法定继承人一起继承。这在世界立法上是非常少见的，前述其他六个国家无一有此规定。

法国、瑞士、英国和美国的法定继承人范围次之。法国对作为法定继承人的直系血亲，无论是尊血亲还是卑血亲均无亲等的限制，但将旁系血亲的范围限制在六亲等以内。瑞士、英国、美国对晚辈直系血亲作为法定继承人亦无亲等的限制，但长辈直系血亲作为法定继承人的范围被限于祖父母和外祖父母，这比法国的尊亲属范围要窄。这几个国家旁系血亲继承人的范围包括父母的晚辈直系血亲、祖父母和外祖父母的晚辈直系血亲，这比法国的规定要宽。

日本法律规定的法定继承人范围最窄。对于可作为法定继承人的直系血亲，与前述国家不同的是，在日本，直系尊血亲作为法定继承人时没有亲等的限制，而直系卑血亲作为法定继承人的范围被限制在孙子女和外孙子女。对于旁系血亲，可作为法定继承人的旁系血亲范围止于兄弟姐妹的子女，且未将父母的兄弟姐妹即伯叔姑舅姨及其晚辈直系血亲列入法定继承人的范围。

综上所述，对于直系血亲，前述各国除日本将晚辈直系血亲的范围限制在孙子女、外孙子女外，其余各国对晚辈直系血亲继承人均无亲等限制；对于长辈直系血亲，日本、法国、德国均无亲等限制，俄罗斯将其限制在曾祖父母、外曾祖父母的范围内，瑞士、英国、美国将其限制在祖父母、外祖父母的范围内。对于旁系血亲，除德国对亲等无限制，祖父母、外祖父母及比他们辈分更高的尊血亲及他们的晚辈直系血亲均可以继承遗产外，其余各国均对旁系血亲的范围作了限制，只是限制的宽窄不同。从旁系血亲范围的宽窄来看，德国最宽，之后依次是俄罗斯和法国；然后是瑞士、美国和英国，这三个国家的旁系血亲继承人均包括父母的晚辈直系血亲、祖父母和外祖父母的晚辈直系血亲；最后是日本，可作为法定继承人的旁系血亲范围止于兄弟姐妹的子女。

其二，国家是否可以作为法定继承人之规定不同。关于在没有配偶和血亲继承人时被继承人的财产归属问题，前述各国中只有德国和瑞士明确将国家或州和乡镇列为最后顺序的法定继承人，其余各国未明确将国家或州等公权力主体列为法定继承人。但对于无人承受遗产的管理和归属，各国均有相应规定。例如，法国规定无继承人时，遗产由国家取得；① 俄罗斯规定无主财产按照法定继承的方式转归俄罗斯联邦所有；② 日本规定可首先根据特定主体的请求予以分配，仍无法处分的遗产归属国库；③ 英国规定无人承受的遗产归属于王室或者兰开斯特（Lancaster）公爵领地或者康沃尔（Cornwall）公爵领地；④ 美国规定死者的财产无继承人时

① 《法国民法典》第 768 条。

② 《俄罗斯联邦民法典》第 1151 条。

③ 《日本民法典》第 959 条。

④ Intestates' Estates Act 1952，s46.

转归州所有。[①] 虽然最终的财产流向殊途同归，但是否立法明确将国家或州等公权力主体列入法定继承人的范围，体现了前述国家对此问题在观念上的差异。

（2）关于法定继承人顺序的立法不同之处。

其一，父母、子女的继承顺序之规定不同。关于父母、子女的继承顺序，前述国家主要有两种立法例：一是将父母与子女共同作为第一顺序法定继承人，如俄罗斯立法之规定。二是规定子女为第一顺序、父母为第二顺序的法定继承人，即子女的继承顺序优于父母，前述除俄罗斯之外的六个国家均采此立法例。

其二，配偶的继承顺序是否固定不同。关于配偶的继承顺序，前述国家有两种立法例：一是配偶为固定继承顺序，前述各国中仅俄罗斯采此立法例，即配偶与子女、父母同为第一顺序的法定继承人。二是配偶继承顺序不固定，可参与其他继承顺序的法定继承人共同继承，前述法国、德国、瑞士、日本、英国、美国均采此种立法例。该种立法例虽规定配偶不固定继承顺序，却有一定的顺位限制，即配偶仅与前两个或三个顺序的血亲继承人共同继承遗产，在无前两个或三个血亲继承人时配偶独自继承遗产。在前述配偶不固定顺序的国家中大致又可分为两种立法模式：一是配偶可参与被继承人的晚辈直系血亲和父母共同继承，在被继承人没有尚存的晚辈直系血亲和父母时由配偶独自继承，如法国、美国的立法；二是配偶可参与被继承人的晚辈直系血亲、父母以及祖父母、外祖父母、兄弟姐妹等共同继承，如德国、瑞士、日本、英国之立法。

其三，兄弟姐妹与祖父母、外祖父母的继承顺序不同。关于兄弟姐妹与祖父母、外祖父母的继承顺序，前述各国有三种立法例：一是祖父母、外祖父母的继承顺序优于兄弟姐妹，如日本的规定。二是兄弟姐妹的继承顺序优于祖父母、外祖父母，如法国、

① Uniform Probate Code（2010），s2-105.

德国、瑞士、英国、美国的规定。三是祖父母、外祖父母与兄弟姐妹处于同一继承顺序，如俄罗斯的规定。

其四，子女的晚辈直系血亲的继承顺序不同。关于子女的晚辈直系血亲的继承顺序，前述各国有两种立法例：一是将子女的晚辈直系血亲明确列为第一顺序的法定继承人，如法国、德国、瑞士、美国、英国的规定。二是将子女列入第一顺序的法定继承人，子女的晚辈直系血亲则可作为代位继承人参与第一顺序继承，如俄罗斯、日本的规定。

（二）国外立法与我国立法的异同评析

1. 关于法定继承人的范围之立法异同

其一，关于血亲继承人的范围。虽然前述各国规定的法定继承人范围各有不同，但无一例外均以婚姻和血缘联系作为确定继承人的直接依据，我国法定继承的立法亦是如此。无论是前述外国立法还是我国立法中的法定继承人范围，都包括配偶、子女、兄弟姐妹、父母以及祖父母、外祖父母，即“主干家庭”的成员。但与前述各国立法中法定继承人的范围相比，我国《民法典》的规定要更窄：长辈直系血亲继承人止于祖父母、外祖父母，旁系血亲继承人止于兄弟姐妹的子女。而前述日、法、德三国对长辈直系血亲继承人无亲等限制，俄罗斯则将其限制在曾祖父母、外曾祖父母的范围内。对于旁系血亲继承人，除日本的规定与我国的相同外，其余各国的规定都比我国更宽。

笔者认为，确定法定继承人的范围，应从继承权取得的根据出发，既要体现法定继承制度的家庭维持功能，又应考量被继承人的意愿和遗产的养老育幼之功能。因此，法定继承人的范围不宜过宽也不宜过窄。首先，若法定继承人的范围过宽，如德国立法“有血缘可寻处，即有继承权”的规定，[①] 这样虽然能够尽可能

① 陈苇主编：《外国继承法比较与中国民法典继承编制定研究》，北京大学出版社2011年版，第405页。

地使与被继承人有血缘联系的亲属继承遗产，体现了现代继承法保护私有财产所有权的功能，但也存在弊端，会使与死者关系十分疏远的亲属也能继承遗产。由于现代社会家庭结构的变迁，当今的家庭已不复以往那般庞大，许多与被继承人有血缘关系的亲属与被继承人生前并无亲密的联系，甚至彼此不知对方的存在，故而没有赋予血缘关系过远之亲属继承权的必要。甚至由于与被继承人血缘较远的亲属关系往往难以查证，不可避免地导致某些与死者没有亲属关系的人企图浑水摸鱼引发遗产争夺纠纷。[①] 这不利于维护社会的和谐。其次，若法定继承人范围过窄，又容易导致被继承人死亡后因无符合条件的法定继承人而使遗产被收归国家，这不利于维护被继承人的财产所有权，不符合被继承人意愿之推定，也不利于充分发挥遗产的养老育幼之功能。因此，笔者认为，前述英国、美国、瑞士等国规定的长辈直系血亲的范围止于祖父母、外祖父母，旁系血亲继承人范围包括父母的晚辈直系血亲、祖父母和外祖父母的晚辈直系血亲等规定，符合家庭结构日益缩小的当今社会之需要，能够更好地使遗产保留在家庭内部，避免财产被充公，具有借鉴意义。

其二，关于国家是否可以作为法定继承人。前述德国、瑞士的继承立法将国家明确列为法定继承人，这与我国的做法不同，我国《民法典》规定遗产在无人继承也无人受遗赠时，由国家或集体经济组织取得，但没有将国家或集体明确纳入法定继承人范围。[②] 这与前述法国、俄罗斯、日本等国的立法类似。笔者认为，在没有法律规定的配偶和血亲继承人时，由国家取得遗产之规定，其目的应在于避免遗产成为无主物而引起纠纷或导致浪费，而并非剥夺相关权利人的权利。但由于国家公权力主体的特殊身份，

① 参见陈苇、冉启玉：《外国无遗嘱继承人范围与顺序制度比较研究》，载陈苇主编：《家事法研究》（2007年卷），群众出版社2008年版，第181页。

② 《民法典》第1161条。

若将其作为与配偶和血亲等自然人主体并列的法定继承人，恐难以被民众理解和接受。因此，前述法国、俄罗斯、日本等国与我国的做法较为合理。

2. 关于法定继承人的顺序之立法异同

其一，关于子女与父母的继承顺序。俄罗斯在立法中将子女与父母同列为第一顺序法定继承人，这与我国的规定相同。但除俄罗斯外的前述其他各国，均将子女的继承顺序置于父母之前，即子女为第一顺序法定继承人，父母为第二顺序法定继承人，这与我国立法明显不同。

正如我国学者所言："家产在家族中自上而下代代相传一直是人类遗产流转的永恒规律和传统。"[①] 笔者认为，无论是古代还是现代，父母总是无条件地爱自己的子女，人们在死亡前往往最想将财产留给子女，以子女及其晚辈直系血亲作为第一顺序法定继承人，这符合对被继承人意愿的推定。若子女尚未成年，可发挥遗产的育幼功能；若子女已成年，则可实现财产在代际之间的传递，继续发挥财产在生产生活中的效用。前述俄罗斯以及我国继承立法中将父母和子女同列为第一继承顺序的做法过于强调遗产的赡养功能，忽视了被继承人的意愿以及家庭关系的和睦。但赡养与继承应是两个各自独立的法律制度，承担着不同的立法目的与功能。而前述法国、德国、瑞士、日本、英国、美国等各国立法将子女的继承顺序置于父母之前的做法，符合家产在代际间向下传递的继承习惯，具有借鉴意义。

其二，关于配偶的继承顺序。俄罗斯立法将配偶与父母、子女一起固定为第一顺序继承人，这与我国法的规定相同。但除俄罗斯以外的前述各国均规定配偶继承顺序不固定，可与其他顺序的法定继承人共同继承，这与我国立法明显不同。

---

① 郑倩、房绍坤：《父母法定继承顺位的立法论证》，载《东北师大学报（哲学社会科学版）》2015 年第 3 期。

在所有继承人中，“配偶是与被继承人关系最为密切的亲属，它是血亲的源泉、姻亲的基础”。[①] 在家庭结构日趋小型化的今天，过去传统的大家庭共同劳作、共同生活的家庭形态演变为以夫妻为核心，夫妻、子女共同生活，夫妻之间在感情上的亲密关系，在生活和生产中的相互扶持是家庭得以维持的最重要之基础。因此，对配偶之继承权理应格外重视。笔者认为，我国和俄罗斯采取配偶固定顺序的做法，体现了对夫妻关系的重视。但若其他第一顺序继承人人数过多，则配偶继承的份额将太少；若没有其他第一顺序继承人，则配偶独得遗产，这实际上不利于对配偶权益的保护。而前述德国、瑞士、日本、英国等国采取的配偶无固定顺序，可参与其他任一顺序继承的做法，旨在平衡配偶和血亲继承人的利益。但若没有可作为法定继承人的父母、子女时，配偶将与被继承人的祖父母、外祖父母、兄弟姐妹甚至关系更远的法定继承人共同继承遗产，这亦不利于对配偶权益的保护。相比之下，前述法国、美国的立法采取的是配偶不固定继承顺序，配偶可以在子女和父母为继承人时与其共同继承，无子女和父母为继承人时独自继承。这一做法能够较好地平衡配偶与血亲继承人之间的利益关系，值得借鉴。

其三，关于兄弟姐妹与祖父母、外祖父母的继承顺序。我国规定兄弟姐妹与祖父母、外祖父母同为第二顺序的法定继承人，这与俄罗斯的立法相同。但除俄罗斯以外的前述其他国家关于兄弟姐妹与祖父母、外祖父母继承顺序的规定与我国不同。除日本立法规定祖父母、外祖父母的继承顺序优于兄弟姐妹之外，法国、德国、瑞士、英国、美国等国的继承法均规定兄弟姐妹的继承顺序优于祖父母、外祖父母。

笔者认为，对兄弟姐妹赋予继承权，主要是出于对被继承人意愿的推定。受我国传统家庭伦理中“兄友弟恭”“同气连枝”等

---

① 杨立新：《亲属法专论》，高等教育出版社2005年版，第26页。

观念的影响，人们往往认为兄弟（当然，在今天的语境下已经发展为兄弟姐妹）是除父母妻儿之外最亲近的人。甚至在我国的传统中，家庭以男系亲属为主，兄弟被认为是比妻子更为亲近的人。即使在今天，兄弟姐妹由于共同成长于同一个家庭，他们相互之间的感情往往也是除父母妻儿之外最深的。因此，在没有第一顺序继承人的情况下，民众往往会觉得兄弟姐妹才是自己最想把遗产留给他（她）的人。如果祖父母和外祖父母的继承顺序优先于兄弟姐妹，则与被继承人的意愿不符。因此，前述法国、德国、瑞士、英国、美国等国采取的兄弟姐妹的继承顺序优于祖父母、外祖父母的做法，更符合被继承人意愿的推定，还能够避免因祖父母、外祖父母继承遗产后使遗产流向关系更远的旁系血亲，值得借鉴。

其四，关于子女的晚辈直系血亲的继承顺序。俄罗斯和日本的继承立法采取不将子女的晚辈直系血亲列为第一顺序继承人，而是赋予其代位继承权的做法，与我国立法的规定相同。而法国、德国、瑞士、美国、英国的继承法将子女的晚辈直系血亲明确列为第一顺序的法定继承人，这与我国的规定不同。笔者认为，虽然在前述两种立法例下，子女的晚辈直系血亲实际上都被赋予了参与第一顺序继承遗产的权利，但将其明确列入法定继承人的范围：一方面可以起到宣示作用，明确其法定继承人的地位；另一方面也能契合代位继承制度中的“固有权”说，明确子女的晚辈直系血亲的代位继承权是来自其固有权利而非仅仅是对被代位人的代表。因此，法国、德国、瑞士、英国、美国等国将子女的晚辈直系血亲明确列为第一顺序法定继承人的做法更为合理，值得借鉴。

第三节　我国法定继承人的范围与顺序之立法不足与完善建议

一、我国法定继承人的范围与顺序之立法不足

（一）法定继承人的范围过窄

在我国，法定继承人包括配偶、子女、父母、兄弟姐妹、祖父母、外祖父母，此外，兄弟姐妹的子女即侄子女和外甥子女可以代位继承。笔者认为，这一法定继承人的范围过窄。主要理由如下：其一，从我国法定继承的民众习惯来看，根据前述我国学者对我国民众继承习惯实证调查数据，民众认可的法定继承人范围较《民法典》的规定更宽。除了《民法典》规定的法定继承人，被继承人的伯叔姑舅姨、堂兄弟姐妹、表兄弟姐妹等亲属也被许多被调查者认为可作为法定继承人。也就是说，在没有法律规定的法定继承人时，民众倾向于由其他关系密切的亲属，如伯叔姑舅姨、堂兄弟姐妹、表兄弟姐妹等作为继承人继承遗产，而非由国家或集体取得遗产所有权。其二，从对国外立法的考察来看，前述外国继承法规定的法定继承人范围都比我国更宽，我国关于法定继承人范围的规定显得与世界立法潮流不符。其三，从我国现阶段民众的家庭结构来看，自我国实施计划生育政策以来，人口变化速度和家庭结构分化进度加速，“生育政策使大约 1/4 的家庭仅有一个孩子或 1/4 的孩子没有兄弟姐妹”。[①] 这使得家庭结构与规模更为简单，也就意味着被继承人去世后无人承受遗产的可能性大大增加。而如前文所述，研究发现在我国当代家庭中，核

① 杨菊华、何绍华：《社会转型过程中家庭的变迁与延续》，载《人口研究》2014 年第 2 期。

心家庭的成员除了与父母保持着非常亲密的关系之外，与兄弟姐妹的家庭、父辈亲戚包括伯叔姑舅姨等的家庭也仍保持着较为亲密的联系，彼此间的情感交流与互帮互助仍是常态。[①] 当没有现行法律规定的法定继承人时，被继承人更倾向于由与其关系密切的扩大家庭中的亲属继承遗产。而我国关于法定继承范围的规定排除了伯叔姑舅姨、堂表兄弟姐妹等扩大家庭成员的继承权，这不符合我国民众想要将财产保留在家庭内部的意愿。其四，这不利于保护自然人的私有财产权。如前文所述，随着我国社会经济的发展，民众的财产数量与种类都有很大的增长。被继承人死亡后可能遗留的财产种类与数量也相应增加，这就要求我国继承法应加强对私有财产权的保护。但我国现行法律规定的法定继承人范围过窄，使得遗产因无人继承而被收归国家或集体的现象变得容易发生，“不利于保护自然人的私有财产权，也不利于保护人们创造和积累财富的积极性”。[②]

（二）将尽了主要赡养义务的丧偶儿媳或女婿作为第一顺序法定继承人不够科学

在我国，丧偶儿媳或丧偶女婿对公婆或岳父母尽了主要赡养义务的，可作为第一顺序继承人参与继承。这在一定程度上可以鼓励丧偶儿媳或女婿赡养老人，倡导家庭内部互助友爱、和睦团结的精神，也较符合权利义务相一致的原则。[③] 但这一做法的不足之处也很明显：首先，从我国民众的继承习惯来看。根据前述我国学者对我国民众继承习惯实证调查数据，前述五个省市有二成半到三成半的被调查者认为丧偶儿媳或女婿尽了主要赡养义务的

① 唐灿、陈午晴：《中国城市家庭的亲属关系——基于五城市家庭结构与家庭关系调查》，载《江苏社会科学》2012 年第 2 期。

② 陈苇、冉启玉：《完善我国法定继承人范围和顺序立法的思考》，载《法学论坛》2013 年第 2 期。

③ 王利明：《中国民法典学者建议稿及立法理由（人格权编·婚姻家庭编·继承编）》，法律出版社 2005 年版，第 518 页。

可分得适当遗产，而不应作为第一顺序法定继承人。这说明，虽然根据我国法律的规定，丧偶儿媳或女婿尽了主要赡养义务的可以作为第一顺序继承人，但仍有不少被调查者认为丧偶儿媳或女婿即使尽了主要赡养义务也不应成为第一顺序继承人。其次，从法律的适用来看。如果该丧偶儿媳或丧偶女婿与其先逝配偶有子女，则待其公婆或岳父母去世时，该子女将代位继承其已逝父或母的应继份，这时若丧偶儿媳或女婿也可以第一顺序继承人的身份继承一份遗产，则该家庭即继承了两份遗产，这与我国按支继承的传统习惯不相符，也会因此而侵害到其他第一顺序继承人的利益，容易引发纠纷。

（三）法定继承顺序的立法不够科学

笔者认为，我国法定继承人的顺序之立法层次较少，且将配偶、父母和子女共同置于第一顺序，祖父母、外祖父母与兄弟姐妹共同置于第二顺序的安排不够科学，主要理由在于：

其一，从我国法定继承的民众习惯来看。根据前述我国学者对我国民众继承习惯实证调查数据，我国民众认为可作为第一顺序法定继承人的亲属，按认可程度的高低排序依次为配偶、子女、父母，这与我国的财产继承传统是相符的。我国古代法上的财产继承亦体现出在代际间单向向下传递的特点，父母在世时将家产分别分给儿子，而不会逆向传递至父母甚至更高辈分的直系亲属。但根据我国法律的规定，配偶、父母、子女同为第一顺序继承人，没有先后顺序之分。这一做法不利于对配偶权益的保护，还会导致被继承人的遗产通过父母继承后流向其旁系血亲，从而流出被继承人的家庭内部。这有违被继承人的意愿，也不符合我国民众的继承习惯。

其二，从外国立法来看。前述外国立法中，除了俄罗斯，其他国家均规定配偶为不固定继承顺序，子女为第一顺序继承人，父母为第二顺序继承人，且除俄罗斯、日本之外，前述其他国家均规定兄弟姐妹的继承顺序优先于祖父母、外祖父母。可以看出，大多数国家通行的做法是：尽可能地使遗产不向旁系扩散，将其保留在死者的晚辈直系血亲家庭内。而我国将父母与子女、配偶置于同一顺序，将兄弟姐妹与祖父母、外祖父母置于同一顺序的做法，不仅有违我国民众的继承习惯，也有悖于世界立法潮流。

其三，将父母与子女置于同一继承顺序，祖父母、外祖父母与兄弟姐妹置于同一继承顺序，过于强调遗产的赡养功能，混淆了继承制度与赡养制度的立法目的。首先，法律设立赡养制度的目的在于保障老年人能够顺利地获得赡养，赡养义务人能够主动尽到赡养义务，即为了实现“老有所养”。而继承制度从起源上看，是随着私有财产的出现而产生的，是为了解决被继承人死后其遗留财产的去向问题。虽然法定继承制度在一定程度上承担着养老育幼的功能，在制度设计时应考虑到家庭中需要被赡养的老年人之需要。但不可否认的是，家庭维持仍应是继承权取得的基本依据，在家庭规模小型化和核心化的今天，法定继承更应关注的是核心家庭成员的利益，即被继承人之配偶与子女的继承权。而遗产对于老年人的赡养，应该起到的是维持基本生活的最低保障，这可以通过赋予受扶养的后顺序继承人对家庭住房和个人用品的使用权以及一定程度上的酌分遗产请求权等来实现。其次，就父母子女关系而言，在中国，父母对子女总是无私地付出，子女成年后父母也对其成家、买房等给予经济上的帮助，成家以后也仍然交往密切。尤其在子女生育下一代之后，许多父母替子女分担家务劳动、抚养教育下一代等家庭工作，子女的核心家庭与父母家庭的联系还会增强。在子女的核心家庭与父母的交往中，传统文化的影响无处不在。人们往往将孝顺父母、赡养老人作为最基本的价值追求。而在老年人与成年子女的交往当中，不仅仅需要子女给予物质上的帮助，许多老人尤其是城市老年人甚至不需要子女提供物质上的供养，但精神上的慰藉，如家庭和睦、儿孙满堂的天伦之乐却是老年人普遍的精神追求。从这个角度来讲，在子女先于父母去世的情况下，生存的父母最需要的可能并不是冷冰冰的财产，而是来自后辈情感上的关心与慰藉。而我国将父母与子女、配偶共同列为第一顺序继承人的做法，不仅不能够真正较好地实现保障老年人得到赡养的目的，反而会因为该规定得不到民众的普遍认同而有损法律的权威，一旦生活中出现有继承人不愿意遵照习惯的情况，就很容易引发纠纷，并且往往由于民众习惯对法律规定的不认可而导致案结事未了的现象发生。因此，遗产对于老年人的赡养，应该起到的仅仅是维持基本生活的最低保障，可以通过赋予受扶养的后顺序继承人对家庭住房和个人用品的使用权以及一定程度上的酌分遗产请求权等来实现。

其四，将配偶与父母、子女置于同一继承顺序，不利于配偶权益的保护。当今的家庭结构以夫妇为轴心，在家庭中，夫妻才是最亲密无间的人。对于先逝配偶留下的遗产，除了该先逝配偶的婚前财产之外，往往都是夫妻双方在长期的共同生活中积累下来的共同财产。而根据我国法律的规定，配偶将与被继承人的父母、子女共同继承遗产。这时配偶能够继承的遗产比例取决于与其共同继承遗产的人数多少，如果与配偶共同继承的第一顺序继承人人数较多，则配偶实际可获得的遗产份额较少，这对配偶而言是不利的。

二、我国法定继承人的范围与顺序之立法建议的学者观点与评析

针对法定继承制度的设计，我国学者提出了许多不同的观点。充分了解我国学者对法定继承制度的已有观点，能够从中寻找可供参考的思路，有助于对法定继承制度的进一步深入研究。故本书在对法定继承制度各项内容进行研究的过程中，拟对我国近几年公开发表的六份“继承法学者建议稿”进行考察研究，包括梁慧星等学者建议稿、徐国栋等学者建议稿、王利明等学者建议稿、张玉敏等学者建议稿、陈苇等学者建议稿、杨立新等学者建议稿

（下文分别简称“梁稿”“徐稿”“王稿”“张稿”“陈稿”“杨稿”）。[①] 通过梳理上述学者建议稿观点的分歧，以归纳总结学者对我国法定继承人的范围与顺序的争议焦点。之所以选择该六份建议稿的主要观点进行评析，是因为其观点较不统一，分别能够代表我国学者关于法定继承制度的不同观点。后文中对我国学者观点分歧的研究，均以该六份学者建议稿为对象。

（一）我国法定继承人的范围之立法建议的学者观点与评析

1. 我国法定继承人的范围之立法建议的学者观点[②]

（1）关于是否扩大我国法定继承人的范围。

关于法定继承人范围是否应被扩大，学者们的观点有两种：一是主张维持现状。持此观点的有“徐稿”。二是主张扩大法定继承人范围。持此观点的有“梁稿”“王稿”“杨稿”“陈稿”“张稿”。

（2）关于直系血亲继承人的范围。

首先，关于晚辈直系血亲继承人的范围，学者们的观点有两种：一是主张仅规定子女为继承人，子女的晚辈直系血亲可作为代位继承人参与继承。持此观点的有“梁稿”“徐稿”“王稿”“杨稿”。二是主张将子女的晚辈直系血亲直接规定为继承人。持此观点的有“陈稿”“张稿”。

其次，关于长辈直系血亲继承人的范围，学者们的观点有两

---

① 参见梁慧星：《中国民法典草案建议稿》，法律出版社 2013 年版，第 372~374 页；徐国栋主编：《绿色民法典草案》，社会科学文献出版社 2004 年版，290~291 页；王利明：《中国民法典学者建议稿及立法理由（人格权编·婚姻家庭编·继承编）》，法律出版社 2005 年版，第 506~528 页；张玉敏：《中国继承法立法建议稿及立法理由》，人民出版社 2006 年版，第 83~98 页；陈苇：《中国继承法修改热点难点问题研究》，群众出版社 2013 年版，第 547~578 页；杨立新、杨震等：《〈中华人民共和国继承法〉修正草案建议稿》，载《河南财经政法大学学报》2012 年第 5 期。

② 参见“梁稿”第 1946、1953、1957 条，“徐稿”第 36、495、496 条，“王稿”第 564、568、569 条，“杨稿”第 57、58、60 条，“张稿”第 28 条，“陈稿”第 45、50 条。

种：一是将长辈直系血亲限制在曾祖父母、外曾祖父母的范围内。持此观点的有“梁稿”“王稿”“杨稿”。二是将长辈直系血亲限制在祖父母、外祖父母的范围内。持此观点的有“徐稿”“张稿”“陈稿”。

（3）关于旁系血亲继承人的范围。

关于旁系血亲继承人的范围，学者们的观点有三种：一是将旁系血亲继承人限制在四亲等的范围内。持此观点的有“梁稿”“王稿”“杨稿”。二是将旁系血亲继承人限制在兄弟姐妹的所有直系晚辈血亲的范围内。持此观点的有“徐稿”。三是将旁系血亲继承人限制在兄弟姐妹子女的范围内。持此观点的有“张稿”“陈稿”。

（4）关于丧偶儿媳或女婿的继承权。

关于丧偶儿媳或女婿尽了主要赡养义务的，是否可以作为法定继承人，学者们的观点主要有三种：一是维持现行立法的规定，可以作为第一顺序继承人参与继承。持此观点的有“徐稿”“杨稿”。二是不可以作为第一顺序继承人参与继承，但可以适当分得遗产。持此观点的有“梁稿”“陈稿”。三是视该丧偶儿媳或女婿是否有子女可作为代位继承人而有所区别。没有代位继承人时，该丧偶儿媳或女婿作为第一顺序法定继承人参加继承；有代位继承人时，该丧偶儿媳或女婿可酌情分得遗产。持此观点的有“王稿”。

2. 我国法定继承人的范围之立法建议的学者观点评析

关于是否应扩大法定继承人的范围，前述多数学者都主张应扩大。但对于扩大至何范围的血亲，学者们的观点存在分歧。笔者认为：第一，对于在继承法中规定“四亲等内的亲属”的做法不符合我国既往的立法习惯，不便于法律的实际适用。我国自古以来并没有“亲等”的概念，除非受过专门的训练或学习，否则人们很难明白如何用“亲等”计算亲属关系的亲疏远近。故在我国继承法中仍应沿用“代”的计算方法，这更符合国人的习惯。

第二，关于晚辈直系血亲的范围，“陈稿”“张稿”将被继承人子女的晚辈直系血亲列为法定继承人的做法较为合理，这样可以体现继承人的晚辈直系血亲具有固有的继承地位，值得借鉴。第三，对于长辈直系血亲继承人，在前述学者观点中，有认为应将长辈直系血亲限制在曾祖父母、外曾祖父母范围内的，也有认为应限制在祖父母、外祖父母范围内的。我们赞同将其限制在祖父母、外祖父母范围内的观点。这主要是考虑到长辈直系血亲继承遗产之后会导致遗产流入与被继承人血缘关系较远的旁支，因此将其限制在祖父母、外祖父母的范围内更合适，既能发挥遗产养老育幼的功能，又尽可能符合遗产在家庭内部传承的传统观念。第四，关于旁系血亲继承人的范围。对于伯叔姑舅姨是否应被纳入继承人的范围，学者们的观点存在分歧。我们赞同将伯叔姑舅姨也纳入法定继承人的范围。在我国现阶段，家庭中独生子女众多，他们没有兄弟姐妹，也就意味着不会有侄子女、外甥子女，而他们的子女甚至连堂表兄弟姐妹都没有。将伯叔姑舅姨也作为法定继承人，既符合我国少子化的现状，也可以保障遗产尽量被留在亲属范围内。关于丧偶儿媳或女婿对公婆或岳父母尽了主要赡养义务时的继承权，笔者认为，“王稿”采取的折中主义态度，即视是否有代位继承人而决定该丧偶儿媳或女婿能否作为第一顺序法定继承人参与继承的做法较为合理，值得借鉴。这既有利于鼓励和倡导家庭内部互助友爱、尊老爱老的精神，又能够协调其与代位继承之间的冲突，避免与我国按支继承的传统习惯相悖。

（二）我国法定继承人的顺序之立法建议的学者观点与评析

1. 我国法定继承人的顺序之立法建议的学者观点①

（1）关于继承顺序的多少。

关于法定继承顺序的多少，学者们的观点主要有三种：一是

① 参见“梁稿”第1847、1854条，“徐稿”第36、495条，“王稿”第564、568条，“杨稿”第57、58条，“张稿”第28条，“陈稿”第45条。

认为应维持现行继承顺序的规定。持此观点的有“徐稿”。二是认为应增加一个继承顺序，规定“其他四亲等以内的亲属”或“四代以内的其他直系或旁系血亲”为第三顺序继承人。持此观点的有“梁稿”“王稿”“杨稿”。三是认为应增加法定继承人的顺序至四个继承顺序。持此观点的有“张稿”“陈稿”。

(2) 关于直系血亲的继承顺序。

首先，关于父母与子女的继承顺序，我国学者之观点主要有两种：一是认为父母、子女的继承顺序相同。持此观点的有“徐稿”“梁稿”“王稿”“杨稿”。二是认为子女的继承顺序应优先于父母。持此种观点的有“张稿”“陈稿”。其次，关于祖父母、外祖父母与兄弟姐妹的继承顺序，我国学者的观点仍有两种：一是认为祖父母、外祖父母的继承顺序与兄弟姐妹相同。持此观点的有“徐稿”“梁稿”“王稿”“杨稿”。二是认为兄弟的继承顺序优先于祖父母、外祖父母。持此种观点的有“张稿”“陈稿”。

(3) 关于配偶的继承顺序。

关于配偶的继承顺序，我国学者之观点主要有两种：一是认为配偶应固定为第一顺序继承人，可与父母、子女一起继承。持此观点的有“徐稿”“梁稿”“王稿”“杨稿”。二是认为配偶应为不固定顺序，可与其他各顺序继承人共同继承。持此种观点的有“张稿”“陈稿”。其中，对于配偶参与继承顺序的限制，“陈稿”规定配偶可参与前三个顺序的法定继承人继承，即配偶可以与子女及其晚辈直系血亲、父母、兄弟姐妹及其子女共同继承。而“张稿”则规定配偶可参与全部四个顺序的继承人继承，即除了“陈稿”规定的范围外，配偶还可以与祖父母、外祖父母一起继承。

2. 我国法定继承人的顺序之立法建议的学者观点评析

从前述我国学者对法定继承人顺序的分歧可以看出，虽然学者们多赞同扩大我国法定继承人的范围，但是增加后的法定继承人之顺序该如何安排，学者们各执一词，各有道理。部分学者认为应当维持我国现行立法的规定，将父母、子女同作为第一顺序法定继承人，理由在于这样“有利于稳固和加强被继承人父母的后续生活保障”。[①] 如果降父母为第二顺序继承人，“会弱化对父母继承权益的保障，伤害亿万父母的感情，也不符合权利与义务相一致的原则。”[②] 而另有部分学者则主张应将父母的继承顺序置于子女之后，理由在于这样“能保证遗产向下继承”，“符合被继承人的愿望以及已形成的继承习惯”。[③] 笔者认为，关于直系血亲的继承顺序，“张稿”“陈稿”规定的晚辈直系血亲优先于长辈直系血亲的做法较为合理，因为这可以使遗产尽可能地保留在被继承人子女及其晚辈直系血亲家庭中，防止向更远的旁系血亲扩散，也更符合我国继承传统中财产单向向下传递，父母由子女以及子女的晚辈直系血亲进行赡养的习惯。关于配偶的继承顺序，笔者认为，结合子女及其晚辈直系血亲继承顺序优于长辈直系血亲，“张稿”“陈稿”将配偶规定为不固定顺序的做法较为合理，因为可以更好地平衡配偶与血亲继承人的利益。但对于可与配偶共同继承的血亲范围，笔者认为，“徐稿”“梁稿”“王稿”“杨稿”将其规定为父母和子女的做法更为合理，这符合我国家庭结构变化的现状，有利于维持生存配偶的生活现状，更有利于维护家庭的和谐稳定。

三、我国法定继承人的范围与顺序之立法完善建议

（一）我国法定继承人的范围之立法完善建议

首先，建议在现行立法的基础上对我国法定继承人的范围加

---

① 杨震：《我国法定继承人范围与顺序的历史检视与当代修正》，载《四川大学学报（哲学社会科学版）》2018 年第 1 期。

② 胡明玉、叶英萍：《法定继承人范围和顺序的立法修正》，载《海南大学学报（人文社会科学版）》2014 年第 2 期。

③ 陈苇、董思远：《民法典编纂视野下法定继承制度的反思与重构》，载《河北法学》2017 年第 7 期。

以扩大。对于长辈直系血亲，可维持现行立法之规定，限于祖父母、外祖父母；对于晚辈直系血亲，建议将子女的晚辈直系血亲列为法定继承人；对于旁系血亲，建议将父母的兄弟姐妹及其子女列入法定继承人的范围。

其次，建议对尽了主要赡养义务的丧偶儿媳或女婿根据是否有代位继承作出不同规定：有代位继承的，尽了主要赡养义务的丧偶儿媳或女婿可以请求酌情分得遗产；没有代位继承的，可以作为第一顺序继承人。

（二）我国法定继承人的顺序之立法完善建议

关于我国法定继承人的顺序，建议：将被继承人的子女及其晚辈直系血亲列为第一顺序继承人，父母列为第二顺序；同时增加第三、第四、第五顺序的继承人，第三顺序的继承人为兄弟姐妹及其子女；第四顺序为祖父母、外祖父母；第五顺序为父母的兄弟姐妹及其子女。配偶继承顺序不固定，可参与第一、第二顺序继承人一起继承，没有前二顺序继承人时，配偶独自继承全部遗产。具体可规定为：

遗产按照下列顺序继承：第一顺序，子女及其晚辈直系血亲；第二顺序，父母；第三顺序，兄弟姐妹及其子女；第四顺序，祖父母、外祖父母；第五顺序，父母的兄弟姐妹及其子女。继承开始后，由顺序在先的继承人继承。无前一顺序继承人或前一顺序继承人都丧失继承权或放弃继承权的，由后一顺序继承人继承。配偶为不固定顺序继承人，其可参与前两个顺序的继承人共同继承；无前两个继承顺序继承人的，配偶独自继承。

第五章　法定继承人的应继份研究

第一节　我国法定继承人的应继份之立法现状与民众习惯考察与评析

一、我国法定继承人的应继份之立法现状考察

《继承法》规定的法定继承人的应继份为：同一顺序内的法定继承人份额均等。这样的结果是，配偶与父母、子女的继承份额均等。兄弟姐妹与祖父母、外祖父母的继承份额均等。[①] 同时又规定了在某些特殊情况下，继承人可以多分、少分或不分遗产的特殊情况。具体而言：一是对需要扶养的法定继承人，法律规定“对生活有特殊困难的缺乏劳动能力的继承人应当予以照顾”；二是对被继承人扶养的人，“对被继承人尽了主要扶养义务的人可以多分，有扶养能力和条件却不尽扶养义务的应当不分或少分”；三是与被继承人共同生活的继承人可以多分。[②]

《民法典》继承编对法定继承人的应继份之规定与《继承法》

① 《继承法》第13条。
② 《继承法》第13条。

的规定保持一致，仍规定同一顺序继承人的继承份额一般应均等，并规定了某些继承人可以多分、少分或不分遗产的特殊情况。①

二、我国法定继承人的应继份之民众习惯考察

关于法定继承人的应继份，根据我国学者于 2006 年进行的《当代中国民众继承习惯调查实证研究》的调查数据，关于“共同继承人对遗产分割份额”的调查，在北京市的被调查者中，主张“原则上按人数平分”的占 38.1%，主张“病残者或老年人可多分”的占 45.6%，主张“配偶可多分”的占 35%，主张“儿童可多分”的占 24.2%，主张“儿子可多分”的占 14.4%；在重庆市的被调查者中，主张“原则上按人数平分”的占 44.1%，主张“病残者或老年人可多分”的占 41.5%，主张“配偶可多分”的占 21.2%，主张“儿童可多分”的占 18.5%，主张“儿子可多分”的占 21.4%；在山东省的被调查者中，主张“原则上按人数平分”的占 52.5%，主张“病残者或老年人可多分”的占 51%，主张“配偶可多分”的占 36.2%，主张“儿童可多分”的占 23.2%，主张“儿子可多分”的占 24.3%。② 从上述调查数据可以看出，在该 4 个省市被调查者最支持的遗产继承份额方案为“原则上按人数平分”和“病残者或老年人可多分”，其次为“配偶可多分”，再次为“儿童可多分”和“儿子可多分”。

根据我国学者于 2017 年进行的《当代中国民众财产继承观念与遗产处理习惯实证调查研究》的调查数据，在关于“配偶与血亲继承人共同继承时各自应取得的遗产份额”的调查中，认为“配偶应固定为第一顺序继承人并与同一顺序的其他继承人均分遗产”的被调查者占比，在重庆市、吉林省、上海市、河北省和湖

① 《民法典》第 1130 条。

② 陈苇：《当代中国民众继承习惯调查实证研究》，群众出版社 2008 年版，第 181、330、442、549 页。

北省分别为 53.31%、41.50%、41.38%、51.78%和 44.62%；合计认为“配偶应不固定继承顺序且可参与前二顺序或前三顺序继承并取得不同份额的”被调查者占比，在重庆市、吉林省、上海市、河北省和湖北省分别为 44.95%、56.83%、57.37%、46.09%和 54.62%。[①] 由此可以看出，在该 5 个省市，分别有四成半到五成半的被调查者主张“配偶的继承顺序不固定，可参与前二或前三个顺序的继承人共同继承，并根据参与的继承顺序不同而取得不同的遗产份额”。

三、我国法定继承人的应继份之立法现状与民众习惯评析

《继承法》与《民法典》均未对配偶与血亲继承人进行区分，规定配偶与父母、子女同为第一顺序继承人，同一继承顺序的继承人份额均等。但同时也规定了在某些特殊情况下，继承人可以多分、少分或不分遗产的特殊情况。这一规定意味着同一顺序的继承人在劳动能力、生活状况、对被继承人的扶养程度等基本相同的情况下，不分性别、年龄地享有平均分割遗产的权利，这被认为是我国继承权平等的体现。而对于那些因为特殊困难需要得到照顾的人以及需要被继承人扶养的人，法律赋予他们在遗产分割时可以适当多分的权利，这是法律追求实质公平的一种体现。从前述我国学者于 2006 年进行的对我国法定继承人的应继份之民众习惯的调查结果来看，关于遗产分割份额，被调查民众最为支持的是“原则上按人数平分”和“病残者或老年人可多分”，其中“原则上按人数平分”被认为是一种惯例，而“病残者或老年人可多分”则是为了照顾需要得到帮助的人；此外，“儿童可以多分”也得到一定比例的支持，这是为了使依靠被继承人抚养的未成年

① 陈苇主编：《当代中国民众财产继承观念与遗产处理习惯实证调查研究》（上卷），中国人民公安大学出版社 2019 年版，第 26、138、230、324、421 页。

人能够在遗产分配时得到照顾。① 这些民众习惯与现行立法关于遗产分配原则的设计在整体上是相符的。

但调查显示的我国民众关于法定继承人应继份的习惯也存在与法律之规定不符之处，主要体现在两个方面：一是“儿子可以多分”得到了一定比例的支持，且该比例与主张“儿童可多分”的被调查者所占比例接近。这说明，虽然自《继承法》到《民法典》一再倡导男女平等原则，但“因为儿子通常为实际赡养人以及受传统观念的影响，民众对于继承人‘儿子’的偏爱依然如故”。② 二是“配偶可以多分”也得到了相当多被调查者的支持，这与法律的规定是不相符的。《继承法》与《民法典》均未赋予配偶比父母和子女更优先的继承权或更多的继承份额，但在前述4个省市的被调查者中，分别有二成半至三成半的被调查者主张“配偶可以多分”，占比仅次于“原则上按人数平分”和“病残者或老年人可多分”。这与我国学者于2017年进行的对我国法定继承人的应继份之民众习惯的调查结果能够相互印证。在2017年的调查中，在前述重庆、吉林、上海、河北、湖北5个省市的被调查者中，分别有四成半到五成半的被调查者主张配偶应不固定继承顺序且可参与前二顺序或前三顺序继承并取得不同份额。这说明，虽然《继承法》规定配偶与父母、子女同为第一顺序继承人且继承份额均等，但仍有不少被调查民众认为配偶的继承权应优先，且赞同配偶为不固定继承顺序以兼顾保护配偶与血亲继承人的利益。究其原因：一方面，自《继承法》施行以来，其规定的同一顺序继承人继承份额均等的做法已经深入人心，故而在较大程度上影响了被调查者的选择，导致配偶、父母、子女为第一顺序以

① 陈苇：《当代中国民众继承习惯调查实证研究》，群众出版社2008年版，第330页。

② 陈苇：《当代中国民众继承习惯调查实证研究》，群众出版社2008年版，第330页。

及主张同一顺序继承人均分遗产的被调查者占比较高。另一方面，由于配偶在家庭关系中的重要性日渐被人们认可，同时民众仍保有将财产留在家庭内部的习惯，故有四成半到五成半的被调查者主张配偶不固定继承顺序，并可以参与前二或前三继承顺序继承，根据参与顺序不同继承不同的遗产份额。这样的观点体现了民众想要在配偶与血亲继承人之间寻求平衡，尽可能地使各继承人的继承份额能够与他们各自在婚姻家庭中的地位相匹配的意愿。同时，由于遗产养老育幼的功能仍然被人们重视，因此“病残者或老年人可多分”和“儿童可以多分”也得到了较多被调查者的支持。

第二节　法定继承人的应继份之国外立法考察与评析

一、法定继承人的应继份之国外立法考察

（一）大陆法系国家法定继承人的应继份

1. 法国立法例

（1）配偶的应继份。

有继承权的配偶或者单独继承，或者与被继承人的亲属共同继承。①

其一，配偶与子女共同继承时：若被继承人有子女或晚辈直系血亲，当子女全部为夫妻双方所生时，生存配偶可以选择取得全部遗产的用益权或者受领1/4的财产所有权；当有子女不是夫妻双方所生时，配偶取得1/4财产的所有权。其他继承人可以书面形式要求生存配偶行使选择权，生存配偶在3个月内未作出书面选择

① 《法国民法典》第756条。

的，视为其选择用益权。若生存配偶在作出选择前死亡的，也视为其选择用益权。[①] 生存配偶对遗产享有的用益权，经所有权人或其本人提出请求，可以转换为终生定期金。[②]

其二，配偶与父母共同继承时，各自的应继份情况如下：生存配偶与被继承人的父母共同继承时，生存配偶继承遗产的一半，其余一半归被继承人的父母继承，并各取遗产的1/4。若被继承人的父或母已先逝，原可由父或母继承的财产转由被继承人的生存配偶继承。若被继承人既无子女或晚辈直系血亲，也无父母，则生存配偶受领全部遗产。[③]

其三，配偶对住房的居住权和使用权：被继承人死亡时，原属于夫妻双方或完全属于被继承人遗产的住房由生存配偶实际占有并作为主要住宅的，生存配偶对该住房享有终身居住权，对住房内配置的家具享有终身使用权。但是，被继承人以公证遗嘱的形式表达了相反意愿的，不受此限。如果设置居住权与使用权的住房已不能适应生存配偶的需要，其本人或其代理人可以将住房用于出租，以取得为自己提供新的居住条件的必要收入。[④] 居住权与使用权的价值，从生存配偶可以从遗产内受领的权利价值中扣减。如果居住权与使用权的价值低于生存配偶应当继承的遗产价值，生存配偶可从现存财产中获得不足的部分；如果居住权与使用权的价值高于生存配偶可以继承的遗产价值，则其有义务按照超过部分补偿遗产。生存配偶可以在一年内表明其享有此种使用权与居住权的意愿。生存配偶可与其他继承人通过协议的方式，

---

① 《法国民法典》第757、758-3条。

② 各继承人与生存配偶可协议将生存配偶的用益权转换为定期金，但对于作为生存配偶主要住宅的住房及其内配置的家具的用益权，法官不得违反生存配偶的意愿，命令将其转换为定期金。参见《法国民法典》第759~761条。

③ 《法国民法典》第757-1、757-2条。

④ 但该住房不得用于商用或农用租赁，参见《法国民法典》第765条。

将居住权与使用权转换为终生定期金或者本金。[①]

其四，生存配偶有获得扶养费的权利：配偶可要求从被继承人的遗产中获取其需要的扶养费，提出此项要求的期限为一年。财产共有的，可以延长至财产分割结束。[②] 扶养费从遗产中提取，由所有继承人负担。在遗产不足的情况下，由所有特定遗赠接受者按照各自接受财产的比例承担，但若被继承人明确声明使用特定遗赠支付扶养费，此种优先给付可以成立。[③]

（2）子女及其晚辈直系血亲的应继份。

被继承人的子女，不论是否婚生继承份额均等，同一亲等的继承人遗产份额均等。[④]

（3）父母及其他旁系亲属的应继份。

首先，父母与其他旁系亲属的应继份：被继承人没有后代也没有兄弟姐妹或兄弟姐妹的后代时，父母各继承遗产的一半。被继承人的父母先亡，本人没有留下后代，其兄弟姐妹或兄弟姐妹的晚辈直系血亲得排除其他直系尊亲或旁系尊亲为继承。被继承人本人没有后裔但父母健在，且有兄弟姐妹或者有兄弟姐妹的晚辈直系血亲，遗产由父与母各继承 1/4，其余的 1/2 由兄弟姐妹或者兄弟姐妹的晚辈直系血亲继承。若被继承人的父与母仅有一人健在，其遗产的 1/4 由健在的父或母继承，3/4 由兄弟姐妹或者他们的直系卑血亲继承。被继承人没有后裔但其父母或其中一人健在，父与母可对他们在被继承人生前赠与被继承人的财产范围内行使返还权。[⑤]

---

① 《法国民法典》第 764~766 条。

② 请求权期限自被继承人死亡之日起开始计算，或者自死者的其他继承人停止支付他们此前（一直）提供的赡养费之日起开始计算。

③ 《法国民法典》第 767、927 条。

④ 《法国民法典》第 744 条。

⑤ 《法国民法典》第 736~738-2 条。

其次，父母的其他旁系亲属继承时，按支分配遗产。[①]

2. 德国立法例

（1）配偶的应继份。

其一，配偶与血亲继承人共同继承时的应继份：配偶在和第一顺序直系血亲一起继承时，继承遗产的1/4；在和第二顺序直系血亲或祖父母、外祖父母一起继承时，继承遗产的1/2；祖父母、外祖父母的晚辈直系血亲和祖父母、外祖父母一起继承的，生存配偶也从遗产的另一半中获得归属于晚辈直系血亲的份额。既无第一顺序或第二顺序直系血亲，也无祖父母、外祖父母的，生存配偶获得全部遗产。[②] 婚姻因一方死亡而终止，在继承开始时存在财产分别制的，根据《德国民法典》第1371条的规定，生存配偶通过增加1/4的法定继承份额实现其增益补偿权，而不考虑配偶双方是否实际获得增益。[③] 这也就意味着，生存配偶与第一顺序继承人共同继承时，其份额不是1/4，而是1/2。同理，配偶和第二顺序继承人共同继承时，其继承份额也不再是1/2，而是3/4。

其二，配偶的先取份：生存配偶和第二顺序直系血亲或祖父母、外祖父母共同继承的，除应继份外，可以优先取得不是土地从物的婚姻家计的标的物。生存配偶和第一顺序直系血亲共同继承的，这些标的归属于生存配偶，但以生存配偶为维持适当的家

---

① 根据《法国民法典》第736~740、746~750条的规定，按支分配的规则如下：亲属按照出自父系或母系，分为两支。遗产转归至长辈直系血亲继承时，父系尊亲属与母系尊亲属之间对半分割。每一亲属分支之内，亲等最近的尊亲属优先继承。同一亲等的尊血亲按人数平均继承。在一分支内无尊血亲时，另一分支的尊血亲受领全部遗产。若遗产转归兄弟姐妹或兄弟姐妹的晚辈直系血亲以外的旁系亲属继承，遗产在父系和母系分支之间对半分割。在每一亲属分支内，亲等最近的旁系亲属排除其他任何人而为继承。同一亲等的旁系亲属也按人头继承。在每一分支内无旁系亲属时，另一分支的旁系亲属受领遗产的全部。

② 《德国民法典》第1931条。

③ 《德国民法典》第1371条。

计而需要它们为限。[①]

（2）血亲继承人的应继份。

被继承人血亲的应继份是：子女的应继份均等，父母的应继份均等。父母一方死亡，其应继份由其晚辈直系血亲代位继承，无晚辈直系血亲的由生存父母一方单独继承。祖父母、外祖父母为继承人的，若其中任一人在继承时已不再生存的，由其晚辈直系血亲代替；无晚辈直系血亲的，其应继份由祖父母的另一方或外祖父母的另一方继承。若该祖父母或外祖父母的另一方已不再生存的，由其晚辈直系血亲继承。祖父母在继承开始时已不再生存且无晚辈直系血亲的，由外祖父母或其晚辈直系血亲单独继承；外祖父母在继承开始时已不再生存且无晚辈直系血亲的，由祖父母或其晚辈直系血亲单独继承。[②] 在第一、第二和第三顺序中属于不同亲系的人，获得其中每一亲系中归属于自己的应有部分。[③] 亲系继承止于祖父母、外祖父母。曾祖父母和外曾祖父母作为法定继承人参与继承时，各自按等份继承，他们是否属于同一亲系或属于不同亲系并无区别。若曾祖父母、外曾祖父母中有人在继承开始时已不再生存的，其晚辈直系血亲中与被继承人在亲等上有最近血统关系之人按等份继承。[④]

3. 瑞士立法例

（1）配偶的应继份。

其一，配偶与被继承人的晚辈直系血亲共同继承时，继承遗产的1/2；配偶与被继承人的父母或父母的继承人共同继承时，继承遗产的3/4；若父系和母系均无继承人，则配偶继承全部遗产。[⑤]

其二，配偶对住房和家用器具享有的权利：配偶双方居住过

① 《德国民法典》第1932条。

② 《德国民法典》第1924~1926条。

③ 《德国民法典》第1927条。

④ 《德国民法典》第1928~1929条。

⑤ 《瑞士民法典》第457~459条。

的房屋或其家用器具属于遗产的，生存配偶可请求将该类财产所有权折抵给该生存配偶。在情势合理的场合，应生存配偶或其他继承人的请求，可创设用益权或居住权以代替所有权。[①]

（2）血亲继承人的应继份。

子女的应继份相等，父母作为继承人时继承份额均等，祖父母、外祖父母作为继承人时，由其在所属的父系或母系中平均继承。[②]

4. 俄罗斯立法例

根据《俄罗斯联邦民法典》之规定，除代位继承外，同一顺序的继承人继承遗产的份额均等。[③]

5. 日本立法例

（1）配偶的应继份。

配偶与子女同为继承人时，配偶的继承份额为1/2。配偶与长辈直系血亲同为继承人时，配偶的继承份额为2/3。配偶与兄弟姐妹同为继承人时，配偶的继承份额为3/4。[④]

（2）血亲继承人的应继份。

子女、长辈直系血亲或兄弟姐妹有数人时，其各自的应继份相等。但半血缘兄弟姐妹的应继份为全血缘兄弟姐妹应继份的1/2。[⑤]

（二）英美法系国家法定继承人的应继份

1. 英国立法例

（1）配偶的应继份。

其一，配偶与子女共同继承时：被继承人死亡时若留有配偶和子女，则配偶先取得一笔固定净额的款项以及自被继承人死亡

---

① 《瑞士民法典》第612a条。

② 《瑞士民法典》第462条。

③ 《俄罗斯联邦民法典》第1141条。

④ 《日本民法典》第900条。

⑤ 《日本民法典》第900条。

之日起该先取份额的法定利息，利息支付到款项支付或拨出为止，配偶同时可取得除去前述款项后剩余遗产的一半，剩余一半为子女利益而信托持有。① 根据英国2009年修订的《家庭供养法》之规定，配偶在和被继承人的晚辈直系血亲共同继承时，先取份额为25万英镑。②

其二，配偶单独继承时的：被继承人死亡时没有晚辈直系血亲、父母、同父同母的兄弟姐妹及其晚辈直系血亲时，剩余遗产以信托方式为生存配偶一方持有。③

其三，配偶与被继承人的父母或同父同母的兄弟姐妹及其晚辈直系血亲共同继承时：配偶的继承份额为法定先取份额及该先取遗产的法定利息，加上被继承人的动产，以及剩余遗产的一半。④ 配偶与被继承人的晚辈直系血亲之外的其他亲属共同继承时，配偶的先取份额为45万英镑。⑤

其四，配偶对住房的优先权：被继承人死亡后，生存配偶可向遗产代理人要求取得与被继承人生前共同生活居住的住房，而不管住房的价值为多少。该权利应当在授予遗产管理委任书之日起12个月内行使。在这12个月内，遗产代理人未经生存配偶书面同意，不得处分该住房。但是在特殊情况下，如果在被继承人死亡时该住房并非用于家庭之用，或者该住房为某建筑物的一部分，且该整栋建筑物构成剩余遗产的一部分，则配偶不能行使此优先权。⑥

---

① Administration of Estates Act 1925, s46.

② The Family Provision (Intestate Succession) Order 2009, s2.

③ Administration of Estates Act 1925, s46.

④ Administration of Estates Act 1925, s46.

⑤ The Family Provision (Intestate Succession) Order 2009, s2.

⑥ Intestates' Estates Act 1952, Second Schedule, s1-7.

（2）其他血亲继承人的应继份。

同一顺序的继承人按其继承顺序均等继承。[①]

2. 美国立法例

（1）配偶的应继份。

其一，配偶与其他继承人一起继承时的继承份额。美国各州对配偶的法定继承份额之规定有一定差异，但在决定生存配偶的继承份额时，法律通常会考虑生存子女的数量、子女先死亡时子女的晚辈直系血亲或其他近亲属的情况等因素。[②] 根据美国《统一遗嘱检验法典》之规定，配偶的继承份额如下：第一，被继承人去世时无父母或后代，或者所有被继承人的后代也是生存配偶的后代且生存配偶没有其他尚存后代的，生存配偶继承全部遗产；第二，被继承人死亡时仅留有父母一方而无子女时，则生存配偶先取得一笔 30 万美元的遗产加上遗产余额的 3/4；第三，如果被继承人的全部尚存后代也是生存配偶的后代，且生存配偶有一个或数个不是被继承人的后代之生存后代，则配偶先取得 22.5 万美元遗产加上遗产余额的一半；第四，如果被继承人的尚存后代中有一个或数个不是生存配偶的后代，则生存配偶先取得一笔 15 万元的遗产加上遗产余额的一半。[③]

其二，配偶对家宅及动产享有的权利。美国几乎所有州都规定生存配偶对家宅特留份享有权利，且该权利不受债权人的追索。各州规定配偶从家宅中取得的财产价值大小不等，有的州规定为 1 万美元，有的州规定为 1.5 万美元，有的州不考虑家宅的价值大小，全部由配偶享有。一些州将家宅延伸到家庭企业或农场。一些州甚至规定，即使配偶不是继承人或遗嘱受益人，仍然可以对

---

① Administration of Estates Act 1925，s46.

② Gerry W. Beyer, *Wills, Trusts and Estates* (*Second Edition*)（影印本）, Beijing: CITIC Publishing House, 2003, p. 19.

③ Uniform Probate Code（2010），s2-102.

家宅享有终身居住权。[1] 即使由子女取得被继承人住宅的所有权，但该住宅所有权也要受到限制，只有等生存配偶去世后子女才能真正取得该住宅的所有权。[2] 根据美国《统一遗嘱检验法典》之规定，被继承人死亡时，其配偶可获得宅基地津贴、免税财产和家庭津贴。具体份额如下：被继承人的生存配偶有权获得 2.25 万美元的宅基地津贴。除宅基地津贴外，死者的生存配偶有权从遗产中获得价值不超过 1.5 万美元的汽车、家具、电器和个人物品的用益权。如果选择了动产用益权，且超过动产价值加上其他免税财产的价值低于 1.5 万美元，或者如果该动产中没有价值 1.5 万美元的免税财产，配偶有权获得被继承人的其他资产，但以弥补 1.5 万美元的价值为限。除获得宅基地津贴和免税财产的权利外，被继承人负有赡养义务的生存配偶有权在遗产管理期间从遗产中获得合理的赡养津贴。[3]

（2）其他继承人的应继份。

根据美国《统一遗嘱检验法典》之规定，遗产继承开始后，未按照规定转移给生存配偶的剩余遗产，如果没有生存配偶，则继承顺序如下：被继承人的晚辈直系血亲均等继承；没有晚辈直系血亲的，由生存父母双方均等分割，或者转移给一方；没有尚存的晚辈直系血亲或者父母的，转移给父母的晚辈直系血亲代位继承；没有晚辈直系血亲、父母及父母的晚辈直系血亲的，由祖父母、外祖父母按父系和母系均分。若祖父母、外祖父母的晚辈直系血亲代位继承，亦只能按系继承，除非其中一分支没有晚辈直系血亲继承人时，才转由另一分支继承。[4]

---

① Gerry W. Beyer, *Wills, Trusts and Estates* (*Second Edition*)（影印本）, Beijing: CITIC Publishing House, 2003, p. 241-242.

② Clignet Remi, *Death, Deeds and Descendants: Inheritance in Modern America*, University of Baltimore Law Review, April, 2007, p.22.

③ Uniform Probate Code (2010), s2-401、2-402、2-403、2-404.

④ Uniform Probate Code (2010), s2-103.

二、法定继承人的应继份之国外立法比较评析

（一）国外立法之异同评析

1. 国外立法的相同之处

前述各国关于法定继承人的应继份之规定存在一些相同之处，主要体现在以下两个方面：一是对配偶以外的其他血亲继承人的继承份额，除代位继承和按亲系继承外，原则上都规定同一顺序的继承人均等继承；二是关于配偶的应继份，前述各国整体都体现出逐渐提高配偶应继份的趋势。从前述各国的继承法之发展历程来看，进入20世纪以来，各国均通过修订继承法以提高配偶的应继份。例如，日本1898年制定的明治民法规定配偶为第二顺序法定继承人，只有在没有晚辈直系血亲时配偶才能继承遗产，故不存在应继份的问题。直到1947年修改的民法时，才将配偶确立为无固定顺位的恒定继承人，配偶和晚辈直系血亲共同继承时的应继份为遗产的1/3。1980年修改民法时，又提高了配偶的继承份额，将在与子女共同继承时的应继份提高到遗产的1/2，与长辈直系血亲共同继承时为遗产的2/3，与兄弟姐妹共同继承时为3/4。在日本1980年修改民法时，曾有委员强烈主张将本国的夫妻分别财产制改为夫妻共同财产制，但最终未能成功。多数意见赞成可通过提高配偶的继承份额以体现对夫妻在婚姻生活期间的协力与贡献的肯定，同时保障生存配偶的财产权益和生活安定。[①] 在修改前的法国民法中，配偶被固定在第四顺序，法定继承人以被继承人的血亲为主。2004年第2004-439号法律与2006年第2006-728号法律对继承法进行了大幅度的修改，配偶的继承顺序由固定顺序被修改为不固定顺序。配偶在与子女共同继承时可继承遗产的1/4，与父母共同继承时可继承遗产的1/2。而当没有子女或父母

① 赵莉：《域外配偶继承权制度立法修法之争及启示——以配偶继承权与夫妻财产制的关联性为中心》，载《北方法学》2014年第6期。

时，配偶可继承全部遗产。

2. 国外立法的不同之处

（1）关于配偶应继份的规定不同。

其一，配偶法定应继份之规定不同。前述各国关于配偶的法定应继份之立法主要有三种立法例：一是规定配偶固定顺序，与同一顺序的继承人份额均等，如俄罗斯之立法；二是规定配偶不固定顺序，在参与不同顺序继承时应继份额不同，如前述法国、德国、瑞士和日本之立法；三是规定配偶先取得一定的遗产份额，并可继承一定比例的剩余遗产，如前述英国、美国之立法。在采前述第二种立法例的国家中，法国对配偶继承份额的规定因被继承人的生存子女是否也是该生存配偶的子女而有所不同：当所有子女都是夫妻双方所生时，生存配偶可以选择取得全部遗产的用益权，或者取得 1/4 财产的所有权；如果有非夫妻双方所生的子女，则配偶受领 1/4 财产的所有权。也就是说，生存配偶至少可取得 1/4 的财产，或者也可以选择取得全部财产的用益权。生存配偶与父母共同继承时，受领份额为 1/2。德国、瑞士、日本规定生存配偶与被继承人的晚辈直系血亲共同继承时，继承份额均为遗产的 1/2；配偶与被继承人的父母或其他长辈直系血亲共同继承时，德国、瑞士规定为遗产的 3/4，日本规定为遗产的 2/3。配偶与兄弟姐妹同为继承人时，配偶的继承份额为 3/4。在采前述第三种立法例，即配偶可先取得一定的遗产份额并继承一定比例的剩余遗产的国家中，当与被继承人的子女共同继承时，英国和美国均规定配偶的继承份额为先取份加上扣除先取份后剩余遗产的 1/2。不同之处在于：美国对被继承人留有的生存子女中是否包含非生存配偶的子女不同，对生存配偶可取得的先取份数额有所不同，而英国无此区分。在与被继承人的父母共同继承时，英国规定生存配偶的继承份额为先取份额及该先取遗产的法定利息，加上被继承人的动产，并对剩余遗产的一半享有绝对权利；美国规定生存配偶的继承份额为先取份加上遗产余额的 3/4，但此时的先取份额较之于与子女共同继承时有所提高。

其二，配偶对住房的先取权或居住权之规定不同。前述各国中除俄罗斯和日本外，其他各国都规定配偶对住宅或住宅中为维持家计所用的动产享有先取权或居住权。例如，法国、瑞士、英国规定，配偶对住房享有先取权，优先享有用住房折抵其继承份额的权利。德国、法国、瑞士规定生存配偶对家产中的动产享有先取权。美国规定，配偶可以获得一定数额的宅基地津贴，并可获得不超过1.5万美元的动产用益权。

（2）关于血亲继承人应继份的规定不同。

关于血亲继承人的应继份，前述各国立法的不同之处主要体现在对父母、祖父母、外祖父母的应继份之规定不同。关于父母、祖父母、外祖父母的应继份，前述各国存在两种立法例：第一种立法例是同一继承顺序的继承人继承份额均等，如俄罗斯、日本、英国的规定，原则上父母、祖父母、外祖父母的应继份是按人数与同一顺序的继承人等份继承。第二种立法例是按亲系继承和亲等继承相结合的方式继承，即祖父母、外祖父母为继承人时，先将祖父母、外祖父母的应继份分为两份，一份归父系祖父母，另一份归母系祖父母（即外祖父母），每份又由祖父母和外祖父母各自平分。如果有一方死亡的情况，原本应由其继承的遗产在其亲系内按亲等远近确定代位继承人，如法国、德国、瑞士和美国的规定。

（二）国外立法与我国立法之异同评析

1. 关于配偶应继份的规定之异同

其一，关于配偶的法定应继份。俄罗斯规定配偶有固定继承顺序，与同一顺序的继承人均分遗产，这与我国的规定相同。而前述除俄罗斯以外的其他各国均采取配偶不固定继承顺序，对于配偶的应继份之规定与我国有明显不同，主要有两种做法：一是法国、德国、瑞士和日本采取的根据配偶参与继承的顺序不同，取得不同的遗产份额；二是英国、美国采取的配偶先取得固定的遗产份额，再与其他继承人共同继承一定比例的剩余遗产。

笔者认为，我国和俄罗斯采取的配偶固定顺序的做法，由于配偶与同一顺序的其他继承人继承份额均等，导致配偶的继承顺序固定但继承份额不固定，从而使得配偶能继承的份额与其他继承人的人数相关。若其他继承人人数较多，则配偶可取得的遗产份额便较少，这不能很好地保障配偶的利益。法国、德国、瑞士和日本规定配偶不固定继承顺序，在参与不同顺序继承时获得不同比例的遗产。此种立法例下，配偶能取得固定比例的遗产份额，且除了法国以外，其他各国法定继承中配偶所能取得的遗产比例均不低于遗产的1/2，甚至达到3/4。这种做法既体现了对配偶利益的保护，又有利于平衡配偶与血亲的利益。英国、美国采取的由一定数额的先取份加上一定比例的剩余遗产作为生存配偶应继份的立法例，更有利于保障配偶的权益。因为当遗产价值低于该先取份时，配偶将取得全部遗产；在遗产价值超过先取份时，配偶先从遗产中取得先取份，再根据参加继承剩余遗产血亲继承人的具体情况继承一定比例的遗产。但这一立法例的问题在于，确定合理的先取份额在操作上存在一定的难度，且此立法例还有可能导致其他血亲继承人的继承权无法实现。综上所述，笔者认为，法国、德国、瑞士、日本等国采取的配偶不固定继承顺序并根据其参与继承的顺序不同获得不同应继份的做法，更值得我们借鉴。

其二，关于配偶对住房的先取权或居住权。我国未规定配偶对住房的先取权或居住权。在前述各国中，除俄罗斯和日本外，其他各国都规定了配偶对住宅或住宅中为维持家计所用的动产享有先取权或居住权。笔者认为，在我国目前的情况下，对普通家庭而言，住房往往是被继承人遗产中价值最高之物，也往往是生存配偶维持基本生活的保障，同时还承载着生存配偶对先逝配偶的情感，值得在继承时予以特殊考量。法国、瑞士有关生存配偶对婚姻住房享有先取权和终身居住权的规定，能够保障生存配偶一贯的生活方式不因继承而改变，有利于对生存配偶的保护，值得借鉴。

2. 关于血亲继承人应继份的规定之异同

关于血亲继承人的应继份，我国规定同一顺序的继承人继承份额均等，这与俄罗斯、日本、英国的规定相同。而法国、德国、瑞士和美国的继承法在祖父母、外祖父母的应继份问题上，采取的是按亲系继承和亲等继承相结合的方式，这与我国的做法有很大不同。笔者认为，在家庭结构日趋小型化的今天，赋予祖父母、外祖父母继承权，更多的是出于赡养的需要而非家庭维持之目的，故在祖父母、外祖父母继承时，我国以及俄罗斯、日本等国按人数均等继承的方式比按亲系继承更为合理，更有利于保障继承人的生活。

第三节　我国法定继承人的应继份之立法不足与完善建议

一、我国法定继承人的应继份之立法不足

（一）配偶与父母、子女的继承份额均等之规定不科学

我国关于配偶与父母、子女的继承份额均等的规定是不科学的，主要理由如下：

其一，从我国关于法定继承人的应继份之民众习惯来看，根据前述我国学者对我国民众继承习惯的实证调查数据，在我国学者于2006年进行的实证调查中，四个省市的被调查者中分别有二成半至三成半主张“配偶可以多分遗产”；在我国学者于2017年进行的实证调查中，五个省市的被调查者中分别有四成半到五成半主张配偶应不固定继承顺序且可参与前二顺序或前三顺序继承并取得不同份额。而五个省市中主张配偶应与父母、子女均分遗产的被调查者占比均不到六成。这说明，我国民众较为重视配偶

的继承权，《继承法》已施行三十余年，《民法典》亦延用了配偶与父母、子女均分遗产的做法，但该做法并未得到普遍的认可。其二，从国外立法来看，除俄罗斯外的其他前述各国均规定配偶为不固定继承顺序，可以参与其他顺序继承并取得不同份额。这样的做法更有利于对配偶权益的保护，也更有利于平衡配偶与血亲继承人之间的利益。其三，从配偶继承权发展的历史来看，配偶继承权随着女性在家庭中的地位逐渐提高，经历了从无到有、从少到多的发展变化。这也说明，配偶继承份额的多少以及其在各继承主体中的优先性是与家庭的形态以及一国的家庭制度密切相关的。在现阶段，我国的家庭结构已从过去“父子轴心”的大家庭向“夫妻轴心”的核心家庭转变。在这样的核心家庭中，夫妻关系是家庭关系运转的轴心，夫妻双方结婚以后，必须相互扶助、共同经营家庭生活，形成了具有亲密的感情以及共同财产等多种因素的社会共同体。当配偶一方死亡时，法律理应允许另一方以最优先、最有利的顺序继承其遗产。配偶相互继承遗产，不仅可以使他们未来的生活得到充分保障，而且可以增强彼此对家庭的归属感。[①] 这种对家庭的归属感可以进一步促进家庭成员间形成相互信任、支持的亲密关系。[②] 配偶与父母、子女继承顺序相同且继承份额均等的做法，使得配偶的继承份额实际上不能确定，若同一顺序的继承人较多，配偶实际可以取得的遗产份额较小。这不能较好地体现夫妻关系在家庭中的核心地位，不利于保护配偶的权益，也不利于维护婚姻家庭的稳定。

（二）配偶继承份额之规定欠缺与夫妻财产制的有效衔接

《继承法》与《民法典》在规定配偶的继承份额时均未对夫妻实行分别财产制还是共同财产制进行区分对待，没有对现行的夫

---

① Dot Reid, “From the Cradle to the Grave: Politics, Families and Inheritance Law”, *Edinburgh Law Review*, Vol. 12, No. 3, 2008, p. 403.

② Melanie B. Leslie, “Enforcing Family Promises: Reliance, Reciprocity and Relational Contracts”, *77 NCL Rev. 551*, 1999, p. 581.

妻财产制作出考量，实行夫妻共同财产制或分别财产制的不同对配偶继承份额没有影响。这不能较好地体现配偶在婚姻当中的互助与付出，不利于对配偶利益的保护，也不符合权利与义务相一致的原则。

配偶继承权既涉及配偶的权益，又涉及其他血亲继承人的权益，立法者既要考虑到配偶的利益，也不能忽视血亲的利益，应尽量取得二者的平衡。而对配偶应继份的设计，不能忽视的一点是对夫妻财产制度的考量。配偶继承权与夫妻财产制关系密切，只有将二者相结合一起考察，才能更好地把握对生存配偶之权益保障与配偶继承份额之间的关系。正如德国学者所言："夫妻财产法和继承法虽然体系上互不统属，但从生活供养的角度可以视为一体，两者互为补充。"① 西方发达国家在进入20世纪以后，纷纷对继承法进行修改，通过增加配偶继承份额以体现对配偶继承权的尊重。在前述各国中，法国、德国、瑞士、日本等多个国家均实行配偶不固定继承顺序，并明确规定了配偶在参加不同顺序继承时的不同份额。除了法国，其他各国法定继承中配偶所能取得的遗产比例均不低于遗产的二分之一，甚至达到四分之三。在美国和英国，当遗产数量低于法律规定的先取份额时，配偶可获得全部遗产。在德国，配偶和子女或其晚辈直系血亲共同继承时，继承遗产的四分之一；和父母或祖父母、外祖父母一起继承时，继承遗产的二分之一。结合德国民法关于夫妻财产制的规定，婚姻因一方死亡而终止，在继承开始时存在财产分别制的，生存配偶通过增加四分之一的法定继承份额实现其增益补偿权，而不考虑配偶双方是否实际获得增益。这也就意味着，生存配偶在与第一顺序继承人共同继承时的份额不是四分之一，而是二分之一。同理，配偶和父母或祖父母、外祖父母共同继承时，其继承份额

① ［德］雷纳·弗兰克、托比亚斯·海尔姆斯：《德国继承法》，王葆莳、林佳业译，中国政法大学出版社2015年版，第49页。

也不再是二分之一，而是四分之三。但前述国家作出配偶可继承遗产不低于二分之一的立法选择，一方面是出于对夫妻关系的看重，另一方面也是基于他们所施行的法定的夫妻分别财产制。正如日本学者在关于修订配偶继承份额时所提出的观点："在夫妻别产制的背景下，通过调整离婚时的财产分割方式，增加配偶的继承份额，可以在一定程度上实现夫妻财产的共享。因此，将配偶的法定继承份额增加到一半，意味着在别产制下，配偶潜在的一半财产受到保护。"① 由此可见，配偶应继份额的确定，与夫妻财产制联系紧密，应在立法时加以考量。

在我国，2001 年修订的《婚姻法》规定了夫妻可以对财产制作出约定，允许夫妻约定实行分别财产制。② 虽然在现阶段我国民众多没有进行财产约定的习惯，夫妻财产制仍以法定的夫妻财产共同制为主，但随着人民收入的提高、财富的增加，也有越来越多的人选择约定的分别财产制。但即使在约定财产制的家庭当中，不能否认的是，夫妻间的权利义务并不会因财产制的不同而减少，他们仍然要同甘共苦，共同养育孩子、赡养老人、创造家庭生活条件等。对此，2001 年《婚姻法》对夫妻实行分别财产制的，以规定离婚时对家庭付出较多的一方可以请求补偿的制度作出回应，③《民法典》婚姻家庭编亦沿用。而《民法典》继承编并未对此有所回应。一方配偶死亡时，其合法的个人财产为遗产，因此需要先对夫妻共同财产进行分割，然后才能对其中属于被继承人个人的财产进行分割。故而在共同财产制下，配偶已经取得了共

① 转引自赵莉：《域外配偶继承权制度立法修法之争及启示——以配偶继承权与夫妻财产制的关联性为中心》，载《北方法学》2014 年第 6 期。

② 我国《婚姻法》第 19 条规定："夫妻可以约定婚姻关系存续期间所得的财产以及婚前财产归各自所有、共同所有或部分各自所有、部分共同所有……"

③ 我国《婚姻法》第 40 条规定："夫妻书面约定婚姻关系存续期间所得的财产归各自所有，一方因抚育子女、照料老人、协助另一方工作等付出较多义务的，离婚时有权向另一方请求补偿，另一方应当予以补偿。"

同财产中属于他（她）的那一部分，这可视为法律对夫妻共同付出给予的认可。但在分别财产制之下，对被继承人遗留的全部财产可直接进行分割，配偶相较于子女和父母没有任何优先的权利，这对生存配偶而言是不公平的。

（三）没有关于配偶对婚姻住房和生活用品的先取权和终身使用权的规定

在现阶段我国民众的生活中，被继承人生前与配偶共同居住的房屋往往是家庭中最为重要的财产，而《继承法》与《民法典》均未规定配偶对婚姻住房的先取权或终身使用权。[①] 在被继承人死亡时，原本属于夫妻共同财产的家庭住房以及生活用品将面临因继承而被分割的处境，这不利于生存配偶利益的保护，甚至可能使生存配偶的基本生活得不到保障。从我国关于法定继承人的应继份之民众习惯来看，根据前述我国学者对我国民众继承习惯的实证调查数据，在我国学者于 2006 年进行的实证调查中，四个省市的被调查者中分别有二成半至三成半主张"配偶可以多分"；我国学者 2017 年所进行的实证调查中，五个省市被调查者中主张配偶在第一继承顺序的比例明显高于主张父母、子女在第一继承顺序的比例。这些都说明，在我国民众的观念中，配偶的继承权是排在第一位的。笔者认为，在一方配偶去世后，如果立即对夫妻原本共同生活的家庭住房以及生活用品进行分割，这可能会使生存配偶面临"老无所居"的困境，[②] 不利于保障配偶的基本生存权与居住权。

---

① 参见陈苇、杜江涌：《我国法定继承制度的立法构想》，载《现代法学》2002 年第 3 期；陈苇主编：《外国继承法比较与中国民法典继承编制定研究》，北京大学出版社 2011 年版，第 421、424~425 页。

② 陈苇、李艳：《论我国民法典"继承编"法定继承制度之立法完善——基于四川省民众法定继承观念与遗产处理习惯的问卷调查》，载《学术论坛》2018 年第 4 期。

二、我国法定继承人的应继份之立法建议的学者观点与评析

（一）我国法定继承人的应继份之立法建议的学者观点

关于法定继承人的应继份，我国学者“继承法建议稿”的主要观点如下：①

1. 关于配偶的应继份

首先，关于配偶的应继份，学者们主要有两种观点：一是配偶与第一顺序其他继承人均等继承。持此观点的有“徐稿”“梁稿”“王稿”“杨稿”。二是配偶继承顺序不固定，根据参与的顺序不同而应继份不同。参与的继承顺序越靠后，配偶的继承份额越大。持此观点的有“张稿”“陈稿”。且“张稿”“陈稿”均规定配偶与子女及其晚辈直系血亲共同继承时，遗产按人数均分；配偶与父母共同继承时，继承遗产的二分之一。

其次，关于配偶是否享有不动产和动产的先取权或居住权，只有“王稿”“张稿”“陈稿”有规定，且观点存在分歧：第一，“王稿”规定生存配偶没有继承遗产中的房屋又没有自己住房的，对遗产中的房屋享有用益物权，但需向继承此房屋的人交纳租金，而“陈稿”“张稿”未规定租金交纳义务。第二，“张稿”“陈稿”规定配偶对遗产中的婚姻住宅和家庭日常生活用品享有先取权。第三，“陈稿”规定配偶继承的遗产份额小于该婚姻住宅的价值时，其也可以选择对婚姻住宅享有终身居住权。

2. 关于祖父母、外祖父母的继承份额

关于祖父母、外祖父母的继承份额，学者主要有两种观点：一是祖父母、外祖父母按人数均分遗产。持此观点的有“梁稿”“徐稿”“王稿”“张稿”“杨稿”。二是祖父母、外祖父母按亲系继承，父系及母系祖父母分别继承遗产的一半；只有父系祖父母

---

① “梁稿”第1856、1857条，“徐稿”第499条，“王稿”第573~581条，“张稿”第30~32条，“陈稿”第47~49条，“杨稿”第63条。

或母系祖父母双方均死亡，并且没有代位继承人时，原本应由该亲系继承的遗产才转归另一系的祖父母继承。持此观点的有“陈稿”。

（二）我国法定继承人的应继份之立法建议的学者观点评析

首先，关于配偶的应继份。笔者认为，配偶与第一顺序的父母、子女均等继承的做法是不利于配偶权益保护的。因为婚姻关系是血亲关系的基础，与之相对应，配偶继承权也应在亲属关系中占据最关键的位置。在家庭的内部，家庭结构的缩小以及家庭由“父子轴心”向“夫妻轴心”的转变，要求配偶之间应相互扶持并且相互照顾，这使得配偶之间相互的情感联系以及互帮互助是最为紧密的。当一方配偶死亡时，继承法赋予另一方配偶继承财产的权利是理所应当的。但如果配偶与父母、子女在同一顺序且继承份额均等，则体现不出夫妻关系在家庭中的核心地位，也不能起到维系婚姻家庭的作用。在前述学者观点中，“张稿”“陈稿”将子女的继承顺位置于父母之前，并规定配偶可作为不固定顺序继承人分别与不同顺序的血亲继承人共同继承的做法有其合理之处，值得借鉴。关于配偶对婚姻住房和家庭日常生活用品的先取权、使用权，从学者对我国民众继承习惯与观念的调查结果来看，多数被调查者所在地区存在“配偶可以对遗产中家庭住房优先继承”的习惯。笔者认为，“陈稿”关于配偶对婚姻住房和家庭日常生活用品享有先取权，并在其应继份小于该婚姻住宅的价值时，可以选择对婚姻住宅享有终身居住权的规定符合我国民众的继承习惯，有利于对生存配偶利益的保护，值得借鉴。

其次，关于祖父母、外祖父母的继承份额。笔者认为，遗产在祖父母、外祖父母间按人数均等继承的做法较为合理。因为《继承法》规定祖父母、外祖父母作为法定继承人的最主要目的在于保障祖父母、外祖父母的老年生活。因此，没有必要再考虑亲系之间的均衡，只有在同为继承人的祖父母、外祖父母间实现了继承份额的均等，才更能体现法律的公平价值。

三、我国法定继承人的应继份之立法完善建议

关于法定继承人的继承份额，笔者建议：

首先，根据夫妻财产制的不同规定不同的配偶继承份额。在采取夫妻共同财产制的情况下，配偶为不固定继承顺序，在与被继承人的子女共同继承时，其份额与其他继承人均等；在与被继承人的父母共同继承时，其份额为遗产的二分之一；在没有子女和父母继承人时，配偶独自继承遗产。在实行分别财产制的情况下，配偶为不固定继承顺序，在与被继承人的子女共同继承时，其份额为遗产的二分之一；在与被继承人的父母共同继承时，其份额为遗产的三分之二；在没有第一、第二顺序继承人时，配偶独自继承遗产。

其次，增补规定配偶的家庭住房和家庭生活用品的先取权和终身使用权。具体可规定为：配偶对遗产中供其居住的住宅和家庭生活用品享有先取权；若其继承的遗产份额小于该住宅和家庭生活用品的价值时，可选择对该住宅的终身居住权和对家庭生活用品的终身使用权。

第六章 代位继承研究

第一节 我国代位继承之立法现状与民众习惯考察与评析

一、我国代位继承之立法现状考察

根据 1985 年《继承法》的规定，被继承人的子女先于被继承人死亡的，由该子女的晚辈直系血亲代位继承，代位继承人一般只能继承已故子女有权继承的遗产份额。[①] 最高人民法院《关于贯彻执行〈中华人民共和国继承法〉若干问题的意见》（以下简称《继承法意见》）进一步规定："继承人丧失继承权的，其晚辈直系血亲不得代位继承……"[②] 也就是说，《民法典》颁布前，我国法律明确规定的代位继承的发生原因只能是被继承人的子女先于被继承人死亡，不包括被继承人的子女放弃继承或丧失继承权；被代位人的范围被限制为被继承人的子女，而不包括被继承人的父母、祖父母、外祖父母等长辈直系血亲以及被继承人的兄弟姐妹等旁系血亲；代位人是被代位人的晚辈直系血亲；代位继承的份额为被代位人应继承的遗产份额。

---

① 《继承法》第 11 条。

② 最高人民法院《继承法意见》第 28 条。

《民法典》继承编对《继承法》代位继承的规定进行了增补规定，扩大了被代位人和代位人的范围。被代位人包括被继承人的子女和兄弟姐妹；代位人包括被继承人子女的晚辈直系血亲和兄弟姐妹的子女；代位继承的原因仍为被代位人先于被继承人死亡，代位继承的份额为被代位人有权继承的遗产份额。[①]

二、我国代位继承之民众习惯考察

我国民间一直有代位继承的习惯，古代法中也有类似代位继承的规定。我国古代法在分家析产时规定，"为期各房能永续繁殖，并期各房的公平，存在所谓'子承父分'、'寡妻承夫分'、'在室女承房分'的类似代位继承之规范"。[②] 例如，唐户令规定："兄弟亡者，子承父分……兄弟俱亡，则诸子均分。"意思就是，如果数个儿子中的一个或数个先于其父死亡，则由该先死亡之子的儿子继承，无论他有几个儿子，都只能共同继承其父有权继承的那部分遗产。也就是说，如果一个先死亡的儿子只有1个儿子，则遗产全归他继承；如果该先死亡的儿子有3个儿子，则他们每人只能继承其父能继承遗产份额的1/3；而如果被继承人的所有儿子均先于其死亡，则不再局限于继承其父亲的那一份，遗产由被继承人的全部孙子均分遗产。宋代以后的继承法沿袭了唐代代位继承的原则。例如，《折狱新语》卷三《参斩事》记载了一个案例：明代何圣志盗卖其父遗田，得黄金150两，引起诸弟不满。官府判决：将卖田所得黄金中的50两，作为其母骆氏的棺敛费，其余100两，何圣志等4子各得25两，其中次子何圣忠已故，则其子何文燧得25两，为代位继承。官府同时对"兄弟寻戈"的何圣志

---

① 《民法典》第1128条规定："被继承人的子女先于被继承人死亡的，由被继承人的子女的直系晚辈血亲代位继承。被继承人的兄弟姐妹先于被继承人死亡的，由被继承人的兄弟姐妹的子女代位继承……"

② 刘耀东：《继承法修改中的疑难问题研究》，法律出版社2014年版，第19页。

处以仗刑，“于是诸人皆叩首心服”。[1] 时至今日，我国民间也保留有代位继承的习惯。

根据我国学者于2017年进行的《当代中国民众财产继承观念与遗产处理习惯实证调查研究》的调查数据，对于继承权丧失时是否可以代位继承的问题，所在地区有“继承人丧失继承权时可以由其子女代位继承”习惯的被调查者占比，在重庆市、吉林省、上海市、河北省和湖北省依次为53.23%、27.50%、58.10%、76.09%和46.18%；所在地区有“继承人丧失继承权时不能由其子女代位继承”习惯的被调查者占比，在重庆市、吉林省、上海市、河北省和湖北省依次为46.77%、72.50%、41.90%、23.91%和53.82%。[2] 由此可见，关于继承权丧失是否可以成为代位继承的发生理由，我国民众存在两种截然相反的习惯：一是继承人丧失继承权时，不发生代位继承；二是继承人丧失继承权时，发生代位继承。在前述五个省市中，吉林省和湖北省习惯于“继承人丧失继承权时不发生代位继承”的被调查者占比较高，重庆市、上海市、河北省则是习惯于“继承人丧失继承权时可发生代位继承”的被调查者占比较高。这说明，关于继承人丧失继承权时是否可由其后代代位继承，我国不同地区的习惯尚不统一。

三、我国代位继承之立法现状与民众习惯评析

代位继承是我国法定继承制度的重要组成部分，《继承法》规定了代位继承制度，同时，我国最高人民法院的《继承法意见》也对代位继承制度适用中的一些问题进行了明确和补充。如前文所述，我国传统法律中就规定有代位继承，我国民众也较为认可

① 转引自程维荣：《中国继承制度史》，东方出版中心2006年版，第259页。

② 陈苇主编：《当代中国民众财产继承观念与遗产处理习惯实证调查研究》（上卷），中国人民公安大学出版社2019年版，第39、149、244、336、434页。

代位继承的习惯。[①] 从这点上看，立法规定代位继承是符合我国民众的继承习惯的。

但对于代位继承制度设计中的具体问题，现行立法与我国传统习惯仍有不同，主要表现在以下三个方面：一是所有子女均先于被继承人死亡时的代位继承规则不同。在我国传统习惯中，当被继承人的所有儿子先于被继承人死亡时，将由其所有孙子按人数平均分割遗产；而根据《民法典》的规定，如果子女全部先于被继承人死亡，被继承人的遗产将由其孙子代位继承，但代位继承人只能继承其父或母继承的份额。二是根据《民法典》的规定，只有在继承人先于被继承人死亡时才发生代位继承；但从前述我国学者于 2006 年所作的代位继承之民众习惯的调查结果来看，我国仍有不少地区存在继承人丧失继承权时可以由继承人的子女代位继承的习惯。三是关于旁系血亲继承人是否可被代位继承的做法不同。我国古代法中虽未明确规定旁系血亲的代位继承，但当被继承人的直系晚辈血亲中没有继承人时，其财产将被归入宗族，然后开始新一轮的分配。从前述我国学者于 2006 年、2017 年先后两次对我国民众继承习惯的调查结果来看，被调查民众多认为在没有《继承法》规定的第一、第二顺序继承人时，可由被继承人的兄弟姐妹的子女，即侄子女、外甥子女等继承。而《继承法》仅规定被继承人子女的晚辈直系血亲可代位继承。《民法典》继承编扩大了代位继承的规定，允许在被继承人的兄弟姐妹先于被继承人死亡时，由该先死亡的兄弟姐妹的子女代位继承。这样的规定是符合我国民众继承习惯的，也具有合理性。

---

① 陈棋炎、黄宗乐、郭振恭：《民法继承新论》，台北三民书局股份有限公司 2016 年版，第 44 页。

第二节 代位继承之国外立法考察与评析

一、代位继承之国外立法考察

（一）大陆法系国家的代位继承

1. 法国立法例

在法国，晚辈直系血亲均可代位继承而不受代数限制，代位继承可发生在被继承人的部分子女死亡或所有子女都死亡时。在旁系亲属中，死者兄弟姐妹的子女及其晚辈直系血亲可以代位继承。丧失继承资格的人的子女及其晚辈直系血亲也可以代位继承，但是对放弃继承的人不允许代位继承，且代位继承只能针对先去世的人，不得为直系尊血亲之利益而发生。① 在准许代位继承的情况下，如同被代位继承人本人继承一样，遗产按照房数分配，同一房亲属内部的遗产按照人数均分。② 丧失继承权的继承人，其晚辈直系血亲仍可代位继承。③

2. 德国立法例

在德国，第一、第二和第三顺序的法定继承人，即被继承人的子女、父母、祖父母、外祖父母在继承开始时已不再生存的，由其晚辈直系血亲代位继承。分属于不同血统的人，获得其中每一血统中归属于自己应有的部分。第四顺序的法定继承人即被继承人的曾祖父母、外曾祖父母在继承开始时已不再生存的，其晚辈直系血亲中与被继承人亲等最近的人继承，同一亲等内数个代位继承人按等份继承。④ 若法定继承人丧失继承权的，对其发生的遗产归属视为未发生，本应由其继承的遗产份额由其晚辈直系血

---

① 《法国民法典》第752、752-1、752-2、754~755条。

② 《法国民法典》第753条。

③ 《法国民法典》第729条。

④ 《德国民法典》第1924~1928条。

亲代位继承。[1] 若法定继承人在继承开始后拒绝继承的，由代位继承人继承；若被继承人的血亲以及配偶在被继承人生前与其订立合同抛弃他们的法定继承权，则此种抛弃效力及于该血亲或配偶的晚辈直系血亲，即在继承权抛弃的情况下不产生代位继承。[2]

3. 瑞士立法例

在瑞士，被继承人的子女、父母或者祖父母、外祖父母先于被继承人死亡的，由该继承人的晚辈直系血亲代位继承，亲等近者优先。母系或父系的祖父或祖母之一死亡且没有晚辈直系血亲的，该死亡祖父或祖母的遗产由其所属亲系的继承人继承。母系或父系的祖父母均死亡且没有晚辈直系血亲的，全部遗产由另一亲系的继承人继承。[3] 继承人丧失继承权的，视为该丧失继承权的人先于被继承人死亡，其晚辈直系血亲可代位继承。但对拒绝继承的人不适用代位继承。[4]

4. 俄罗斯立法例

在俄罗斯，当被继承人的子女、兄弟姐妹、父母的兄弟姐妹在继承开始前死亡或者与被继承人同时死亡时，该继承人的份额由其后代代位继承。若继承人的继承权被被继承人通过遗嘱剥夺或因某些原因丧失，其后代不得代位继承。[5] 若继承人放弃继承遗产，则其应得的遗产份额将被移转给其他参加继承的法定继承人，不可适用代位继承。[6]

5. 日本立法例

在日本，被继承人的子女及兄弟姐妹在继承开始前死亡或者因废除而丧失其继承权的，该继承人的子女可代位继承。代位继

① 《德国民法典》第 2344 条。
② 《德国民法典》第 1952 条。
③ 《瑞士民法典》第 457~459 条。
④ 《瑞士民法典》第 541、575 条。
⑤ 《俄罗斯联邦民法典》第 1146、1117、1119 条。
⑥ 《俄罗斯联邦民法典》第 1161 条。

承人的继承份额与其长辈直系血亲应得份额相同。[①]

(二) 英美法系国家的代位继承

1. 英国立法例

在英国，代位继承人的范围包括：被继承人的晚辈直系血亲、半血缘及全血缘的兄弟姐妹的晚辈直系血亲、父母的半血缘及全血缘的兄弟姐妹的晚辈直系血亲；代位继承时，同亲等的代位继承人均等取得遗产。[②] 继承人放弃继承权后，其应继份按血亲股和配偶股相区别的规则归属于其他继承人，不适用代位继承。

2. 美国立法例

在美国，当被继承人的子女、父母、祖父母、外祖父母先于被继承人死亡时，他们的后代可以代位继承。但各州对代位继承的规定也存在一定差异，总的来说有三种继承方式：一是按家系继承，二是按人数继承，三是同一亲等按人数继承。[③] 按照《统一遗嘱检验法》的规定，在多数州适用的规则是：在代位继承人与其他继承人亲等不一致时，按被代位人的份额继承；在代位继承人的亲等一致时，就按人数均分。[④] 继承人放弃继承权的，被放弃之应继份不适用代位继承。[⑤] 继承人丧失继承权的，根据美国《统一遗嘱检验法典》之规定，继承人丧失继承权的视为放弃其法定应继份额，不适用代位继承。[⑥]

---

① 《日本民法典》第 887、891、901 条。

② C. H. Sherrin, R. C. Bonehill, *The Law and Practice of Intestate Succession* (*Second Edition*), London: Sweet & Maxwell, UK, 1994, pp. 164-166.

③ Gerry W. Beyer, *Wills*, *Trusts and Estates* (*Second Edition*) (影印本), Beijing: CITIC Publishing House, 2003, pp. 21-29.

④ Steven A. Bartholow, *Relationship Determinations under Intestate Succession*, Legal Opinion, April, 2002, p.15.

⑤ Uniform Probate Code (2010), s2-106, 2-709.

⑥ Uniform Probate Code (2010), s2-803.

二、代位继承之国外立法比较评析

（一）国外立法之异同评析

1. 国外立法的相同之处

前述各国都允许一定范围的继承人先于被继承人死亡时其晚辈直系血亲代位继承，但代位继承仅适用于被继承人的血亲，配偶先死亡时不产生代位继承已成为各国立法的通例。

2. 国外立法的不同之处

（1）代位继承的发生原因不同。

关于代位继承的发生原因，前述各国立法都规定为一定范围的继承人先于被继承人死亡。但对于继承人丧失继承资格和拒绝继承是否可以作为代位继承的发生原因则规定不同：其一，关于继承权丧失时是否发生代位继承：一种立法例为认可继承人丧失继承资格时不适用代位继承，如前述俄罗斯、英国、美国的立法；另一种立法例则为认可继承人丧失继承资格时仍可适用代位继承，如前述法国、德国、瑞士、日本的立法。其二，关于继承人拒绝继承时是否可以代位继承：一种立法例为规定继承人拒绝继承时不再适用代位继承，如前述俄罗斯、英国、美国、瑞士的立法；另一种立法例则规定继承人拒绝继承时仍可适用代位继承，如前述法国、德国、日本的立法。其中，除瑞士外，其他各国对丧失继承资格和放弃继承权均采取相同的态度，即丧失继承资格时适用与否和放弃继承权时适用与否的观点保持一致。但瑞士较为特殊，根据《瑞士民法典》的规定，在继承人丧失继承资格时可适用代位继承，但在继承人放弃继承时则不可适用代位继承。

（2）被代位人的范围不同。

前述各国对被代位继承人的范围之立法存在以下不同：其一，长辈直系血亲被代位人的范围不同。在前述国家中，关于长辈直系血亲是否能为被代位人，主要有两种立法例：一是长辈直系血亲不能为被代位人，如前述法国、俄罗斯、日本的立法。二是长辈直系血亲可为被代位人，如前述德国、瑞士、美国的立法。在长辈直系血亲可以被代位继承的国家中，各国对可被代位的长辈直系血亲范围之规定又有不同：德国规定的范围最广，被继承人的父母、祖父母、外祖父母、曾祖父母、外曾祖父母都可成为被代位人；瑞士和美国的规定次之，包括父母及祖父母、外祖父母。其二，旁系血亲被代位人的范围不同。关于旁系血亲是否可以被代位继承，立法模式不尽相同，但前述各国的规定都在一定程度上允许对旁系血亲的代位继承。其中，日本和法国允许旁系血亲作为被代位人的范围最窄，仅限于兄弟姐妹先于被继承人死亡时可以被代位继承。其次是俄罗斯和英国，除了兄弟姐妹，父母的兄弟姐妹也可以成为被代位人。范围最宽的是德国、瑞士、美国之立法，除了兄弟姐妹之外，父母的兄弟姐妹、堂表兄弟姐妹等都可能成为被代位人。

关于被代位继承人的范围之规定，各国立法之所以存在不同，大致离不开与各国规定的法定继承人范围和顺序之关联，同时也体现了各国不同的立法价值取向。前述规定长辈直系血亲不能被代位继承的有法国、俄罗斯、日本。在日本，人们认为对长辈直系血亲的供养是非常重要的，日本也是前述国家中对唯一一个对长辈直系血亲继承人没有亲等限制的国家，且长辈直系血亲的继承顺序优先于被继承人的兄弟姐妹。按照这样的规定，当某一亲等的长辈直系血亲全部缺位时，其后一亲等的长辈直系血亲可自动成为法定继承人。当被继承人没有第一顺序继承人时，如果被继承人的父母也已经先于其去世，但其祖父母还健在，这时祖父母可以作为继承人继承遗产。但若允许对长辈直系血亲的代位继承，则当被继承人的父母先于其去世时，其父母的子女即被继承人的兄弟姐妹将代位继承他们父母的应继份，而被继承人的祖父母继承的可能将被排除，这不符合其立法目的。在俄罗斯，当被继承人死亡时没有父母的，其遗产将由同一顺序的配偶和子女继承。若允许长辈直系血亲被代位，则配偶和子女将与被继承人的兄弟姐妹一起继承，这不利于对配偶和子女利益的保护，也不符合被继承人意愿的推定。在法国，当父母先于被继承人死亡时，遗产将由被继承人的兄弟姐妹及其晚辈直系血亲继承，即法定继承人与代位继承人相重合，故无规定对直系尊血亲代位继承的必要。在前述规定长辈直系血亲可被代位继承的德国、瑞士、美国的法律中，法定继承人的顺序之规定较相似，其代位继承的立法目的在于在遗产所流向的各支系之间维持平衡。

（二）国外立法与我国立法的异同评析

1. 代位继承发生原因之立法异同

关于代位继承的发生原因，我国与前述各国立法的相同之处在于：都规定一定范围的继承人先于被继承人死亡为代位继承的发生原因。但除此之外，我国未规定其他可产生代位继承的原因，且继承人丧失继承资格以及放弃继承权时都不可代位继承。这与俄罗斯和美国立法相同，但与前述其他外国立法存在不同之处：瑞士的立法规定继承人丧失继承资格时仍可适用代位继承，法国、德国、日本的立法则规定继承人丧失继承资格和拒绝继承时仍可适用代位继承。可见，关于代位继承之发生原因，我国与前述各国立法的分歧在于继承人丧失或放弃继承权时，是否可以适用代位继承。

笔者认为，法国、德国、日本的立法规定继承人丧失继承资格和拒绝继承时仍可适用代位继承的做法，能够更好地保护被继承人之晚辈直系血亲的利益，保障财产能够在家族当中持续向下传递，也能更好地保障被继承人的财产权益，避免财产成为无主财产而被收归国有，具有借鉴意义。

2. 关于被代位人的范围之立法异同

关于被代位人的范围，我国的规定与前述各国立法相比较为单一。而前述各国立法均允许一定范围的旁系血亲为被代位人：日本和法国规定兄弟姐妹可为被代位人，俄罗斯和英国规定兄弟姐妹以及父母的兄弟姐妹可为被代位人，德国、瑞士、美国规定兄弟姐妹、父母的兄弟姐妹以及堂表兄弟姐妹等都可成为被代位人。此外，前述德国、瑞士和美国的立法还规定了一定范围的长辈直系血亲为被代位人，如瑞士和美国规定父母、祖父母、外祖父母可为被代位人，德国规定父母、祖父母、外祖父母、曾祖父母、外曾祖父母都可成为被代位人。可见，前述各国立法规定的被代位人范围都比我国更宽。

笔者认为：首先，若规定父母可以被代位继承，则会导致在父母一方或双方缺位时，被继承人父母的晚辈直系血亲（如被继承人的兄弟姐妹等）与配偶共同继承的情况，这不符合我国民众的继承观念，也不能正确地体现出继承人与被继承人之间关系的亲疏远近。故我国未规定长辈直系血亲可被代位继承的做法可继续保持。其次，在一定范围内允许旁系血亲继承人被代位继承，可以扩大代位继承制度的适用范围，有利于将遗产遗留在家庭内部，并尽量保留在与被继承人关系密切的支系。故前述俄罗斯和英国立法中兄弟姐妹、父母的兄弟姐妹都可以成为被代位人的做法较为合理，值得借鉴。

第三节　我国代位继承之立法不足与完善建议

一、我国代位继承之立法不足

（一）代位继承的发生原因过少

笔者认为，我国代位继承的发生原因过少，主要理由在于：

其一，从我国民众的继承习惯来看，前述我国学者对我国代位继承的民间习惯所进行的调查结果显示，虽然根据《民法典》继承编司法解释[①]的规定，丧失继承权的继承人不得被代位继承，

① 《最高人民法院关于适用〈中华人民共和国民法典〉继承编的解释（一）》第17条。

但在我国民间，仍有不少地区有继承人丧失继承权时可由其子女代位继承的习惯。被调查者的主要理由在于，在继承人丧失继承权时，继承人的子女，即被继承人的孙子女，可以孙子女的身份直接继承祖父母的遗产，这与继承人继承权的丧失没有关系。

其二，关于代位继承的“代表权说”之观点与民法的基本原理相矛盾，不符合法理逻辑。关于代位继承的发生原因，我国立法者采纳了“代表权说”的观点，认为代位人的继承是基于被代位人的继承权产生的。但是，根据《民法典》总则①的规定，公民的民事权利能力始于出生终于死亡，继承人一旦死亡，其民事权利能力终止，不再具有民事主体资格，当然也就不再享有继承权，自然也不存在“代表”。正如我国学者所言：“代位继承人的继承权非由推定继承人继承，而是根据其固有权利以被代位继承的顺序直接继承。否则，当被代位继承人于继承开始前丧失继承权时，已无继承权可言，又何谓代位。”②

其三，代位继承制度在设立之初，其目的是实现对直系血亲尤其是尚未成年的晚辈直系血亲之继承利益的特别保护，避免因本支系某一血亲的非正常死亡致使整个支系丧失继承份额，以保证家庭财产的延续和年青一代血亲的抚养。继承法律制度出于惩罚那些违反继承规则的人。例如，继承人对被继承人有某些不法行为或为争夺遗产而对其他继承人有不法行为的，法律将剥夺其继承权。但这种剥夺继承权是为了平等地保护每个继承人的利益，而非阻止继承财产的合理流转。因此，剥夺非法继承人继承的后果不能被扩大到代位继承人身上，这既不符合继承制度的功能，也不符合代位继承制度的立法目的。继承人死亡是代位继承发生的唯一原因，被代位人丧失继承权、放弃继承权的，不能产生代位继承，这对该丧失或放弃继承权的继承人的晚辈直系血亲非常

---

① 《民法典》第13条。

② 史尚宽：《继承法论》，中国政法大学出版社2000年版，第86页。

不利，特别是当晚辈直系血亲年幼、患病、无劳动能力时，不允许他们代位继承实际上有悖于公平原则。

（二）代位继承人的范围规定略窄

笔者认为，我国代位继承人的范围略窄，不利于将财产保留在被继承人的家庭内部。《继承法》规定的被代位人仅为被继承人的子女，未规定兄弟姐妹的子女以及父母的兄弟姐妹的子女可代位继承。由于立法者认为没必要将过多的亲属纳入法定继承人的范围，因此直接排除了兄弟姐妹的子女成为被代位人的可能，而父母的兄弟姐妹本身都不在法定继承人之列，更不用说成为被代位人了。《民法典》继承编对此作了修正，规定兄弟姐妹的子女可以代位继承。笔者认为，这一做法有利于将财产保留在被继承人有血缘关系的家庭内部，延缓财产归公的历程，较《继承法》的规定是有所进步的，但仍有值得完善的地方。如前文所述，在我国现阶段，由于计划生育政策的影响以及人们观念的变化，独生子女的家庭占很大比例，这些独生子女没有兄弟姐妹。在这样的情况下，仅增加兄弟姐妹为代位继承人仍显不够，不能很好地实现将遗产保留在家庭内部而延缓归公的目的。

（三）代位继承人的应继份之规定不够科学

关于代位继承人的应继份，《继承法》与《民法典》均规定代位继承人无论有几个，只能取得被代位人的应继份额。也就是说，如果某个被代位人有数个晚辈直系血亲共同代位参与继承，被代位人有权继承的遗产份额将由这些人平分。笔者认为这样的规定不够科学，主要理由在于：

其一，在我国目前的法律框架下，被代位人先于被继承人死亡可能有两种情况：一是被继承人有数个子女的，其中一个先于其死亡，此时先死亡的子女的晚辈直系血亲代位继承，取得原本应由该子女继承的遗产份额再由代位人均分，此时没有问题。二是该继承人有几个子女，都先于被继承人死亡，此时由这些先死亡子女的晚辈直系血亲代位继承，如果这些先死亡子女的晚辈直系血亲的人数不同，就会导致这样的情况：如果其中一子女有三个子女，另一子女仅有一个子女，则该四位代位继承人虽同为孙子女，与被继承人的亲属关系亲疏一致，继承份额却有很大区别，其中一人能分得全部遗产的二分之一，另三人则每人只能分得全部遗产的六分之一，这种分配结果显然不够公平合理。

其二，从我国的传统继承习惯来看，我国古代法中已有当被继承人之子全部先于其死亡的情况下，在孙子中等份分割遗产的做法。例如，我国唐代《时户令》规定，对代位继承，“兄弟亡者，子承父分”，“兄弟俱亡，则诸子均分”。换言之，当儿子都先于父亲去世时，立法者不再考虑子辈的平均继承，而是考虑全体孙辈的平均继承。因为在这样的情况下，子辈间的平均继承已丧失了意义。而现行立法，未对子女中一人或数人先于被继承人死亡与子女全部先于被继承人死亡的情况作区分，而是一刀切地采取了按支继承的做法，不能较好地体现继承人亲等不同与亲等相同时继承份额的差别，既不符合我国民众的传统继承习惯，又在一定程度上有失公平。

二、我国代位继承之立法建议的学者观点与评析

（一）我国代位继承之立法建议的学者观点

关于代位继承，我国学者的主要观点如下：①

1. 关于代位继承的发生原因

关于代位继承的发生原因，我国学者的观点主要有四种：一是不规定代位继承，而是将特定继承人的晚辈直系血亲纳入法定继承人的范畴，允许其以自己的名义继承。持此观点的有“张稿”。二是代位继承的发生原因除被代位人死亡外，还包括被代位人放弃继承权。持此观点的有“梁稿”。三是代位继承的发生原因

① 参见“梁稿”第1951条，“徐稿”第34条，“王稿”第572条，“张稿”第28条，“陈稿”第46条，“杨稿”第17条。

除被代位人死亡外，还包括被代位人丧失继承权。持此观点的有“王稿”。四是代位继承的发生原因除被代位人死亡、被代位人放弃继承权之外，还包括被代位人丧失继承权。持此观点的有“陈稿”“杨稿”“徐稿”。

2. 关于被代位人的范围

关于被代位人的范围，我国学者的观点主要有两种：一是被代位人仅为被继承人的子女。持此观点的有“王稿”“梁稿”“杨稿”。二是被代位人包括被继承人的子女和兄弟姐妹。持此观点的有“陈稿”“张稿”。三是被代位人包括全体法定继承人。持此观点的有“徐稿”。

3. 关于代位继承人的范围

关于代位继承人的范围，我国学者的观点主要有三种：一是代位继承人为被代位人的晚辈直系血亲。持此观点的有“徐稿”“王稿”“梁稿”“杨稿”。二是根据被代位人的不同而代位继承人的范围不同，当被代位人是被继承人的子女时，代位继承人为该子女的晚辈直系血亲；当被代位人是被继承人的兄弟姐妹时，代位继承人为该兄弟姐妹的子女。持此观点的有“陈稿”。三是代位人为被代位人的子女。持此观点的有“张稿”。

4. 关于代位继承的份额

关于代位继承的份额，我国学者的观点主要有两种：一是沿用《继承法》之做法，规定代位继承人只能继承被代位人的应继份。持此观点的有“梁稿”“徐稿”“王稿”“杨稿”“张稿”。二是规定代位继承人一般只能继承被代位人的应继份，同一亲等的数名代位继承人共同继承时，按人数均分遗产。持此观点的有“陈稿”。

（二）我国代位继承之立法建议的学者观点评析

首先，关于代位继承产生的原因，学者们争议的焦点是在被代位人放弃继承权和丧失继承权的情况下，是否可以代位继承。从各学者建议稿中的观点来看，对代位继承的规定均以“固有权说”为基础，却又各有不同。“梁稿”和“王稿”的规定，一个排除了被代位人放弃继承时的代位继承，另一个排除了被代位人丧失继承权时的代位继承，笔者认为这两种做法均不够合理。因为被代位人不论是放弃继承也好，丧失继承权也罢，均是出自其自己的意愿或过错，与其子女和晚辈直系血亲无关。此时，若采“固有权说”，则两种情形下代位人的晚辈直系血亲均应有代位继承的权利。因为如果把他们看作有独立继承权的人，则他们既没有作出放弃继承的意思表示，也没有实施加害被继承人或其他会导致自己继承权丧失的行为，被代位人的过错不应作为对其晚辈直系血亲惩罚的理由。相较而言，“陈稿”、“杨稿”和“徐稿”规定被代位人死亡、丧失继承权、放弃继承权都能成为代位继承的原因的做法更合理。这样能够更好地保护被继承人之晚辈直系血亲的利益，保障财产在家族当中持续向下传递，也能更好地保障被继承人的财产权益，避免财产成为无主财产而被收归国有。

其次，关于被代位人的范围是否应当包括被继承人的兄弟姐妹，学者观点存在分歧。笔者认为，若将被继承人的兄弟姐妹及其子女作为第三顺序的法定继承人，将被继承人的父母的兄弟姐妹及其子女为第五顺序的法定继承人时，应规定兄弟姐妹、父母的兄弟姐妹也可作为被代位人。当其中一人或数人先于被继承人死亡时，由其子女代位继承。这样更符合我国民众的继承习惯，也更能体现法律的公平价值。

再次，关于代位继承人的范围，我国学者的观点多有不同，其中“陈稿”的观点根据被代位人的不同对代位继承人的范围作了区分：当被代位人是被继承人的子女时，代位继承人为被代位人的晚辈直系血亲；当被代位人是被继承人的兄弟姐妹时，代位继承人为被代位人的子女。笔者赞同“陈稿”的观点。代位继承的设立目的主要是发挥遗产的育幼功能，因为子女早于被继承人死亡，即民众所谓的“白发人送黑发人”发生时，如该先死亡的子女有晚辈直系血亲，则多为年纪较幼者，此时允许该先死亡子女的晚辈直系血亲代位继承，可以使家庭中未成年人的生活得到保障，同时也是为了使得先死亡子女一支的家庭能够得以延续。被继承人子女的晚辈直系血亲同时也是被继承人的晚辈直系血亲，都是被继承人的血亲后代，故子女的晚辈直系血亲都可参与代位继承，只需亲等近者优先即可。对于被继承人的兄弟姐妹，因是被继承人的旁系血亲，故在兄弟姐妹、父母的兄弟姐妹作为被代位人时，将被代位人的子女作为代位人较为合适，更符合对被继承人意愿的推定。

最后，关于代位继承的份额，笔者赞同“陈稿”的观点，即根据参与继承的人是否亲等相同而有所区别。若被继承人的子女全部先于被继承人死亡，在继承人为孙子女时，不再按支继承，而是按人数均分。这样，同一亲等的各继承人继承份额相等，更符合法律的公平原则。

三、我国代位继承之立法完善建议

关于代位继承，笔者提出以下完善建议：

首先，建议我国继承立法在代位继承问题上采“固有权说”的观点，增补规定代位继承的产生原因，允许代位人在被代位人丧失继承权或放弃继承权的情况下也能代位继承。

其次，关于被代位继承人以及代位继承人的范围，建议补充规定父母的兄弟姐妹可以被代位继承，代位继承人为他们各自的子女。

最后，关于代位继承人的应继份额，建议将按支继承与等额继承相结合：一方面，继续实行按支继承，即当一个或几个子女先于被继承人死亡时，由该子女的晚辈直系血亲代位继承其父亲或母亲的应继份额；同时，采取按人数均分的方法，即当子女全部先于被继承人死亡时，若代位继承的晚辈直系血亲为同一亲等时，由各代位人直接均分被继承人的遗产。

可具体规定为：

被继承人的子女先于被继承人死亡、丧失继承权或放弃继承权的，由该子女的晚辈直系血亲代位继承。

被继承人的兄弟姐妹、被继承人父母的兄弟姐妹先于被继承人死亡、丧失继承权或放弃继承权的，由被继承人的兄弟姐妹的子女、被继承人父母的兄弟姐妹的子女代位继承。

代位继承人一般只能继承被代位人有权继承的遗产份额。

同一亲等的继承人均先于被继承人死亡的，后一亲等的数名代位继承人按人数均分遗产。

第七章 特定人员的遗产请求权研究

第一节 我国特定人员的遗产请求权之立法现状与民众习惯考察与评析

一、我国特定人员的遗产请求权之立法现状考察

所谓特定人员的遗产请求权，指的是法律规定的一定人员在符合法律规定的特定情形下，可以对被继承人的遗产享有一定的请求权。其设立目的在于保障依靠被继承人扶养的人或家庭中共同生活的人在被继承人死亡后的基本生活，或者体现对那些曾经扶养被继承人之人的回报。《继承法》中规定的特定人员的遗产请求权，主要体现在《继承法》第14条以及最高人民法院《继承法

意见》第 31、32 条规定的酌情分得遗产权。[①] 这里的酌情分得遗产权的主体有两类：一类是依靠被继承人扶养的缺乏劳动能力又没有生活来源的人，另一类是对被继承人扶养较多的人。但无论是哪一类，都只能是“继承人以外的人”。这两类法律规定的请求权人虽非法定继承人，但在遗产分配的时候，也可以分得适当遗产。

我国《民法典》继承编维持了《继承法》第 14 条的规定，规定了酌情分得遗产权。虽然学界对《民法典》中增补完善我国特定人员遗产请求权的呼声较高，如有学者建议增设生存配偶对原使用的遗产住房及日常生活用品的先取权和终身使用权以及后顺序特殊法定继承人对原使用的遗产住房及日常生活用品的终身使用权，[②] 另有学者建议设立生存配偶对住房和家庭用品或个人使用物品的先取权和用益权，[③] 但立法机关并未采纳学者们关于设立遗产住房的先取权和终身使用权等的建议，在《民法典》继承编中仍只沿用了《继承法》关于酌分遗产请求权的规定。

---

① 《继承法》第 14 条规定：“对继承人以外的依靠被继承人扶养的缺乏劳动能力又没有生活来源的人，或者继承人以外的对被继承人扶养较多的人，可以分给他们适当的遗产。”最高人民法院《继承法意见》第 31 条规定：“依继承法第十四条规定可以分给适当遗产的人，分给他们遗产时，按具体情况可多于或少于继承人。”第 32 条规定：“依继承法第十四条规定可以分给适当遗产的人，在其依法取得被继承人遗产的权利受到侵犯时，本人有权以独立的诉讼主体的资格向人民法院提起诉讼。但在遗产分割时，明知而未提出请求的，一般不予受理；不知而未提出请求，在二年以内起诉的，应予受理。”

② 参见陈苇、杜江涌：《我国法定继承制度的立法构想》，载《现代法学》2002 年第 3 期；陈苇主编：《外国继承法比较与中国民法典继承编制定研究》，北京大学出版社 2011 年版，第 421、424~425；陈苇、李艳：《论我国民法典“继承编”法定继承制度之立法完善——基于四川省民众法定继承观念与遗产处理习惯的问卷调查》，载《学术论坛》2018 年第 4 期。

③ 李欣：《中外配偶法定继承权之考察评析》，载《学术界》2011 年第 3 期。

二、我国特定人员的遗产请求权之民众习惯考察

关于遗产酌分制度，根据我国学者于2006年进行的《当代中国民众继承习惯调查实证研究》的调查数据，在关于“与被继承人共同生活的继承人以外的人是否可以酌分遗产”的调查中，所在地区有“不以夫妻名义同居的异性可分得遗产”习惯的被调查者，在北京市、重庆市、武汉市、山东省分别占15.3%、20.8%、13.0%、13.0%；所在地区有“未办结婚登记以夫妻名义共同生活的男女可分得遗产”习惯的被调查者，在北京市、重庆市、武汉市、山东省分别占43.5%、56.7%、45.3%、43.7%；所在地区有“未办收养登记以父母子女名义共同生活的养父母子女可分得遗产”习惯的被调查者，在北京市、重庆市、武汉市、山东省分别占60.5%、67.2%、51.2%、53.8%；所在地区有“一直共同生活的兄弟姐妹可分得遗产”习惯的被调查者，在北京市、重庆市、武汉市、山东省分别占78.4%、71.4%、60.3%、77.5%。[①] 由此可见，前述4个省市最为常见的酌分遗产请求权是“一直共同生活的兄弟姐妹”，所在地区有此习惯的被调查者在4个省市占比均超过六成；其次是“未办理收养登记以父母子女名义共同生活的养父母子女”，所在地区有此习惯的被调查者在4个省市占比均超过五成；最后是“未办结婚登记以夫妻名义共同生活的男女”，所在地区有此习惯的被调查者在4个省市占比均超过四成。而有“不以夫妻名义同居的异性可分得遗产”习惯的地区较少，在前述各省市中，除重庆市达二成外，其余3省市占比均不到二成。这说明，我国民众习惯中的酌分遗产人，还是以与被继承人有扶养关系以及符合道德要求的共同生活为条件。

根据我国学者于2017年进行的《当代中国民众财产继承观念

---

① 陈苇：《当代中国民众继承习惯调查实证研究》，群众出版社2008年版，第169、322、446、542页。

与遗产处理习惯实证调查研究》调查数据，首先，关于配偶对遗产中家庭住房是否具有先取权，所在地区习惯于“配偶对遗产中家庭住房有先取权”的被调查者，在重庆市、吉林省、上海市、河北省、湖北省分别占 85.80%、46.17%、88.40%、85.92%、87.29%；所在地区习惯于“配偶对遗产中家庭住房没有先取权”的被调查者，在重庆市、吉林省、上海市、河北省、湖北省分别占 14.20%、53.83%、11.60%、14.98%、12.71%。[①] 关于家庭住房价值超出配偶可继承的遗产份额时，配偶优先继承该住房是否应向其他共同继承人进行补偿的问题，所在地区习惯于“配偶无须补偿”的被调查者，在重庆市、吉林省、上海市、河北省、湖北省分别占 34.22%、54.50%、45.44%、12.72%、37.33%；所在地区习惯于“配偶有经济能力的应进行适当补偿”的被调查者，在重庆市、吉林省、上海市、河北省、湖北省分别占 64.20%、42.83%、52.98%、40.99%、54.17%。[②] 由此可见，在前述 5 个省市，除吉林省占比为四成半之外，其他四个省市均有超过八成的被调查者所在地区有“配偶对遗产中的家庭住房享有先取权”的习惯，且有四成到六成的被调查者所在地区习惯于“配偶有经济能力时应对其所继承的家庭住房中超过其应继份的部分予以补偿”，但也有部分被调查者所在地区习惯于“配偶无须补偿”，占比从一成到五成不等。这说明，我国民众多有“配偶可对家庭住房享有先取权”的习惯，但对于是否需要补偿，各地的习惯尚不统一。相对而言，习惯于“配偶有经济能力时应进行适当补偿”的占比更高。其次，关于后顺序特殊法定继承人对特定遗产是否有终身使用权，所在地区有“继承人的祖父可以继续居住被继承人生前供其居住的遗产住房”习惯的，在重庆市、吉林省、上海

---

① 陈苇主编：《当代中国民众财产继承观念与遗产处理习惯实证调查研究》（上卷），中国人民公安大学出版社 2019 年版，第 27、139、231、325、421 页。

② 陈苇主编：《当代中国民众财产继承观念与遗产处理习惯实证调查研究》（上卷），中国人民公安大学出版社 2019 年版，第 27、139、231、326、421 页。

市、河北省、湖北省分别占 87.38%、81%、92.48%、91.47%、92.63%；所在地区有“继承人的祖父不可以继续居住被继承人生前供其居住的遗产住房”习惯的，在重庆市、吉林省、上海市、河北省、湖北省分别占 12.62%、19%、7.52%、8.53%、7.37%。[①] 可见，前述5个省市中，多数被调查者所在地区有“继承人的祖父可以继续居住被继承人生前供其居住的遗产住房”的习惯，占比均在八成以上，其中有3个省份的占比超过九成。这说明，在我国民众的习惯中，多认可继承顺序在后的长辈直系血亲可对在被继承人生前供其居住的遗产住房享有终身居住权。

三、我国特定人员的遗产请求权之立法现状与民众习惯评析

首先，关于酌分遗产请求权。《继承法》规定的继承人以外可酌情分得遗产的主体有两类，[②] 分别是需要受扶养的人或者付出扶养较多的人。《民法典》继承编沿用了此规定。从前述我国学者于2006年进行的对我国酌分遗产请求权之民众习惯的调查结果来看，我国民众习惯较为认可“一直共同生活的兄弟姐妹”、“未办理收养登记以父母子女名义共同生活的养父母子女”以及“未办结婚登记以夫妻名义共同生活的男女”作为酌情分配遗产的主体。这些都是以与被继承人共同生活并具有扶养关系为基础的，基本上与法律规定相符。

其次，《继承法》与《民法典》均未规定配偶对遗产中家庭住房的先取权和终身使用权，也未规定后顺序特殊法定继承人对特定遗产的终身使用权，这与我国民众的继承习惯不符。从我国学者于2017年进行的对我国民众继承习惯的调查结果来看，前述重庆市、吉林省、上海市、河北省、湖北省5个省市的民众多有

① 陈苇主编：《当代中国民众财产继承观念与遗产处理习惯实证调查研究》（上卷），中国人民公安大学出版社2019年版，第28、140、232、326、421页。

② 如前文所述，一类是依靠被继承人扶养的缺乏劳动能力又没有生活来源的人，另一类是对被继承人扶养较多的人。

“配偶可以优先继承或终身居住遗产中家庭住房”的习惯以及“继承人的祖父可以继续居住被继承人生前供其居住的遗产住房”的习惯。究其原因：其一，在我国，家庭住房往往是民众遗产构成中价值最高者，也是对家庭中的老人、小孩提供生活保障的基本物质基础。生存配偶与被继承人生前共同生活，共同为家庭付出，对于生存配偶而言，婚姻住房的价值不仅仅在于维持基本的物质生活，也在于维持对先逝伴侣的情感寄托。如果因被继承人的死亡而使得该婚姻住房因继承而被分割，将使生存配偶不能维持一贯的生活方式，不利于对生存配偶利益的保护。[①] 如果该住房还是夫妻唯一的居住用房，则对该住房的分割会使得生存配偶面临“老无所居”的困境。[②] 其二，在现实生活中，和被继承人生前共同居住的家庭成员可能有第一顺序的法定继承人，也有顺序在后的继承人（如祖父母、外祖父母，若将父母的继承顺序置于子女之后，则还包括父母）。在有生存的第一顺序继承人时，继承顺序在后的近亲属就不能参与继承。而在实际生活中，民众多认为该亲属尤其是祖父母、外祖父母理应可以继续居住在原住房内并得到很好的赡养，这是中国人长期“孝”观念的影响结果，有助于实现遗产的赡养功能。

---

① 参见陈苇、宋豫主编：《中国大陆与港、澳、台继承法比较研究》，群众出版社2007年版，第294页。

② 陈苇、李艳：《论我国民法典“继承编”法定继承制度之立法完善——基于四川省民众法定继承观念与遗产处理习惯的问卷调查》，载《学术论坛》2018年第4期。

第二节　特定人员的遗产请求权之国外立法考察与评析

一、特定人员的遗产请求权之国外立法考察

（一）大陆法系国家的特定人员遗产请求权

1. 法国立法例

在法国，若生存配偶取得被继承人的全部财产或3/4的财产，被继承人父母以外的直系尊血亲可请求从遗产中支付赡养费，请求权的行使期限为1年，自被继承人死亡之日起计算，或者自各继承人停止支付他们过去提供给这些直系尊血亲的给付之日计算。在财产共有的情况下，此期限延长至共有财产分割终了，赡养费由所有的继承人负担，从遗产中先取。在提起的赡养费不足的情况下，由所有特定遗赠受领人按其受遗赠的数额比例负担。[①] 生存配偶可以在1年内无偿居住在被继承人生前作为夫妻主要住宅而实际占有的房屋，并可无偿使用房屋内配备的属于遗产的动产。[②] 生存配偶对其实际占有的在被继承人生前作为夫妻主要住宅的房屋享有终身居住权，并对该房屋内配置的属于遗产的家具享有终身使用权，该居住权与使用权的价值从生存配偶取得的遗产中扣减。[③]

2. 德国立法例

在德国，继承人应当自继承开始之日起30日内，向被继承人

---

① 《法国民法典》第758条。

② 《法国民法典》第763条。

③ 《法国民法典》第764~765条。如果居住权与使用权的价值低于生存配偶应当继承的遗产价值，生存配偶从现存财产中受领不足之部分，如果居住权与使用权的价值高于生存配偶应当继承的遗产价值，有义务按照超过的部分对遗产给予补偿。

死亡时与被继承人在同一户籍并受被继承人扶养的家属，支付与被继承人相同数额的扶养费，并允许其使用住宅和家庭用具。[①]

3. 瑞士立法例

在瑞士，在被继承人生前与被继承人共同生活并由被继承人提供生活费用的继承人，可以请求从遗产中给付 1 个月的生活费。[②] 生存配偶对供双方居住、使用的房屋和家具，享有优先继承权，计入其继承份额；生存配偶也可不取得上述房屋和家具的所有权，而是取得使用权或居住权。[③]

4. 俄罗斯立法例

在俄罗斯，在被继承人死亡前受被继承人供养和与之共同生活 1 年以上的公民，无论是否属于法律规定的继承人范围，也不论其原本继承顺序如何，均可参与继承。[④] 且即使在被继承人留有遗嘱的情况下，不论遗嘱的内容如何，前述无劳动能力的受扶养人以及被继承人的未成年子女或无劳动能力的成年子女、配偶以及父母，均应继承至少每一法定继承人应得份额的一半。此种必继份额用遗产中未立遗嘱的部分给付，即使这可能导致其他法定继承人对该部分遗产继承份额的减少。若未立遗嘱部分的财产不足以实现必继份额权利，则用已立遗嘱的财产给付。如果享有必继份额的继承人在被继承人在世时对必继份额财产并未使用，而遗嘱继承人却用于居住或用作主要生活来源，而必继份额权利的实现导致无法向遗嘱继承人交付这些遗产，则法院可以考虑享有必继份额权的继承人的财产状况，减少必继份额或者判决不给付必继份额。[⑤] 对于遗产中的住房，被继承人生前已居住该住房

---

① 《德国民法典》第 1969 条。

② 《瑞士民法典》第 606 条。

③ 《瑞士民法典》第 612 条。

④ 《俄罗斯联邦民法典》第 1148 条。

⑤ 《俄罗斯联邦民法典》第 1149 条。

且没有其他住房的继承人享有作为其继承份额取得该住房的优先权。[①]

5. 日本立法例

在日本，在继承人不明时，经法院作出搜索继承人的公告期满后，对于曾与被继承人共同生活的人、曾对被继承人的疗养看护尽力的人及其他与被继承人有特别亲属关系的人提出请求的，法院认为在适当时可将继承的全部或者部分分配给他们。[②]

（二）英美法系国家的特定人员遗产请求权

1. 英国立法例

在英国，如果依遗嘱继承或法定继承方案不能为某些依靠被继承人供养的家庭成员及其他人员提供合理的经济支持，这些成员可以向法院申请从被继承人的遗产中给予合理的经济供养费。这些人员包括：被继承人的配偶、处于分居中的配偶、无效婚姻中善意的一方（被继承人生前婚姻宣告无效或已经离婚、再婚的除外）、被继承人的未再婚的前配偶、被继承人的子女、非被继承人子女但被继承人将其当作自己婚姻所生子女的任何人（包括继子女、同居一室的孙子女等）、被继承人全部或部分供养的其他人以及与被继承人共同生活的人。[③]

法院决定对特定人员给予经济供养费时应考虑下列因素：申请人当下的或在可预见的将来可能存在的经济来源和经济需求；遗产受益人当下的或在可预见的将来可能存在的经济来源和经济需求；死者对扶养令申请人或遗产受益人承担的责任和义务；死者净遗产的数量和性质；申请扶养令者及遗产受益人身体或意识方面的残障程度；其他事项，包括申请人或法院根据具体情况认

---

① 《俄罗斯联邦民法典》第1168条。

② 《日本民法典》第958、958条之三。

③ Inheritance (Provision for Family and Dependents) Act, s1 (1) (a) - (e).

为相关的其他任何人的行为。①

2. 美国立法例

在美国，根据《统一遗嘱检验法典》的规定，生存配偶在被继承人去世后可取得1.5万美元的宅园特留份。如果没有生存配偶，未成年子女和依靠死者扶养的成年子女也可以享有1.5万美元的特留份，由这些子女平均分配。所有针对不动产提出的宅园特留份享有豁免权与优先权。

二、特定人员的遗产请求权之国外立法比较评析

（一）国外立法之异同评析

1. 国外立法的相同之处

从前述各国关于特定人员的遗产请求权之规定来看，前述各国都规定了特定人员的遗产请求权，且请求权主体主要为需要被继承人扶养者或者与被继承人同居一室的家庭成员，又或者对被继承人有特别贡献付出的人。

2. 国外立法的不同之处

（1）请求权主体的范围不同。

关于请求权主体，就扶养费请求权而言，前述国家中英国规定的范围最宽，为法定继承人或依靠被继承人扶养的人；俄罗斯为受被继承人生前供养和与之共同生活1年以上的无劳动能力的公民，被继承人的未成年子女，无劳动能力的成年子女、配偶和父母；日本为曾与被继承人共同生活的人、曾对被继承人的疗养看护尽力的人及其他与被继承人有特别亲属关系的人；法国只限于死者父母以外的长辈直系血亲；美国为被继承人的配偶和晚辈直系血亲；德国和瑞士为依靠被继承人扶养的人。关于对遗产住房及生活用品的先取权和终身使用权，法国和瑞士均要求为配偶，

---

① Jonathan Herring, *Family Law* (*Second Edition*), Pearson Education Limited, 2004, p. 639.

俄罗斯则规定只要是继承人都有可能。

(2) 请求权的内容不同。

关于请求权的内容，前述各国主要有两种立法例：一是可以请求参与遗产分割，取得一定份额的被继承人之遗产，如俄罗斯、日本的立法。二是可以请求从遗产中支付一定数额的供养费（扶养费或生活费)，如法国、德国、瑞士、英国、美国的立法。在规定可以请求支付供养费的国家中，关于支付供养费的时间期限又有不同，其中德国及瑞士规定提供1个月的生活费，法国规定的期限为1年，美国通常也为1年，英国未规定明确的期限。三是可以请求优先继承遗产中供其居住的房屋，如瑞士、俄罗斯的立法。四是可以请求对遗产中供其居住的房屋享有终身居住权，对该房屋配置的家具享有终身使用权，如法国、瑞士的立法。

(3) 请求的理由不同。

关于请求权的理由，前述各国规定的特定人员可以对遗产享有请求权的理由有三种立法例：一是理由仅为该特定人员在被继承人生前受被继承人扶养，如法国、德国、瑞士、英国、美国的立法。二是该特定人员在被继承人生前受被继承人扶养且无劳动能力，或被继承人的配偶、父母、子女无劳动能力的，如俄罗斯的立法。三是该特定人员曾与被继承人共同生活、曾对被继承人的疗养看护尽力及与被继承人有特别亲属关系，如日本的立法。但需注意的是，日本对特定人员具有遗产请求权的前提是无人承认继承的场合。四是对于住房的先取权和居住权，一般要求请求权人在被继承人生前已居住该房屋。俄罗斯立法还要求请求权人没有其他可居住的房屋。

(4) 是否规定法院判决时应当考虑的因素不同。

在前述国家中，英国规定法院判决家庭供养费时应考虑的因素，这样使法律具有更强的可操作性。

(二) 国外立法与我国立法的异同评析

首先，关于请求权主体。我国仅规定法定继承人以外的人的酌情分得遗产权，即将法定继承人排除在请求权主体之外，这与前述各国立法规定的请求权主体相比范围较窄。如前述各国立法中，仅日本规定的请求权主体不包括法定继承人，但日本立法上规定的法定继承人以外的人的范围比我国更广，除了曾对被继承人的疗养看护尽力的人，还包括与被继承人共同生活的人及其他与被继承人有特别亲属关系的人。除日本之外的其他各国，都规定了特定范围的法定继承人所享有的遗产请求权：美国法律规定，生存配偶或无遗嘱死亡者扶养的子女可申请从遗产中取得一定期限的家庭扶养补助金；英国法律规定，某些依靠被继承人供养的家庭成员及其他人员可向法院申请，要求从被继承人的遗产中获得合理的经济供养费；法国法律规定，生存配偶对其实际占有原属于夫妻双方或者全部属于死者遗产的住房作为主要住宅时享有终身居住权。

其次，关于请求权的内容。我国规定，继承人以外的人在满足一定条件时可酌情分得一定的遗产，这与俄罗斯的规定类似。但前述除日本外的6个国家均规定特定人员可以请求从遗产中支付一定数额的供养费（扶养费或生活费），可以对遗产中的特定住房享有先取权和终身居住权等，我国没有类似的规定。

最后，关于请求权的理由。我国规定的酌分遗产请求权之理由，主要包括两个方面：一是依靠被继承人扶养，二是对被继承人扶养较多。[①] 这是为了保证曾与被继承人存在过相当扶养关系的非继承人能够从被继承人处获得一定遗产，或作为基本生活保障，或作为曾对被继承人扶养较多的报偿。[②] 前述俄罗斯和日本有与我国类似的规定，但日本对特定人员具有遗产请求权的前提是无人承认继承。而前述除日本、俄罗斯外的其他国家立法较为不同：

---

① 我国继承法规定的酌分遗产请求权之理由，主要有两个方面：一是依靠被继承人扶养且缺乏劳动能力又没有生活来源，二是在被继承人生前对被继承人扶养较多。

② 杨立新主编：《继承法修订入典之重点问题》，中国法制出版社2015年版，第140页。

法国、德国、瑞士、英国、美国的立法中规定的扶养费请求权理由，仅为该特定人员在被继承人生前受被继承人扶养。日本立法规定的是该特定人员曾与被继承人共同生活、曾对被继承人的疗养看护尽力及与被继承人有特别亲属关系。此外，法国、瑞士将对遗产住房在被继承人生前已供其居住作为配偶享有对该住房的先取权和终身使用权的条件，俄罗斯则将对遗产住房在被继承人生前已供其居住且没有其他住房作为继承人提出对该住房的先取权的条件。

笔者认为，前述各国立法对特定人员的遗产请求权之规定虽有许多不同，但其制定的目的主要在于对受被继承人扶养之人的扶养保障，体现了遗产的扶养功能。前述各国规定的法定继承人在一定情况下也能享有特定遗产请求权的做法，能够较好地保障家庭中弱者的利益，有利于发挥遗产的养老育幼功能，值得借鉴。前述各国规定的可以从遗产中请求一定数额供养费的做法，多规定了给付扶养费的期限，从1个月到1年不等。从期限上来看，该给付期限较短，更多的是出于对该特定请求权人之过渡性的扶养费用的考量。而俄罗斯的立法规定该特定请求权人可获取特定比例的遗产，这更能在遗产可以保障的范围内实现对该特定请求权人持续的供养，更具有合理性。英国立法规定了法院判决家庭供养费时应考虑的因素，这样的做法能增强法律的可操作性，值得借鉴。瑞士立法规定的配偶对遗产中供其居住的住房和家具享有先取权，法国、瑞士立法规定的配偶对遗产中供其居住的住房和家具享有终身使用权，能够保障生存配偶的基本生活不因继承而改变，值得借鉴。

第三节 我国特定人员的遗产请求权之立法不足与完善建议

一、我国特定人员的遗产请求权之立法不足

(一) 酌分遗产请求权制度不够完善

首先，酌分遗产请求权主体不够明确。《继承法》与《民法典》继承编均规定"继承人以外的人"可以适当分得遗产，但"继承人以外的人"究竟是指法定继承人之外的人，还是包括因继承顺序在后而未能实际参与继承的法定继承人，在实践中存在歧义。对法律规定理解的不同会导致对同类案件的判决结果不一致，这会有损法律的权威，不利于对当事人利益的保护。有必要在我国《民法典》继承编中加以明确。

其次，扶养标准不够明确。对依靠被继承人扶养的人之"扶养"该如何认定，是否有时间期限，是否需要有所限制，在实践中操作起来有一定困难。

(二) 欠缺特定人员对遗产中生活住宅和生活用品的先取权、终身使用权制度

《继承法》与《民法典》继承编均未设立配偶对遗产中的生活住宅和生活用品的先取权和终身使用权，也未设立特定后顺序继承人对遗产中的生活住房及生活用品的终身使用权制度，这不利于对弱者利益的保护，是为不足，主要理由在于：

其一，从我国的现实情况来看，我国已进入老龄化社会，老龄人口数量逐年上升，人口平均年龄增高，老年人的赡养问题日益严峻。在我国社会保障制度不够完善的情况下，家庭仍然承担着主要的赡养责任。在我国目前的社会生活中，老年人与其成年子女或孙子女、外孙子女共同居住，由成年子女或孙子女、外孙

子女对其给予经济上的资助和生活上的照料的现象仍较为常见。一旦子女或孙子女、外孙子女先逝，生前与其共同生活的父母、祖父母、外祖父母等的生活往往会陷入困境，他们一方面要忍受“白发人送黑发人”的感情伤痛，另一方面可能会面临丧失扶养人的危机，即使继承了遗产也可能因为遗产数量较少而不足以支持其今后的生活。而这时被继承人生前与他们共同居住的家庭居所就是他们维持正常生活的最后一根稻草。而我国法律未规定配偶对家庭住房和生活用品以及顺序在后的父母、祖父母、外祖父母对供其居住的住房和生活用品的终身使用权，这会使得他们的居住环境因遗产分割而发生重大变化，不利于对生存配偶和与被继承人生前共同居住的父母等特殊主体权益的保护。①

其二，从我国民众的继承习惯来看，前述我国学者于 2017 年所进行的对我国民众继承习惯的调查数据显示，我国民众多认可配偶可以对遗产中的家庭住房享有先取权和终身使用权，亦认可特定后顺序继承人可以对遗产中供其居住的住房享有终身居住权。在通常情况下，继承了遗产的晚辈亲属，往往也会同意其祖父母、外祖父母等继续居住该房屋，这符合民众的生活习惯，也有助于倡导和加深家庭成员间的伦理亲情。但现行立法没有相关规定，这可能会导致因民众习惯与法律规定不同而引发实践中的纠纷，不利于保护配偶的利益和家庭中弱者的利益，也不利于维护婚姻家庭的稳定与社会和谐。

其三，从国外立法来看，前述各国立法多规定了配偶对婚姻家庭住房以及生活用品的先取权和使用权，也规定了特定后顺序继承人对遗产中供其居住房屋的使用权，这较我国立法的规定更为有利。笔者认为，赋予被继承人的父母以及祖父母、外祖父母等对被继承人生前供其居住的房屋与供其使用的日常生活用品享

① 参见陈苇、白玉：《民法典继承编之遗产家庭住房的先取权和终生使用权立法研究》，载《河北法学》2019 年第 11 期。

有终身居住权和使用权，可以最大限度地保障其基本的居住条件不因被继承人的去世而发生巨大变化，有利于遗产赡养功能的发挥。

二、我国特定人员的遗产请求权之立法建议的学者观点与评析

（一）我国特定人员的遗产请求权之立法建议的学者观点

关于特定人员的遗产请求权，我国学者“继承法建议稿”的主要观点如下：①

1. 关于酌分遗产请求权

首先，关于有酌分遗产请求权的主体范围，我国学者的观点主要有两种：一是维持1985年《继承法》的规定，不作改变。②持此观点的是“徐稿”“杨稿”。二是适当扩大有酌分遗产请求权的主体。持此观点的有“杨稿”“王稿”“梁稿”“陈稿”。关于扩大至何范围，又有以下几种做法：“梁稿”补充规定“其他与被继承人有特别关系的人”可以分得适当遗产。“杨稿”增补规定对生父母扶养较多的被收养人为主体。“王稿”增补规定两类主体：一是对生父母扶养较多而又未获得适当遗赠的被收养人，二是有子女参加代位继承的对公婆或岳父母尽了主要赡养义务的丧偶儿媳或丧偶女婿。“陈稿”增补规定了三类主体：一是受被继承人扶养的继承人，二是形成扶养关系的继父母与继子女，三是对公婆或岳父母尽了主要赡养义务的丧偶儿媳和丧偶女婿。且“陈稿”对“对被继承人扶养较多的人”取消了必须是“继承人以外的人”的限制。

其次，关于扶养的认定，“梁稿”借鉴了我国台湾地区“民

---

① 参见“梁稿”第1957条，“徐稿”第497条，“王稿”第569~571条，“陈稿”第48、50、51条，“杨稿”第61条，“张稿”第32~33条。

② 即将有酌分遗产请求权的主体范围限制在对继承人以外的依靠被继承人扶养的缺乏劳动能力又无生活来源的人，或继承人以外的对被继承人扶养较多的人。

法”的做法，规定“依靠被继承人生前继续扶养的缺乏劳动能力又没有生活来源的继承人以外的人可以分得适当遗产”，即对于依靠被继承人生前扶养的法定继承人以外的人，要求在被继承人死亡时形成“继续扶养”的关系。但前述我国学者的立法建议稿除“梁稿”外，并无其他稿件采取此观点。

最后，关于酌分遗产的标准，主要有三种立法例：一为不明确规定酌分遗产的标准，仅规定可分得“适当”遗产，如“梁稿”“徐稿”的规定。二为规定应根据具体情况确定，但没有规定最高或最低标准，即基本上沿用现行司法解释的规定。例如，“陈稿”规定“依受扶养或尽扶养义务的情况，可以低于、等于或高于无遗嘱继承人的应继份额”。“杨稿”规定“具体份额可依情况多于或少于继承人”。三为规定酌分遗产的上限，如“王稿”规定酌分遗产的份额以“不超过法定应继份为限”。

2. 关于特定人员的临时生活费以及对特定遗产的居住权、使用权

关于特定人员的临时生活费以及对特定遗产的使用权、居住权等，学者们的观点有两种：一是不予规定。持此观点的是“徐稿”“杨稿”“王稿”“梁稿”。二是除酌分遗产请求权外，还规定特定人员的临时生活费请求权以及特定人员对遗产中的住房和物品的居住权、使用权等。持此观点的是“陈稿”“张稿”。“陈稿”规定了“生存配偶对特定遗产的优先权、使用权、居住权”“非应召继承人对特定遗产的使用权、用益权”以及“依靠被继承人扶养人的临时生活费请求权”，并规定了确定该生活费时应考虑的因素。[①] 生存配偶对遗产中的婚姻住宅和家庭日常生活用品享有先取

---

① 根据“陈稿”第51条的规定，依靠被继承人扶养的人不能继承或取得的遗产不能维持生活的，受扶养人有权向继承人或人民法院请求从遗产中支付一定期间的生活费，该期间一般不超过一年。确定该生活费时应考虑的因素包括：遗产的数量、申请人的收入和经济状况，申请人与被继承人的关系以及申请人的年龄、性别和健康状况，申请人为被继承人提供的帮助等。

权；依靠被继承人扶养的法定继承人在未参加继承时，对遗产中供其个人日常生活使用的物品和住房享有终身的使用权和用益权。“张稿”规定了“配偶的先取特权”和“父母”的使用权。根据“张稿”的规定，配偶对遗产中供自己使用的住房和日常生活用品有先取特权且不受清偿遗产债务的影响；父母因顺序在后未参加继承时，对遗产中供其个人居住的住房和日常生活使用的其他物品有终身使用权。

（二）我国特定人员的遗产请求权之立法建议的学者观点评析

关于特定人员的遗产请求权，从前述学者对我国《民法典》继承编的立法建议稿来看，大多对现有制度进行了增补完善，一方面对酌分遗产请求权的完善提出了各自的建议，另一方面也在特定人员对遗产的先取权、用益权、居住权等方面进行了创新。

首先，关于可以请求酌分遗产的主体，前述学者建议稿多对其予以增补完善。其共同点是都保留了1985年《继承法》规定的酌分遗产请求权主体，[①] 不同点在于各建议稿增补规定的酌分遗产请求权主体不尽相同。其中，“王稿”和“陈稿”均将对公婆或岳父母尽了主要赡养义务的丧偶儿媳、丧偶女婿列为酌分遗产请求权主体，但二者又有细微区别：“王稿”对丧偶儿媳和丧偶女婿依是否有代位继承人作了区分，有代位继承人的可请求酌分遗产，没有代位继承人的仍可作为第一顺序法定继承人；“陈稿”则无此区别。笔者赞同“王稿”的观点，因为丧偶儿媳与公婆、丧偶女婿与岳父母的关系较其他法定继承人以外的人有所不同，他们往往居于一家，建立起了较为亲密的关系。按我国传统习俗，丧偶儿媳、丧偶女婿往往会在配偶去世后承担起对公婆、岳父母的赡养义务。我国立法为了鼓励赡养老人的优秀传统，提倡家庭内部的互助友爱，故而将对公婆、岳父母尽了主要赡养义务的丧偶儿

① 即“继承人以外的依靠被继承人扶养的缺乏劳动能力又没有生活来源的人，或者继承人以外的对被继承人扶养较多的人”。

媳、丧偶女婿作为第一顺序法定继承人。但法律同时又规定了代位继承制度，若丧偶儿媳或丧偶女婿同时有子女可代位继承，则子女继承一份遗产，该丧偶儿媳或女婿继承一份遗产，与被继承人的其他子女相较而言则该先死亡子女的家庭就继承了两份遗产，这有悖于我国按支继承的传统习惯，也显得有失公允。如果没有代位继承人，则丧偶儿媳或丧偶女婿在尽了主要赡养义务时作为第一顺序继承人，有利于鼓励丧偶儿媳或丧偶女婿承担赡养义务，也符合我国民众的继承习惯。

其次，关于扶养的认定。“梁稿”规定，依靠被继承人生前扶养的法定继承人以外的人，应以在被继承人死亡时形成“继续扶养”的关系，其他几部建议稿并无此规定。依我国台湾地区学者的观点，所谓“继续扶养”，不论时间长短，以迄于被继承人死亡时继续扶养已足。[①] 有学者认为，“继续扶养”的规定不适合我国的现实情况，因我国并无类似台湾地区的亲属会议机构来合理确定遗产酌分请求权人的范围及可酌分的遗产数额。因此，必须从立法及法律解释上严格限定遗产酌给请求权的范围，并提出可规定被继承人生前长期扶养或长期扶养被继承人的人可以成为酌分遗产请求权人。[②] 笔者认为，对于受被继承人扶养的法定继承人以外的“双无人员”，因其缺乏劳动能力又没有生活来源，出于对弱势群体基本生存权利的保护，宜以被继承人死亡时，其是否受被继承人扶养来加以判断。因为只要被继承人死亡时对其有扶养的意愿并履行了扶养的事实，我们便有理由相信，被继承人是有继续扶养的意愿的。相反，如果该受扶养人是在被继承人去世前刚丧失劳动能力不久，仍要求被继承人死亡前必须对受扶养人进行长期的扶养的话，对受扶养人的利益保护是非常不利的。

---

① 史尚宽：《继承法论》，中国政法大学出版社 2000 年版，第 167 页。

② 王利明：《中国民法典学者建议稿及立法理由（人格权编·婚姻家庭编·继承编）》，法律出版社 2005 年版，第 520 页。

再次，关于酌分遗产的标准。前述第一种立法例仅规定可分得“适当”遗产，而未规定标准和考量因素，这不利于实际操作。前述第二、第三种立法例都规定了酌分遗产数额的限度，第二种立法例明确其可低于或高于法定继承人的继承份额，第三种立法例则规定其不能高于法定继承人的继承份额。笔者赞同第三种立法例，因为酌情分得遗产请求权人并非法定继承人，如果酌分遗产的份额高于法定继承人的应继份，虽有利于保护弱者的利益，鼓励赡养老人的良好传统，但可能会违被继承人的真实意愿，也容易在实践中引发纠纷，不利于维护家庭的和睦团结。

最后，关于特定人员的临时生活费以及对特定遗产的使用权、居住权等。笔者认为，前述“陈稿”“张稿”对此作出的制度创新是非常好的：一方面，可以更好地保护被继承人的生存配偶的权益，有利于维护婚姻家庭的稳固与和睦；另一方面，有利于更好地发挥遗产的赡养功能，弘扬中华民族敬老爱老的优良传统。这种创新值得在完善我国法定继承制度时参考借鉴。

三、我国特定人员的遗产请求权之立法完善建议

关于特定人员的遗产请求权，笔者提出以下完善建议：

首先，关于酌情分得遗产请求权。笔者建议，增补规定丧偶儿媳对公、婆，丧偶女婿对岳父、岳母尽了主要赡养义务，有代位继承的，可以酌情分得适当遗产。对于继承人以外的依靠被继承人扶养的缺乏劳动能力又没有生活来源的人，建议明确扶养的标准为“继续扶养”。具体可规定为：

依靠被继承人继续扶养的缺乏劳动能力又没有生活来源的人，或者继承人以外的对被继承人扶养较多的人，可以请求酌情分得适当遗产。

丧偶儿媳对公、婆，丧偶女婿对岳父、岳母，尽了主要赡养义务，有子女可代位继承的，可以请求酌情分得适当遗产。

其次，建议增补规定配偶对遗产中的生活住宅和生活用品的

先取权和终身使用权。具体可规定为：

配偶对遗产中供其居住的住宅和家庭生活用品享有先取权，其继承的遗产份额小于该住宅和家庭生活用品的价值时，可选择享有对该住宅的终身居住权和对家庭生活用品的终身使用权。

最后，建议增补规定特定后顺序继承人对遗产中的生活住宅的终身居住权和对生活用品的终身使用权。具体可规定为：

依靠被继承人扶养的法定继承人因顺序在后未参与继承的，享有对遗产中供其居住的住宅的终身居住权和对家庭生活用品的终身使用权。

参考文献

一、中文类参考文献

（一）著作类

1. 高其才：《当代中国分家析产习惯法》，中国政法大学出版社 2014 年版。

2. 苏力：《法治及其本土资源》，中国政法大学出版社 1996 年版。

3. 陈苇主编：《外国继承法比较与中国民法典继承编制定研究》，北京大学出版社 2011 年版。

4. 林秀雄：《继承法讲义》，台北元照出版有限公司 2009 年版。

5. 王利明：《民法》，中国人民大学出版社 2018 年版。

6. 史尚宽：《继承法论》，中国政法大学出版社 2000 年版。

7. 陈棋炎、黄宗乐、郭振恭：《民法继承新论》，台北三民书局股份有限公司 2016 年版。

8. 程维荣：《中国继承制度史》，东方出版中心 2006 年版。

9. 刘文：《继承法比较研究》，中国人民公安大学出版社 2004 年版。

10. 吕世伦：《法理的积淀与变迁》，法律出版社 2001 年版。

11. 何勤华、魏琼：《西方民法史》，北京大学出版社 2006 年版。

12. 刘春茂主编：《中国民法学·财产继承》，中国人民公安大学出版社1990年版。

13. 陈苇主编：《改革开放三十年（1978~2008）中国婚姻家庭继承法研究之回顾与展望》，中国政法大学出版社2010年版。

14. 周枏：《罗马法原论》，商务印书馆2016年版。

15. 潘静波、郑伟杰：《民间财富的代际传承——内涵、决策机制和路径研究》，中国金融出版社2015年版。

16.《习近平谈治国理政》（第二卷），外文出版社2017年版。

17. 笑思：《家哲学——西方人的盲点》，商务印书馆2010年版。

18. 邢铁：《家产继承史论》，云南大学出版社2000年版，2012年再版。

19. 张玉敏：《继承法律制度研究》，法律出版社1999年版。

20. 费安玲：《罗马继承法研究》，中国政法大学出版社2000年版。

21. 史凤仪：《中国古代婚姻与家庭》，湖北人民出版社1987年版。

22. 魏琼：《民法的起源——对古代西亚地区民事规范的解读》，商务印书馆2008年版。

23. 何勤华：《外国法制史》（第四版），法律出版社2006年版。

24.《世界著名法典汉译丛书》编委会：《十二铜表法》，法律出版社2000年版。

25. 江平、米健：《罗马法基础》，中国政法大学出版社2004年版。

26. 徐国栋：《优士丁尼〈法学阶梯〉评注》，北京大学出版社2011年版。

27. 由嵘：《日耳曼法简介》，法律出版社1987年版。

28. 李秀清：《日耳曼法研究》，商务印书馆2005年版。

29. 李宜琛：《日耳曼法概说》，中国政法大学出版社 2003 年版。

30. 何勤华主编：《英国法律发达史》，法律出版社 1999 年版。

31. 何勤华主编：《法国法律发达史》，法律出版社 2001 年版。

32. 何勤华、马贺、蔡迪等：《大陆法系》（上、下卷），商务印书馆 2017 年版。

33. 何勤华主编：《德国法律发达史》，法律出版社 2000 年版。

34. 何勤华主编：《美国法律发达史》，上海人民出版社 1998 年版。

35. 田薇：《信仰与理性：中世纪基督教文化的兴衰》，河北大学出版社 1999 年版。

36. 王利华：《中国家庭史　第一卷　先秦至南北朝时期》，广东人民出版社 2007 年版。

37. 瞿同祖：《中国法律与中国社会》，中华书局 1981 年版。

38. 陶毅、明欣：《中国婚姻家庭制度史》，东方出版社 1994 年版。

39. 温慧辉：《传承与嬗变：中国近代女性财产继承权的变迁》，法律出版社 2015 年版。

40. 叶孝信：《中国民法史》，上海人民出版社 1993 年版。

41. 谢振民：《中华民国立法史》，中国政法大学出版社 2000 年版。

42. 梅仲协：《民法要义》，中国政法大学出版社 1998 年版。

43. 费孝通：《费孝通论文化与文化自觉》，群言出版社 2007 年版。

44. 郑小川、于晶：《婚姻继承习惯法研究——以我国某些农村调研为基础》，知识产权出版社 2009 年版。

45. 郝洪斌：《民国时期继承制度的演进》，中国政法大学出版社 2014 年版。

46. 卓泽渊：《法的价值论》，法律出版社 1999 年版。

47. 佟柔：《继承法学》，法律出版社 1986 年版。

48. 丁文、徐泰玲：《当代中国家庭巨变》，山东大学出版社 2001 年版。

49. 费孝通：《江村经济：中国农民的生活》，商务印书馆 2001 年版。

50. 潘允康：《社会变迁中的家庭：家庭社会学》，天津社会科学院出版社 2002 年版。

51. 蒋月：《20 世纪婚姻家庭法：从传统到现代化》，中国社会科学出版社 2015 年版。

52. 王立争：《民法基本原则专论》，安徽大学出版社 2010 年版。

53. 孙国华：《市场经济是法制经济》，天津人民出版社 1995 年版。

54. 张文显：《二十世纪西方法哲学思潮研究》，法律出版社 1996 年版。

55. 费孝通：《乡土中国　生育制度》，北京大学出版社 1998 年版。

56. 陈苇：《当代中国民众继承习惯调查实证研究》，群众出版社 2008 年版。

57. 陈苇主编：《当代中国民众财产继承观念与遗产处理习惯实证调查研究》（上、下卷），中国人民公安大学出版社 2019 年版。

58. 王利明：《中国民法典学者建议稿及立法理由（人格权编·婚姻家庭编·继承编）》，法律出版社 2005 年版。

59. 徐国栋主编：《绿色民法典草案》，社会科学文献出版社 2004 年版。

60. 梁慧星：《中国民法典草案建议稿》，法律出版社 2013 年版。

61. 张玉敏：《中国继承法立法建议稿及立法理由》，人民出版社 2006 年版。

62. 陈苇：《中国继承法修改热点难点问题研究》，群众出版社 2013 年版。

63. 李桂梅：《冲突与融合——中国传统家庭伦理的现代转向及现代价值》，中南大学出版社 2002 年版。

64. 陈苇、宋豫主编：《中国大陆与港、澳、台继承法比较研究》，群众出版社 2007 年版。

65. 刘耀东：《继承法修改中的疑难问题研究》，法律出版社 2014 年版。

66. 周福林：《我国家庭结构变迁研究》，经济管理出版社 2016 年版。

67. 杨立新主编：《继承法修订入典之重点问题》，中国法制出版社 2015 年版。

68. ［英］彼得·斯坦、约翰·香德：《西方社会的法律价值》，王献平译，中国法制出版社 2004 年版。

69. ［德］恩格斯：《家庭、私有制和国家的起源》，中共中央马克思恩格斯列宁斯大林著作编译局译，人民出版社 1999 年版。

70. ［德］迪特尔·施瓦布：《德国家庭法》，王葆莳译，法律出版社 2010 年版。

71. ［美］迈克尔·D. 贝勒斯：《法律的原则——一个规范的分析》，张文显等译，中国大百科全书出版社 1996 年版。

72. ［德］黑格尔：《法哲学原理》，范扬、张企泰译，商务印书馆 1979 年版。

73. ［英］F. H. 劳森、B. 拉登：《财产法》，施天涛等译，中国大百科全书出版社 1998 年版。

74. ［英］亨利·萨姆纳·梅因：《古代法：与社会远史及现代观念的联系》，郭亮译，法律出版社 2016 年版。

75. ［美］路易斯·亨利·摩尔根：《古代社会》，杨东莼、马雍、马巨译，商务印书馆 2009 年版。

76. ［意］彼德罗·彭梵得：《罗马法教科书》，黄风译，中国政法大学出版社 1992 年版。

77. ［加］大卫·切尔：《家庭生活的社会学》，彭铟旎译，中华书局 2005 年版。

78. ［德］赖因哈德·齐默尔曼：《罗马法、当代法与欧洲法，现今的民法传统》，常鹏翱译，北京大学出版社 2009 年版。

79. ［法］库朗热：《古代城邦：古希腊罗马祭祀、权利和政治研究》，谭立铸等译，华东师范大学出版社 2005 年版。

80. ［美］哈罗德·J. 伯尔曼：《法律与革命——西方法律传统的形成》，贺卫方等译，中国大百科全书出版社 1996 年版。

81. ［美］艾伦·沃森：《民法法系的演变及形成》，李静冰、姚新华译，中国政法大学出版社 1992 年版。

82. ［德］阿门特：《德国继承法》，李大雪、龚倩倩、龙柯宇译，法律出版社 2015 年版。

83. ［日］真田芳宪：《日本的法律继受与法律文化变迁》，华夏、赵立新译，中国政法大学出版社 2005 年版。

84. ［美］罗斯科·庞德：《法律史解释》，邓正来译，商务印书馆 2016 年版。

85. ［日］滋秀贺三：《中国家族法原理》，张建国、李力译，商务印书馆 2013 年版。

86. ［美］黄宗智：《实践与理论——中国社会、经济与法律的历史与现实研究》，法律出版社 2015 年版。

87. ［美］本杰明·N. 卡多佐：《法律的成长：法律科学的悖论》，董炯、彭冰译，中国法制出版社 2002 年版。

88. ［美］马克·赫特尔：《变动中的家庭——跨文化的透视》，宋践、李茹等译，浙江人民出版社 1988 年版。

89. ［美］E. 博登海默：《法理学——法哲学及其方法》，邓正来、姬敬武译，华夏出版社 2004 年版。

90. ［古希腊］亚里士多德：《尼个马可伦理学》，廖申白译注，商务印书馆2017年版。

91. [美] 金勇义：《中国与西方的法律观念》，陈国平、韦向阳、李存捧译，辽宁人民出版社1989年版。

92. [英] 约翰·密尔：《论自由》，许保骙译，商务印书馆1959年版。

93. [德] 弗里德里希·卡尔·冯·萨维尼：《法律冲突与法律规则的地域与时间范围》，李双元、张茂、吕国民等译，法律出版社1999年版。

94. [美] 罗斯科·庞德：《法理学》（第3卷），廖德宇译，法律出版社2007年版。

95. [美] W. 古德：《家庭》，魏章玲译，社会科学文献出版社1986年版。

96. [意] 密拉格利亚：《比较法律哲学》，朱敏章等译，中国政法大学出版社2005年版。

97. [德] 雷纳·弗兰克、托比亚斯·海尔姆斯：《德国继承法》，王葆莳、林佳业译，中国政法大学出版社2015年版。

（二）论文类

98. 张凡：《明代宗祧继承制度探微——法律、观念与社会变迁》，载《历史教学：高校版》2010年第11期。

99. 丁凌华：《宗祧继承论》，载王立民主编：《中国法律与中国社会》，北京大学出版社2006年版。

100. 高学强：《传宗接代：清代宗祧继承考论》，载《西南民族大学学报（人文社会科学版）》2018年第5期。

101. 汪兵：《诸子均分与遗产继承——中西古代家产继承制起源于性质比较》，载《天津师范大学学报（社会科学版）》2005年第6期。

102. 俞江：《继承领域内冲突格局的形成——近代中国的分家习惯与继承法移植》，载《中国社会科学》2005年第5期。

103. 王歌雅：《疏离与回归：女性继承权的制度建构》，载

《政法论丛》2015 年第 2 期。

104. 龚汝富：《近代社会转型中的宗法传统及其法律规制——以宗祧继承制度的消解为例》，载《江西社会科学》2017 年第 10 期。

105. 高永平：《中国传统财产继承背后的文化逻辑——家系主义》，载《社会学研究》2006 年第 3 期。

106. 杨震：《我国法定继承人范围与顺序的历史检视与当代修正》，载《四川大学学报（哲学社会科学版）》2018 年第 1 期。

107. 唐灿、陈午晴：《中国城市家庭的亲属关系——基于五城市家庭结构与家庭关系调查》，载《江苏社会科学》2012 年第 2 期。

108. 赵万一：《论民商法价值取向的异同及其对我国民商立法的影响》，载《法学论坛》2003 年第 11 期。

109. 易军：《法律行为制度的伦理基础》，载《中国社会科学》2004 年第 6 期。

110. 阮防：《法律的价值目标——富有正义、效率的秩序》，载《法学》1994 年第 7 期。

111. 周旺生：《论法律的秩序价值》，载《法学家》2003 年第 5 期。

112. 王艳慧：《西方继承法理念变迁的法哲学分析》，载《云南大学学报（法学版）》2013 年第 6 期。

113. 李宏：《西方遗嘱继承理念变迁及规律》，载《法律科学》2010 年第 5 期。

114. 曹贤信、陈雪云：《夫妻财产制的过去、现在与未来——基于婚姻法司法解释三的思考》，载《江西教育学院学报（社会科学版）》2013 年第 4 期。

115. 陈苇、李艳：《论我国民法典“继承编”法定继承制度之立法完善——基于四川省民众法定继承观念与遗产处理习惯的问卷调查》，载《学术论坛》2018 年第 4 期。

116. 陈苇、冉启玉：《外国无遗嘱继承人范围与顺序制度比较研究》，载陈苇主编：《家事法研究》（2007 年卷），群众出版社 2008 年版。

117. 郑倩、房绍坤：《父母法定继承顺位的立法论证》，载《东北师大学报（哲学社会科学版）》2015 年第 3 期。

118. 杨菊华、何炤华：《社会转型过程中家庭的变迁与延续》，载《人口研究》2014 年第 2 期。

119. 陈苇、冉启玉：《完善我国法定继承人范围和顺序立法的思考》，载《法学论坛》2013 年第 2 期。

120. 胡明玉、叶英萍：《法定继承人范围和顺序的立法修正》，载《海南大学学报（人文社会科学版）》2014 年第 2 期。

121. 陈苇、董思远：《民法典编纂视野下法定继承制度的反思与重构》，载《河北法学》2017 年第 7 期。

122. 赵莉：《域外配偶继承权制度立法修法之争及启示——以配偶继承权与夫妻财产制的关联性为中心》，载《北方法学》2014 年第 6 期。

123. 陈苇、杜江涌：《我国法定继承制度的立法构想》，载《现代法学》2002 年第 3 期。

124. 李欣：《中外配偶法定继承权之考察评析》，载《学术界》2011 年第 3 期。

（三）其他类

法典类

125.《法国民法典》，罗结珍译，北京大学出版社 2010 年版。

126.《俄罗斯联邦民法典》，黄道秀译，北京大学出版社 2007 年版。

127.《德国民法典》，陈卫佐译注，法律出版社 2015 年版。

128.《日本民法典》，刘士国、牟宪魁、杨瑞贺译，中国法制出版社 2018 年版。

129.《瑞士民法典》，于海涌、赵希璇译，法律出版社 2016

年版。

130. 杨立新主编:《中国百年民法典汇编》,中国法制出版社2011年版。

法律法规类

131.《中华人民共和国宪法》(2018)。

132.《中华人民共和国继承法》(1985)。

133.《中华人民共和国婚姻法》(2001)。

134.《中华人民共和国民法通则》(1987)。

135.《中华人民共和国民法典》(2020)。

136.《中华人民共和国老年人权益保障法》(2018)。

137.《中华人民共和国未成年人保护法》(2013)。

138.《最高人民法院关于贯彻执行〈中华人民共和国继承法〉若干问题的意见》(1985)。

网络类

139. 中华人民共和国国家统计局网:《国家数据》(年度数据),载 http://data.stats.gov.cn/easyquery.htm? cn=C01,最后访问日期:2019年11月10日。

140. 中华人民共和国国家统计局网:《2010年第六次全国人口普查公报》,载 http://www.stats.gov.cn/tjsj/tjgb/rkpcgb/qgrkpcgb/201104/t20110428_30327.html。

141. 中华人民共和国国家统计局网:《中国统计年鉴(2019)》,载 http://www.stats.gov.cn/tjsj/pcsj/rkpc/5rp/index.html,最后访问日期:2019年6月15日。

142. 中华人民共和国国家统计局网:《2000年第五次全国人口普查公报》,载 http://www.stats.gov.cn/tjsj/tjgb/rkpcgb/qgrkpcgb/201104/t20110428_30327.html。

143. 人民网:《习近平:在会见第一届全国文明家庭代表时的讲话》,载 http://jhsjk.people.cn/article/28953602,最后访问日期:2019年7月20日。

144. 中国人大网：《中华人民共和国民法典（草案）》（征求意见稿），载 http://www.npc.gov.cn/flcaw/，最后访问日期：2019年1月5日。

二、外文类参考文献

145. Katherine Fischer Drew, *Law and Society in Early Medieval Europe: Studies in Legal History*, Variorum Reprints, London, 1988.

146. Eileen Spring, *Law, Land & Family: Aristocratic Inheritance in England, 1300 to 1800*, The University of North Caroline Press, 1994.

147. Martin Schpflin, *Economic Aspects of the Right to a Compulsory Portion in the (French and German) Law of Succession*, German Working Papers in Law and Economics, 2006.

148. Ken Mackie and Mark Burton, *Outline of Succession (Second Edition)*, Sydney: Butterworths, 2000.

149. Jesse Dukeminier and Stanley M. Johanson, *Wills, Trusts and Estates (Sixth Edition)*（影印本）, CITIC Publishing House, 2003.

150. Jonathan Herring, *Family Law (Second Edition)*, Pearson Education Limited, 2004.

151. Gerry W. Beyer, *Wills, Trusts and Estates (Second Edition)*（影印本）, Beijing: CITIC Publishing House, 2003.

152. Clignet Remi, "Death, Deeds and Descendants: Inheritance in Modern America," *University of Baltimore Law Review*, April, 2007.

153. Steven A., "Bartholow. Relationship Determinations under Intestate Succession," *legal opinion*, April, 2002.

154. Dot Reid, "From the Cradle to the Grave: Politics, Families and Inheritancelaw," *Edinburgh Law Review*, Vol. 12, No. 3, 2008.

155. Melanie B. Leslie, "Enforcing Family Promises: Reliance, Reciprocity and Relational Contracts," 77 *NCL Rev*. 551, 1999.

156. Joan Perkin, *Women and Marriage in Nineteenth – Century England*, London: Poutledge, 1989.

157. Wei Chen; Lei Shi, "A Survey on the Intestate Succession Views and Relevant Habits of Private Entrepreneurs in Contemporary China and Its Legislative Implications", *International Survey of Family Law*, Vol. 2018.

158. Intestates' Estates Act 1952, UK.

159. Law Reform (Succession) Act 1995, UK.

160. Uniform Probate Code (2010), USA.

161. Intestates' Estates Act 1952, UK.

162. Administration of Estates Act 1925, UK.

163. Trustee Act 2000, UK.

164. The Family Provision (Intestate Succession) Order 2009, UK.

后 记

本书是在我博士学位论文的基础上修改补充完成的。回首整个论文的写作过程，虽然辛苦，也曾遇到困难，然而也有幸得到许多人的支持、鼓励和帮助。在此我要深深地对所有帮助过我的师长、亲人、挚友道一声感谢！

特别感谢我的导师陈苇教授。我从2016年9月考入西南政法大学起，便深切地感受到陈老师对待学术严谨认真的态度，对待学生无微不至的关心。老师的教诲直到如今仍深深地激励着我，让我在向老师学习的道路上不断地前进。在博士学位论文的写作过程中，陈老师对我悉心指导，毫无保留地传授写作经验，一遍遍地提出对论文的修改意见，在我写作遇到困难的时候耐心地鼓励我，使我受益匪浅。能得此良师，何其幸矣！

感谢读博期间遇到的所有导师。感谢张力教授、曹兴权教授、吴春燕教授、徐洁教授、黄忠教授、黄家镇教授在论文开题和答辩过程中对我的论文写作提出宝贵的建议，给予了我极大的帮助。

感谢我的同学陈钊、白玉、刘宇娇。在我的论文写作过程中，他们给予了我大力的支持和帮助。

最后尤其要感谢我最爱的家人。他们在我读博期间给予了我全力的支持，让我能够安心地学习和写作。

希望未来的日子里，我也能带着导师的教诲，家人、朋友的关爱与鼓励，感恩所有，不断前行！

李 艳

2021年3月30日

附 录

西南政法大学外国家庭法及妇女理论研究中心简介（中英文对照）

学术顾问（以姓氏笔画为序）：万相兰、王中伟、王建华、李春茹、陈 苇、谢晓曦

主　　任：张 力

常务副主任：朱 凡

秘 书 长：石 婷

2003年12月至2004年12月，西南政法大学民商法学院博士生导师陈苇教授受国家留学基金资助，由教育部公派出国留学，作为访问学者到澳大利亚悉尼大学法学院进修家庭法1年。她回国后于2005年1月向学校提出了建立“西南政法大学外国家庭法及妇女理论研究中心”的书面申请。2005年4月1日，西南政法大学校长办公会议批准同意该研究中心成立。

本“研究中心”的工作宗旨是：通过整合本校婚姻家庭法及妇女理论方面的科研与教学资源，联合校内外其他单位与部门的相关人员，以西南政法大学为依托，开展中外学术交流，着力研究现阶段中外婚姻家庭继承法及妇女领域的重大理论和实践课题，为我国婚姻家庭继承法的完善及妇女理论的发展提供有益的借鉴经验，为我国立法机关提出相关建议，为司法部门提供法律咨询服务，争取多出科研成果，特别是精品科研成果，为创建国内一流、国际知名的西南政法大学而努力。

本“研究中心”的主要任务包括：1. 开展中外学术交流；2. 提供专业咨询服务；3. 进行学术前沿理论和司法实务问题研究；4. 培养婚姻家庭继承法及妇女理论的学术人才；5. 组织开展

学术讲座等，以期造就一批在本学科领域有一定影响的学术骨干和后备学术带头人。

本“研究中心”的学术研究平台：为促进学术研究和学术交流，研究中心主任陈苇教授自2005年起先后创办、主编出版《家事法研究》学术论文集刊和《家事法研究学术文库》丛书，到2020年年底为止的16年期间，已出版《家事法研究》（2005年卷至2010年卷）学术论文集刊6卷和《家事法研究学术文库》丛书著作27部。这些论文集和著作，着力研究婚姻家庭继承法领域的前沿理论和司法实务的热点难点问题，在我国学术界和实务界已产生了良好的社会影响。需要说明的是，为进一步扩大《家事法研究》的学术影响，在2009年中国婚姻家庭法学研究会常务理事会上，经陈苇教授提出申请，研究会常务理事一致同意，夏吟兰会长宣布自2010年起《家事法研究》改由学会主办。但由于2010年学会将出版“2009年中国婚姻家庭法学研究会年会论文集”，故夏会长委托陈苇教授继续主编出版《家事法研究》（2010年卷），即从2011年起《家事法研究》改由中国婚姻家庭法学研究会主办，它成为该学会的会刊。为继续推进婚姻家庭继承法领域前沿理论和司法实务问题的研究，本“研究中心”决定打造新的学术研究和交流的平台。自2012年起，陈苇教授担任主编，负责遴选出版《家事法研究学术文库》丛书，每年计划出版1~3本，由国家级出版社出版。同时，本“研究中心”继续与杨晓林律师组建的家事法律师团队合作，在“西南政法大学外国家庭法及妇女理论研究中心”网页——学习园地之“学术前沿”栏，通过登载婚姻家庭法律资讯简报，发表婚姻家庭继承法领域的前沿理论和司法实务热点难点问题的最新研究成果，以期实现学术研究与立法、司法的良性互动，促进中外学术研究和学术交流。

本“研究中心”的团队成员：以西南政法大学民商法学院婚姻家庭继承法和妇女理论研究所的人员为主，并聘请校内外的专家、学者担任学术顾问和特邀研究员。

Appendix:

Introduction of the Research Center on Foreign Family Law and Women's Theory of Southwest University of Political Science and Law, China

Academic Consultants: WAN Xianglan, WANG Zhongwei, WANG Jianhua, LI Chunru, CHEN Wei, XIE Xiaoxi

Director: ZHANG Li

Deputy Director: ZHANG Huagui, ZHU Fan

Academic Secretary: SHI Ting

Introduction

Professor CHEN Wei, the doctor tutor of the Civil and Business Law School of Southwest University of Political Science and Law, China [hereinafter refers to SWUPL], studied family law in the Law School of Sydney University, Australia from Dec. 2003 to Dec. 2004 with the sustentation of "STATE SCHOLARSHIP FUND AWARD". In Jan. 2005, some days after came back to China, she presented the application for establishing "Research Center on Foreign Family Law and Women's Theory of SWUPL, China". On Apr. 1st 2005, the President's Working Office of SWUPL approved her application.

The aim of the Research Center is to develop academic exchange between China and foreign countries, put emphasis on grand important theory and practice problems of family law and women's theory by associating the researching and teaching resources of SWUPL with relevant personnel of other units and departments. All of that we have done and will do have some important meaning: first of all, we may provide the valuable experiences for the perfection of the laws of family and succession in China and the development of women's theory; the second, we may provide relevant suggestions to Chinese legislature, and may provide legal advices to judicial practice departments. We hope that SWUPL will be top ranking internally and famous internationally with our efforts.

The assignments of the Research Center including: (1) developing academic exchange between China and foreign countries in relevant fields; (2) providing professional consultation service; (3) strengthen academic research; (4) training some academic adepts of family law and women's theory; (5) giving academic lectures. We hope that some adepts and reserve academic leaders with certain influence in family law field would be brought up.

The academic research platforms of the Research Center: In order to promote the academic research and exchanges, Professor CHEN Wei, director of the Research Center, has founded and edited the publication of the Periodical of Research on Family Law and the Works of Researches on Family Law early or late since 2005. By the end of 2020, 6 volumes of the Periodical of Research on Family Law (Volumes 2005 to 2010) and 27 Works of Researches on Family Law have been published during the sixteen years. These papers and books, focusing on the frontier theory research on Marriage, Family and Inheritance Law and the judicial practice issues, have had good social affluence in the academic circle and practice circle of China. It is noteworthy that, in order to further expand the academic influence of the Periodical, in the Executive Council of Society of Marriage and Family Law of China (SMFLC) in 2009, upon Professor CHEN Wei's proposal, the Executive Council agreed and President XIA Yinlan announced that the Periodical of Research on Family Law was edited by SMFLC after 2010. As SMFLC would publish the papers submitted to the Annual Meeting of SMFLC in

2009, President XIA Yinlan authorized Professor CHEN Wei to edit the publication of the Periodical of Research on Family Law (Volume 2010) in 2010. The Periodical was edited by SMFLC and became its Society Journal from 2011. In order to continue to advance the theoretical research and judicial practice in the field of Marriage, Family and Inheritance Law, the "Research Center" decided to build a new platform for academic research. 1 – 3 of the Works of Researches on Family Law which will be selected and edited by Professor CHEN Wei for publication each year by the national publishing press since 2012. At the same time, the "Research Center" continues to cooperate with the Family Law Lawyer Team built by Lawyer YANG Xiaolin. On the webpage of "Foreign Family Law and Women's Theory Research Center of SWUPL"——"Academic Frontier" of Study Column, by published the Information Briefing of Marriage and Family Law, the latest research achievements on the frontier theory of Marriage, Family and Inheritance Law and judicial practice issues are published to realize the benign interaction between academic research, legislation and justice and promote the academic research and exchanges between China and foreign countries.

The personnel of the Research Center is mainly composed of scholars from the Marriage, Family and Succession Law and Women's Theory Research Institute of the Civil and Business Law School of SWUPL, China. We also invite some famous experts and scholars around the whole country to be the consultants and special research fellows. They are the members of the Research Center too.

西南政法大学外国家庭法及妇女理论研究中心
2006~2012年已出版书目

《外国婚姻家庭法比较研究》(2006年出版)

《中国大陆与港、澳、台继承法比较研究》(2007年出版)

《当代中国民众继承习惯调查实证研究》(2008年出版)

《改革开放三十年(1978~2008)中国婚姻家庭继承法研究之回顾与展望》(2010年出版)

《中国婚姻家庭法立法研究(第二版)》(2010年出版)

《外国继承法比较与中国民法典继承编制定研究》(2011年出版)

《当代中国内地与港、澳、台婚姻家庭法比较研究》(2012年出版)

《加拿大家庭法汇编》(2006年出版)

《澳大利亚家庭法(2008年修正)》(2009年出版)

《美国家庭法精要(第五版)》(2010年出版)

《澳大利亚法律的传统与发展(第三版)》(2011年出版)

《家事法研究》2005年卷(2006年出版)

《家事法研究》2006年卷(2007年出版)

《家事法研究》2007年卷(2008年出版)

《家事法研究》2008年卷(2009年出版)

《家事法研究》2009年卷(2010年出版)

《家事法研究》2010年卷(2011年出版)

西南政法大学家事法研究学术文库
2012~2014 年已出版书目

《婚姻家庭法之女性主义分析》

《基于性别的家庭暴力之民法规制——中国法与美国法之比较》

《亲属法的伦理性及其限度研究》

《人文主义视阈下的离婚法律制度研究》

《遗产债务法律制度研究》

《防治家庭暴力立法与实践研究》

《私法自治视域下的老年人监护制度研究》

《离婚扶养制度研究》

《中国继承法修改热点难点问题研究》

《我国防治家庭暴力情况实证调查研究——以我国六省市被抽样调查地区防治家庭暴力情况为对象》

《家事调解制度研究》

图书在版编目（CIP）数据

法定继承制度研究／李艳著．—北京：中国人民公安大学出版社，2021.4

（家事法研究学术文库）

ISBN 978-7-5653-4181-6

Ⅰ．①法…　Ⅱ．①李…　Ⅲ．①继承法—研究—中国
Ⅳ．①D923.54

中国版本图书馆 CIP 数据核字（2021）第 059149 号

法定继承制度研究

李　艳　著

出版发行：中国人民公安大学出版社
地　　址：北京市西城区木樨地南里
邮政编码：100038
经　　销：新华书店
印　　刷：北京市科星印刷有限责任公司

版　　次：2021 年 4 月第 1 版
印　　次：2021 年 4 月第 1 次
印　　张：9.125
开　　本：880 毫米×1230 毫米　1/32
字　　数：246 千字

书　　号：ISBN 978-7-5653-4181-6
定　　价：38.00 元

网　　址：www.qzcbs.com
电子邮箱：qzcbs@ sohu.com

营销中心电话：010-83903991
读者服务部电话（门市）：010-83903257
警官读者俱乐部电话（网购、邮购）：010-83901775
法律分社电话：010-83905745